▶ 国家农业科技发展战略智库联盟系列丛书

新时代农业科技发展战略研究报告（2021）

中国农业大学国家农业科技战略研究院◎组编

中国农業大學出版社
China Agricultural University Press

内容简介

2021年，国家农业科技发展战略智库联盟以习近平总书记关于“三农”工作以及科技创新工作重要指示精神为根本遵循，紧紧围绕农业科技现代化与科技自立自强时代主题，牢记使命，主动作为，深入研究，积极建言。联盟系统地开展了中国特色农业科技自立自强发展道路与战略问题研究；首次提出了农业科技强国指标体系，发布了中国农业科技强国实现度评价结果；围绕农业科技自立自强、生物育种等国家重大战略和农业科技重大问题，积极组织多次调研，形成12份《农科智库要报》，起到了积极的影响作用；面向智库联盟理事单位发布征集了46个重点战略研究选题，形成了高质量的研究报告和论文。本书全面展示了智库联盟2021年的战略研究成果，可供广大农业科技工作者和管理者参考。

图书在版编目(CIP)数据

新时代农业科技发展战略研究报告．2021／中国农业大学国家农业科技战略研究院组编．--北京：中国农业大学出版社，2022.7

ISBN 978-7-5655-2827-9

Ⅰ.①新…　Ⅱ.①中…　Ⅲ.①农业技术—发展战略—研究报告—中国—2021　Ⅳ.①F323.3

中国版本图书馆CIP数据核字(2022)第125065号

书　　名　新时代农业科技发展战略研究报告(2021)
Xinshidai Nongye Keji Fazhan Zhanlüe Yanjiu Baogao(2021)

作　　者　中国农业大学国家农业科技战略研究院　组编

策划编辑　刘　聪　　**责任编辑**　胡晓蕾
封面设计　李尘工作室
出版发行　中国农业大学出版社
社　　址　北京市海淀区圆明园西路2号　　**邮政编码**　100193
电　　话　发行部 010-62733489,1190　　读者服务部 010-62732336
编辑部 010-62732617,2618　　出　版　部 010-62733440
网　　址　http://www.caupress.cn　　**E-mail**　cbsszs@cau.edu.cn
经　　销　新华书店
印　　刷　北京虎彩文化传播有限公司
版　　次　2022年7月第1版　2022年7月第1次印刷
规　　格　185 mm×260 mm　16开本　16.5印张　410千字
定　　价　68.00元

图书如有质量问题本社发行部负责调换

编 委 会

前　言

2020年12月，在科学技术部和农业农村部等国家部委的指导下，由中国农业大学牵头，联合国内外高校、研究机构、企业等44家相关农业科技战略研究机构共同发起的国家农业科技发展战略智库联盟（以下简称“智库联盟”）正式成立。智库联盟以习近平新时代中国特色社会主义思想为指导，以服务全面实施乡村振兴战略和推进农业农村现代化为宗旨，以研究农业科技自立自强战略为主题，围绕“四个面向”开展涉农科技领域的趋势分析、技术预测、战略规划、政策研究、科技评估、技术服务、咨政建言等战略研究与决策咨询工作。

2021年，智库联盟秘书处和中国农业大学国家农业科技战略研究院认真谋划、积极组织，以习近平总书记关于“三农”工作以及科技创新工作重要指示精神为根本遵循，紧紧围绕农业科技现代化与科技自立自强这个时代主题，牢记使命，主动作为，深入研究，积极建言。主要进展有：(1)系统开展了中国特色农业科技自立自强发展道路与战略问题研究；(2)首次提出了农业科技强国指标体系，发布了中国农业科技强国实现度评价结果；(3)围绕农业科技自立自强、生物育种、耕地保护、区域农业等国家重大战略和农业科技重大问题，积极组织了多次调研，形成了12份《农科智库要报》，起到了积极的影响作用；(4)面向智库联盟理事单位征集发布了46个重点战略研究选题，形成了高质量的研究报告和论文。

为了全面展示智库联盟2021年的战略研究成果，现将有关内容编辑成册，以供广大农业科技工作者和管理者参考。

中国农业大学国家农业科技战略研究院

2022年3月

智库联盟理事成员单位名单

理事长单位

中国农业大学

共同理事长单位

中国农业科学院
中国林业科学研究院
北京大北农科技集团股份有限公司
西北农林科技大学
中国农业机械化科学研究院

副理事长单位(排名不分先后)

浙江大学
华中农业大学
中国水产科学研究院
中国科学院遗传与发育生物学研究所
黑龙江北大荒研究院有限公司
南京农业大学
中国海洋大学
中国热带农业科学院
北京市农林科学院

常务理事单位

上海交通大学
江南大学
四川农业大学
东北农业大学
海南大学
华为技术有限公司
同济大学
北京林业大学
华南农业大学
贵州大学
中国科学院沈阳应用生态研究所
北京中农科联投资基金管理有限公司

理事单位

中国科学院地理科学与资源研究所
中国科学院科技战略咨询研究院
中国科学院新疆生态与地理研究所
昆明理工大学

北京农学院
云南农业大学
甘肃农业大学
山东省农业科学院
江苏省农业科学院
湖南省农业科学院
天府农业博览园乡村振兴研究院
山东农业大学
南京林业大学
山西农业大学
河南省农业科学院
吉林省农业科学院
西藏自治区农牧科学院

目　录

第一部分　主题报告

中国特色农业科技自立自强发展道路与战略问题研究……………………………… 3

第二部分　专项建议报告

专报一　关于加快我国农业科技自立自强的建议 …………………………………… 19
专报二　关于加快建设国家智慧耕地保护技术平台体系的建议 ………………… 23
专报三　关于加强玉米生物育种自主创新体系的建议 ……………………………… 26
专报四　关于完善后疫情时代兽医公共卫生科技创新体系的建议 ……………… 29
专报五　涉农高校农业科技创新主力军和生力军建设思路与建议 ……………… 32
专报六　关于加快建设国际热带农业科学中心的建议 ……………………………… 36
专报七　关于科学有序发展北方旱区有机旱作农业的建议 ………………………… 40
专报八　全球育种技术进入4.0时代:智能设计育种………………………………… 44
专报九　发展气候智慧型农业　促进农业固碳减排 ………………………………… 48
专报十　浅议当前乡村全面振兴实践中的困惑与破解思路 ………………………… 51
专报十一　关于加强科技创新发展盐碱地农业的建议 ……………………………… 55
专报十二　新挑战背景下农业结构调整若干战略问题 ……………………………… 58

第三部分　研究论文报告

报告一　我国农业科技自立自强战略路径与政策取向研究 ………………………… 65
报告二　农业科技强国评价指标体系与中国实现度分析 …………………………… 73
报告三　扛起“两军”建设重任　涉农高校需处理好“三个关系” …………………… 84
报告四　双轮驱动　走出中国农业自立自强之路 …………………………………… 87
报告五　我国耕地“非粮化”发展态势与对策研究 …………………………………… 89

报告六　关于强化农业企业创新主体地位的建议 …… 96
报告七　长三角生态绿色一体化发展示范区碳达峰、碳中和战略研究 …… 100
报告八　关于全面提升我国林草科技自主创新能力的建议 …… 108
报告九　分子设计育种的科技问题及其展望概论 …… 111
报告十　木竹产业技术创新与发展战略研究 …… 121
报告十一　山东省种业科技创新发展现状及对策 …… 127
报告十二　中国农作物品种安全问题辨识及战略对策研究 …… 131
报告十三　新形势下农业装备产业发展战略研究 …… 135
报告十四　高质量打造农产品　畅通市场金字招牌
——推进江苏农业品牌强省建设战略思路与对策研究 …… 149
报告十五　一流大学科技创新团队建设实践与建议 …… 153
报告十六　中国省域农业科技创新能力评价与提升对策 …… 159
报告十七　坚持创新驱动　引领河南省种业高质量发展 …… 163
报告十八　我国数字农业的发展战略与实施路径研究 …… 168
报告十九　都市现代农业科创智慧驱动模式的范式与政策建议 …… 173
报告二十　发挥高校新农院作用　推进乡村全面发展 …… 178
报告二十一　海南省农业绿色发展对策研究的调研报告 …… 181
报告二十二　关于提升我国生物种业竞争力的对策建议 …… 186
报告二十三　耕地保护重大科技战略问题研究 …… 189
报告二十四　黄河流域有机旱作农田土壤耕地质量现状与提升策略 …… 193
报告二十五　黄河流域盐碱地资源高效利用模式及保护战略思考 …… 200
报告二十六　山东省黄河流域生态保护农业科技创新战略探讨 …… 209
报告二十七　黄河流域杂粮产业高质量发展的思考 …… 216
附录一　2021 年度国家有关农业农村科技战略与政策文件摘编 …… 234
附录二　智库联盟大事记 …… 239
附录三　国家农业科技发展战略智库联盟简介 …… 244
附录四　中国农业大学国家农业科技战略研究院简介 …… 245
参考文献 …… 246

第一部分　主题报告

科技自立自强战略是党的十九届五中全会提出的国家重大战略，也是2021年科技界最重要、最核心的研究主题。目前我国正处于开启建设社会主义现代化强国新征程、贯彻新发展理念、构建新发展格局的新阶段，世界正处于新一轮科技革命和产业变革加速演变的新时代，催生出现代农业多种新业态新模式，对我国农业科技提出前所未有的挑战，迫切需要加快农业科技自立自强，全面提升我国农业科技自主创新能力，走出一条独立自主、自主创新、自主可控的大国农业科技现代化之路。

中国特色农业科技自立自强发展道路与战略问题研究

引言：唯有科技强，才能国家强。习近平总书记指出：中国现代化离不开农业农村现代化。农业现代化关键是农业科技现代化。要牢牢掌握我国农业科技发展主动权，为我国由农业大国走向农业强国提供坚实科技支撑，要给农业现代化插上科技的翅膀。2021 年以来，中国农业大学国家农业科技战略研究院联合国家农业科技发展战略联盟有关方面共同努力，积极探索研究农业科技自立自强的战略路径、战略任务以及战略行动等重要问题，现简略集成汇结，以供参考讨论。

一、世界大国科技自立自强基本经验

（一）科技创新是人类文明进步的原动力

自古以来，科技创新就以一种不可逆转、不可抗拒的力量推动着人类社会向前"螺旋式"发展。16 世纪以来，世界发生了多次科技革命，每一次都深刻影响了世界力量格局（表 1-1）。科技实力和创新能力决定着世界经济力量对比的变化，也决定着各个国家、各个民族的前途和命运。

表 1-1　四次技术革命与产业革命的逻辑关系

科技、产业革命	年代	生产方式变革	主导变革技术	产业类型	产业结构	产业组织
第一次革命：蒸汽技术革命	18 世纪中叶至 19 世纪中叶	机械化替代人畜劳动力	蒸汽动力技术及其制造业	劳动密集型产业	农业为主，机械、纺织、运输	合伙制企业组织模式为主
第二次革命：电气技术革命	19 世纪下半叶到 20 世纪 40 年代	机械化过渡到电气化	电力技术、电磁技术及内燃机、化肥农药	资本密集型产业	工业主体，三次产业形成	股份制企业为主，大型垄断企业出现
第三次革命：信息技术革命	20 世纪 40 年代至 21 世纪初	生产方式自动化	计算机、微电子、互联网、自动控制、移动通信等	知识密集型产业	一产下降，三产快速上升	跨国公司、垄断经营

续表1-1

科技、产业革命	年代	生产方式变革	主导变革技术	产业类型	产业结构	产业组织
新一轮革命：数字技术革命	21世纪初至今	生产方式进入智能化	云计算、物联网、人工智能、生物技术、新能源、新材料等技术	数据密集型产业	产业融合更替加速	平台企业主导，云端制企业组织

(二)世界大国崛起的基本历史规律

近代以来，世界经济中心几度转移，其中有一条清晰的脉络，就是科技中心一直是支撑经济中心地位转移的强大力量。不同历史时期的一些国家抓住科技革命的重大机遇，实现迅速崛起，改写了当时的经济版图和世界格局。呈现出"科技强国—产业强国—经济强国—国际强国"的基本规律。

1. 英国　工业革命将英国推上世界霸主地位。成为17世纪至19世纪中期的世界科技创新中心。科学研究、技术发明和创新呈现出欣欣向荣的气象。产生了蒸汽机、电报机、机动轮船、铁路机车等一批影响世界的伟大发明。

2. 德国　在电气革命中崛起。统一后的德国紧紧抓住第二次工业革命的机遇，经济出现了飞跃性的发展，用30多年的时间超过了英国，成为欧洲第一、世界第二大经济强国。科技创新因素是德国崛起的基石。德国能够在短时间快速崛起，很大程度上得益于科技创新和人力资本因素的长期积累。对教育和科研的重视与大量投入很快使德国站在了世界科学技术发展的前沿。

3. 美国　自20世纪40年代之后，美国成为全球科学研究和技术创新潮流的引领者，并一直保持到现在(表1-2)。

表1-2　"创新美国"的创新实施路线图

人才	投资	组织与机制
培养多样化、创新型劳动力的创新教育 催化和激励下一代的创新者 确保就业者成功应对经济全球化挑战	重振前沿及跨学科研究 激活创新经济 长期投资与提高风险承受能力	凝聚创新增长战略的共识 构筑21世纪知识产权制度 提升美国的创造力 建立21世纪的创新基础组织

(三)世界大国实现自立自强的基本经验

创新驱动发展作为国家核心战略；完善的法律制度和政策框架；突出企业在创新中的主体地位；打造产业发展"先发"优势；促进科技成果实现创新价值；人才和知识作为重要战略资源；知识产权保护和鼓励创新；政府积极作为；加强国际科技合作。

(四)重要启示

科技创新是决定大国兴替的关键因素；从引进模仿到自主创新是一个国家科技创新能力

建设必经的过程和捷径；激励创新的制度和文化是大国崛起科技创新因素的根本保证；抓住世界科技革命和产业革命的历史机遇实现科技创新能力跨越式提升是新兴大国崛起的成功之道；各个国家要根据国情、发展阶段选择适合自身的科技创新模式。

二、我国农业科技自立自强的发展基础分析

自1949年中华人民共和国成立以来，在一代代农业科技工作者不忘初心、矢志不渝的共同努力下，我国农业科技发展面貌发生了翻天覆地的变化。目前，农业科技进步贡献率达到60.9%，为保障国家粮食安全、促进农民增收和农业绿色发展发挥了重要作用，已成为促进我国农业农村经济增长最重要的驱动力，主要归纳为以下几个方面。

1. 彻底改变“靠天吃饭”的传统生产体系，形成了良种良法配套、农机农艺融合的现代农业技术体系 在品种培育技术上，以矮化育种、远缘杂交、杂种优势利用等为代表的重大技术突破，促成了5～6次作物品种更新换代，粮食单产从新中国成立初期69千克/亩（1亩≈666.7米^2）增加到目前的375千克/亩，良种覆盖率达到96%以上。在病虫害防治技术上，新中国成立初期，面临蝗虫连年起飞成灾、小麦条锈病暴发蔓延、棉铃虫肆虐为害的局面，几乎没有有效的防治手段。后来，经过几代人的努力，逐步建立起科学有效的病虫害监测预警与防控技术体系，确保不发生大面积重大生物灾害。在设施农业技术上，实现了新鲜蔬菜和水果的周年供应，打破了水、温、光等自然条件对农业生产的限制，从塑料大棚、拱棚到现代日光温室和连栋温室，形成持续发展、总面积达到除中国以外的其他国家总和5倍以上的设施农业规模。

2. 彻底改变“人扛牛拉”传统生产方式，发展成了机械化自动化的现代生产方式 我国农业生产方式实现了从人畜力为主向机械作业为主的历史性跨越，目前全国农作物耕种收综合机械化率超过67%，在部分领域、部分环节逐步实现“机器换人”，显著增强了农业综合生产能力。在农机装备技术研制方面，先后研制了4 000多种耕整地、种植、田间管理、收获、产后处理和加工等机械装备，“东方红”200马力拖拉机填补了国内大马力拖拉机空白。在主要作物主要环节全程全面机械化方面，小麦生产基本实现全程机械化，水稻、玉米耕种收机械化率超过80%。在农业生产信息化技术方面，经过近40年的引进消化和创新发展，2018年我国农业数字经济占行业增加值比重已达7.3%，农产品网络零售额保持高速增长，2018年达到2 305亿元。我国智能农机与机器人、无人机植保服务、农业物联网、植物工厂和农业大数据等板块占全球农业科技市场比例，分别达到34%、45%、34%、30%和30%。

3. 逐步实现了从“大水、大肥、大药”的粗放生产方式，转变为资源节约生态安全的绿色发展方式 在灌溉与节水农业技术上，20世纪50年代以来，我国先后建成了400多个灌溉试验站，在旱作节水、滴灌喷灌等科技领域的理论方法、关键技术、重要装备以及管理规范等方面涌现出一大批优秀成果，节水灌溉面积达到4.66亿亩。在化肥农药科学施用技术上，实现了化肥农药从过量施用到现在的零增长、负增长转变。全面推广了测土配方施肥、水肥一体化的施肥模式，创制了一批高效低毒农药和生物农药，农作物生物防控技术迅猛发展。在农业废弃物资源化利用技术上，农作物秸秆从单纯的燃料化向燃料化、原料化、饲料

化、肥料化、基料化等多用途综合利用转变。畜禽养殖废弃物由直接排放向集中处理、循环利用转变。

4. 逐步实现了从"以粮为纲、单一经营"产业结构,向种植养殖业、农产品加工业及农业现代服务业一二三产业融合发展转变 自改革开放以来,我国农业产业结构逐步发生重大变化,一批农产品加工和食品产业、农村服务业不断发展,新技术新业态不断涌现。2020 年,我国农产品加工业营业收入超过 23.2 万亿元,与农业产值之比达到 2.4∶1,农产品加工转化率达到 67.5%。从科技角度看,我国农产品加工领域的科技创新实现了由改革开放初期技术设备引进为主向自主创新为主的转变,科技对农产品加工产业发展的贡献率达到 63%。我国的农产品精深加工、产后减损和绿色供应链产业化关键技术装备不断取得突破。农产品的制粉、榨油、榨汁、畜禽屠宰分割等关键核心装备实现从主要依靠引进向自主制造转变。我国建立了较完善的农产品质量安全监测、标准法规体系,农产品质量安全水平不断提升。2019 年,国家监督抽检 33 大类 24.4 万批次食品样品,平均合格率达 97.6%。新一代工业革命技术在农产品加工业生产制造、农产品流通领域的应用,催生了一批农业观光、生态旅游、休闲娱乐、创意创业等一二三产业融合发展的新业态新模式。

5. 逐步改变依靠"一把尺子一杆秤"的科研手段,发展成设施完备、装备精良的科技创新条件平台体系 在科学与工程研究类平台方面,建设了农作物基因资源与基因改良国家重大科学工程、国家动物疫病防控高等级生物安全实验室等一大批国家重大科技基础设施,以及国家实验室、国家重点实验室和部省级农业重点实验室,拥有了一批农业领域的"国之重器"。在技术创新与成果转化类平台建设方面,围绕产业共性关键技术和工程化技术、重大装备及产品研发等,建成了一批国家工程实验室、国家工程技术研究中心、国家农作物改良中心(分中心),加速了农业科技成果转化和产业化。在基础支撑与条件保障类平台建设方面,围绕农业科技基础性长期性工作,建成了一批国家野外观测研究站、农业部野外观测试验站、国家农作物种质资源库(圃)和国家农业科学数据中心,夯实了农业科学技术研究基础。

三、坚持以习近平创新驱动发展重要论述为根本遵循

(一)习近平论创新驱动发展之要义

党的十八大以来,以习近平同志为核心的党中央全面实施创新驱动发展战略,习近平总书记高度重视科技创新,把科技创新提高到前所未有的战略高度,做出了一系列重要论述,内容丰富,博大精深,其中最关键的要义可以归纳为以下"八个坚持"。

1. 坚持"两个第一"的创新理念 即创新是第一动力,人才是第一资源。

2. 坚持"四个需要"的创新定位 加快科技创新是推动高质量发展的需要,是实现人民生活高品质生活的需要,是构建新发展格局的需要,是顺利开启全面建设社会主义现代化国家新征程的需要。

3. 坚持"两大路径"的创新路线 自力更生是中华民族自立于世界的奋斗基点,自

主创新是攀登世界科技高峰的必由之路。

4. 坚持"双轮驱动"的创新格局 创新驱动一个是科技创新的轮子,另一个是体制创新的轮子,两个轮子共同转动,才有利于推动经济发展方式根本转变。

5. 坚持"双链融合"的创新体系 要以产业链部署创新链,以创新链布局产业链,推动经济高质量发展迈出更大步伐。

6. 坚持"两个可控"的创新要求 核心关键技术是要不来、买不来、讨不来的,要敢于走别人没有走过的路,努力实现关键核心技术自主可控,把创新主动权、发展主动权牢牢掌握在自己手中。

7. 坚持"四个面向"的创新方针 科技创新要面向世界科技前沿、面向国家重大需求、面向国民经济主战场、面向人民生命健康。

8. 坚持"三步走"的创新目标 即 2020 进入创新型国家行列,2030 跻身创新型国家前列,2050 建成世界科技强国。

学习体会:习近平同志关于科技创新的重要论述是习近平新时代中国特色社会主义思想的重要组成部分,是 21 世纪马克思主义创新发展理论的重大原创性贡献,是指引中国实施创新驱动发展战略的根本指南,是指引我国科技创新发展的思想灯塔、理论基石、定海神针。"十四五"开好局并奔向第二个百年奋斗目标,必须全面贯彻落实习近平总书记一系列重要论述,坚定不移走科技自力更生、自主创新、自主可控的中国特色自立自强之路,加快建设世界科技强国的步伐。

(二)习近平论农业科技创新之要义

习近平总书记高度重视农业农村现代化与农业科技创新,做出了一系列重要论述,归纳为以下 7 个重要方面。

1. 确定了农业科技创新的战略地位 习近平指出:中国现代化离不开农业农村现代化,农业农村现代化关键在科技、在人才。农业现代化关键是农业科技现代化。要让农业插上科技的翅膀。创新是乡村全面振兴的重要支撑。

2. 指明了农业科技创新的发展方向 习近平指出:中国农业要以科技为支撑走内涵式现代农业发展道路。要立足我国国情,遵循农业科技规律,努力抢占世界农业科技竞争制高点,牢牢掌握我国农业科技发展主动权,为我国由农业大国走向农业强国提供坚实科技支撑。要加快构建适应高产、优质、高效、生态、安全农业发展要求的技术体系。

3. 部署了农业科技创新的重点任务 习近平指出:要加强高标准农田、农田水利、农业机械化等现代化农业基础设施建设,提升农业科技创新水平并加快推广使用,增强粮食生产能力和防灾减灾能力。要加快解决制约科技创新发展的一些关键问题,坚持需求导向和问题导向。比如,农业方面,很多种子大量依赖国外,农产品种植和加工技术相对落后,一些地区农业面源污染、耕地重金属污染严重。良种在促进粮食增产中具有关键作用,要下决心把种业搞上去,抓紧培育具有自主知识产权的优良品种,从源头上保障国家粮食安全。种子是农业的"芯片",一粒种子,关系着中国人的饭碗安全。耕地是粮食生产的"命根子",必须牢牢守住耕地保护红线。

4. 指出了农业科技创新的体制机制问题 习近平指出:要舍得下力气、增投入,注重创新机制、激发活力,着重解决好科研和生产"两张皮"问题,真正让农业插上科技的翅膀。要坚持把科技特派员制度作为科技创新人才服务乡村振兴的重要工作进一步抓实抓好。要以科技为支撑,走内涵式现代农业发展道路,以健全市场机制为目标,改革完善农业支持保护政策。

5. 确立了国家粮食安全"两藏"战略 习近平指出:保障国家粮食安全是一个永恒课题,任何时候这根弦都不能松。中国人的饭碗任何时候都要牢牢端在自己手上。我们的饭碗应该主要装中国粮。紧平衡很可能是我国粮食安全的长期态势。越是面对风险挑战,越要稳住农业,越要确保粮食和重要农副食品安全。粮食安全根本在耕地、命脉在水利、出路在科技、动力在政策。要把产能建设作为根本,实现藏粮于地、藏粮于技。

6. 创立了农业生态安全"两山"理论 习近平指出:绿水青山就是金山银山。我们绝不能以牺牲生态环境为代价换取经济的一时发展。坚持人与自然和谐共生,走乡村绿色发展之路。要统筹推进山水林田湖草沙系统治理。要打好农业面源污染治理攻坚战。要健全以绿色生态为导向的政策支持体系,建立绿色低碳循环的农业产业体系。

7. 谋划了实施乡村振兴"五个振兴"战略 习近平指出:没有农业农村现代化,就没有整个国家现代化。实施乡村振兴战略的总目标就是农业农村现代化。要坚持乡村全面振兴,抓重点、补短板、强弱项,实现产业振兴、人才振兴、文化振兴、生态振兴、组织振兴。推动农业全面升级、农村全面进步、农民全面发展。农村现代化既包括"物"的现代化,也包括"人"的现代化,还包括乡村治理体系和治理能力的现代化。要坚持农业现代化与农村现代化一体设计、一并推进。

8. 强调了农业人才培养的战略要求 习近平指出:要推动乡村人才振兴,把人力资本开发放在首要位置,强化乡村振兴人才支撑,打造一支乡村振兴的人才队伍。要培养更多知农、爱农新型人才。要加快培养一支懂农业、爱农村、爱农民的"三农"工作队伍。

学习体会:习近平同志关于农业科技创新的重要论述是习近平"三农"重要论述的重要组成部分,习近平总书记首次明确提出了"农业现代化关键在于农业科技现代化""藏粮于地、藏粮于技""绿水青山就是金山银山""乡村振兴的五个振兴"等一系列具有重大理论意义的创新性成果,是对中国农业现代化发展理论的重大贡献,为实现我国农业科技强国目标指明了发展方向,谋划了发展重点,提出了发展要求,是农业科技自立自强的根本遵循。

四、新阶段农业科技自立自强的新挑战新任务

(一)实现农业农村现代化的重大任务挑战

到2030年,中国人口即将达顶峰约14.5亿,人均GDP即将达到中等发达国家2万美元台阶以上,农产品消费需求刚性增长趋势不可逆转,会呈现"小麦水稻消费下降、肉蛋奶上升、玉米大豆等饲料量上升"的局面,其中粮食消费总需求量近8亿吨。到2030年,城镇化率将达68%以上,农业产值比重持续下降(预计占GDP比重下降到6%左右),农业劳动力持续减少的趋势不可逆转(农业从业人员将减少约7 000万人)。2050年农业农村现代化必须要与国家

现代化同步实现的发展目标不可动摇。2050年农业科技强国与世界科技强国必须同步实现的发展目标不可动摇。

基本判断：今后迫切需要将农业农村科技创新摆在国家农业农村现代化建设的优先位置。

(二)后疫情时期保障粮食安全的重大挑战

中国人口占世界的22%，人均耕地不足世界平均水平的1/2，人均水资源不足世界平均水平的1/3。2030年人均水资源还要下降到1 800米^3/人。目前中国人均粮食产量475千克，超过世界水平390千克，但依然低于农业发达国家平均600千克以上的水平。我国口粮虽然是完全自给，但饲料粮大量依赖进口。我国目前粮食消费总量约7亿吨，预计2030年将达到8亿吨，粮食供需矛盾和结构性矛盾凸显（新增粮食消费量60%以上是饲料粮）。中国粮食生产量稳定达到6.5亿吨"高水平台阶"，接近自然资源潜力约束上限。粮食单产405千克/亩，但单产年增长难度持续加大，单产年增长率下降到0.9%。中国成为世界粮食进口大国，必须承担国际粮食平衡的大国责任。2018年中国粮食进口量突破1亿吨，约占全球贸易量（5亿吨）的20%。大豆对外依存度高达80%。国际粮食贸易竞争风险持续加大（全球仍有8.2亿人口食物短缺）。

基本判断：我国建立在人多地少、缺水多灾基础上的国家粮食安全必将长期处于紧平衡、高风险、不稳定的态势，粮食安全始终是中国永恒的课题。中国粮食安全根本战略是藏粮于地、藏粮于技，根本出路在于科技创新，必须走以技术创新替代资源约束的可持续发展的粮食安全之路。

(三)缓解生态环境安全的压力日益增大的挑战

农业生态安全面临多种压力与风险。①病虫害呈现加剧趋势。2020年，农作物重大病虫害累计发生面积约45亿亩，其中草地贪夜蛾危害更大。②动物传染病形势严峻。20世纪70年代以来，全球范围内新发的动物疫病约60种，以病毒病为主，约50%的传染病都是人兽共患病。根据WHO（世界卫生组织）数据，全球近30年来感染人类的新发病中，有75%来源于动物源性病原体。③2017年，农作物受灾面积2.7亿亩，其中干旱面积1.5亿亩，每年因气象灾害粮食减少500亿千克。④农业面源污染突出。2017年第一次全国农业面源污染普查数据显示，我国农业源的COD（化学需氧量）、总氮、总磷分别占全国总量的43.71%、57.19%、67.23%。原农业部2017年统计数据显示，我国10.2%的耕地污染物超标。⑤全国水土流失面积273万平方千米。部分区域耕地质量退化问题依然突出。全国中度和重度退化草原面积仍占1/3以上。⑥外来入侵生物蔓延的态势依然存在。⑦食品安全风险时有发生。

基本判断：农业发展处于耕地退化、生物灾害加剧、水土资源约束、农业污染加重、食品安全风险时有发生等多重生态风险聚集期，治理难度极大，迫切需要把农业生态环境保护、发展绿色农业放在未来我国农业的优先地位。由高产主导向绿色主导转变是未来农业科技创新的必然选择。

(四)适应构建"双循环"新格局的挑战

在构建"双循环"格局的大背景下，我国农产品国际贸易预计将快速发展。目前，我国农业贸易市场开放度即全国农产品贸易总额仅占农业GDP的20%(美国55%、德国143%),开放潜力巨大。但农产品国际竞争力呈逐年下降趋势,主要农产品综合比较优势由2000年的0.95下降到2017年的0.34,其中加工品和园艺产品的比较优势由0.78下降到0.46。我国农产品出现大规模贸易逆差,国际竞争风险加大。国际产业技术竞争加剧。发达国家密集发布科技战略规划,争先恐后发展生物种业、智能装备产业、生物合成产业、数字农业、未来食品等前瞻性、战略性高技术产业,争夺农业产业革命控制权。另外,我国小农户经营为主体的农业经营模式不会根本改变。截至2016年底,全国有20 743万农业经营户,其中规模经营农户398万户,仅占1.9%(预计到2030年小农户经营依然占85%以上)。

基本判断:科技创新既要主动满足国内大循环加速农业产业链转型升级新需求,又要面对国际循环中农产品贸易进一步加快而产业技术竞争加剧的双向叠加挑战。实现我国主要农产品自主供给不受别国控制的农业安全形势不容乐观。

(五)抢占未来农业引领性重大技术时代的挑战

1. 基因化农业时代 生命科学领域如基因组学(通过对目的基因进行剪切、剔除、链接、重组等操作,实现对生命体的精准调控)、基因编辑(对DNA序列进行精准修剪、切断、替换或添加,被喻为“上帝的手术刀”)、合成生物学(继DNA双螺旋结构和人类基因测序之后的第三次生物学革命,通过设计基因控制模块来组装更复杂的生物系统甚至“新物种”)等前沿领域的原始创新,从0到1的不断突破,成为全球农业学科竞争力的热点标志。

2. 绿色化农业时代 绿色发展已经成为全球人类发展观的深刻革命,绿色将对技术创新以及产业发展、技术标准等形成强制性规则倒逼机制,绿色将成为新的经济增长点引领全球提升绿色竞争力。以动植物优质品种、绿色低碳环保、绿色制造、绿色农产品安全控制等为核心关键技术的制高点,成为国际农业技术竞争力的关键要素,也是中美等国际农产品贸易斗争的关键要素。

3. 数字化农业时代 国际诸多国家齐头并进的态势在数字经济时代展开新一轮最广泛、最深刻、最激烈的技术竞争,全球进入数字经济背景下的新一次高层次现代农业发展阶段,以互联网、物联网、传感器等为基础的智能农业、智慧农业、无人农业等农业新业态不断涌现。

4. 营养化农业时代 全球生命价值观正在发生深刻变革。当下疫情肆虐、人兽共患疾病暴发、营养不良人群剧增等,所以未来农业既要为人类健康创造高级安全的营养物质,同时要以营养供给(不是单纯的数量供给)缓解生命痛苦的巨大需求,国际上形成了休闲农业、营养农业、医疗农业等新技术趋势。

基于以上的总体判断是:未来农业科技任务比以往任何时候都要更加艰巨。加快农业科技创新比以往任何时候都更加紧迫。中国是农业大国,必须彻底改变“跟踪式、依附性”的农业技术路径,走独立自主、自立自强的科技现代化之路。强化农业科技自主创新,实现关键核心技术自主可控是唯一出路。国家应当确立农业科技创新优先发展战略。

五、制约农业科技自立自强的主要短板与问题评估

归纳国际农业科技强国的4个共性特征：具备一流良好的农业科技创新环境与创新基础条件；具有引领世界农业潮流和重大影响力的农业科研成果；具有处于世界领先行列的农业重大原创理论与自主关键技术装备；具有实现本国粮食安全自主自给及农业安全可控的强大科技实力。我国农业科技强国实现度情况详见表1-3和图1-1。

表1-3 我国农业科技强国实际指标的实现度

一级指标	二级指标	中国	发达国家平均	中国得分
1. 科技支撑能力	1.1 粮食安全指数	71	83.3	85
	1.2 食品安全指数	72.6	86.3	84
	1.3 农业科技贡献率/%	59.2	85	70
	科技支撑能力得分			80
2. 农业技术水平	2.1 粮食单产/(千克/公顷)	6 081.4	7 330	83
	2.2 畜产品单产/(千克/头)	77	87	89
	2.3 农产品增值强度	1.95	5.74	34
	2.4 农业机械化率/%	69	95	73
	农业技术水平得分			70
3. 农业科技效率	3.1 土地产出率/(美元/公顷)	1 805.03	4 805.6	38
	3.2 劳动生产率/(美元/人)	3 442.2	80 389.8	4
	3.3 肥料利用率/%	32	57	56
	3.4 饲料转化率	3	2.75	86
	3.5 水分利用效率/(千克/米^3)	1.5	2.25	67
	农业科技效率得分			50
4. 农业科技条件	4.1 农业科技人员数/(人/万人)	32.4	78.2	41
	4.2 农业科技投入强度/%	0.62	1.98	31
	4.3 企业研发投入/%	30	70	43
	农业科技条件得分			38
5. 农业科技产出	5.1 学科规范化引文影响力(CNCI)	1.06	1.367	78
	5.2 发明专利认可度/%	21.7	37.74	57
	5.3 国家农业科技专利竞争力指数	2.93	1.91	100
	5.4 农业科技成果转化率/%	40	80	50
	农业科技产出得分			71
世界农业科技强国实现度				62

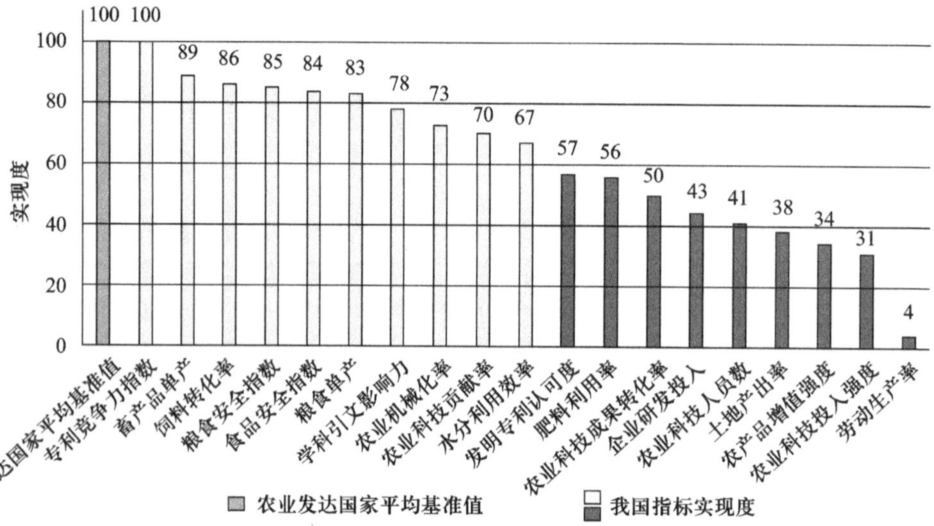

图 1-1　我国农业科技强国实现度二级指标对比

(一)突出短板

1. 农业科技自主创新能力不足　农业原始创新基础研究薄弱、许多核心关键技术受制于人。2015—2019 年,中国农业领域发表国际论文数量全球第一,但高质量论文指数排名在 22 个农业先进国家中位列第 16 位,发明专利申请量排名第一,但国际专利申请量排名最后,90%以上专利属于较低应用价值专利。第六次技术预测表明,我国农业科技在国际上领跑型技术仅占 10%,并跑型技术占 39%,跟跑型技术占 51%,与领先国家总体相差 12 年。核心技术对外依存度还很高,许多重要动植物种质资源和农业装备依赖国外。我国生猪、奶牛、白羽肉鸡、南美白对虾、苹果等的核心种源对外依存度分别为 90%、70%、100%、80%、70%。重大农机和食品装备核心部件 90%以上来自国外。迄今为止国家科技计划体系中还没有农业领域基础研究专项计划。

2. 农业科技总体投入严重不足　从国际对比分析,根据 OECD(经济合作与发展组织)数据,2017 年中国政府农业公共研发投入占农业 GDP 比例仅为 0.62%左右,世界前五位发达国家平均比例为 2%。从国内比较,2019 年全国研发投入 R&D 平均为 2.13%,农业仅为 0.71%,农产品与食品制造业为 0.58%,制造业平均为 1.45%,其中医药制造业为 2.55%。全国涉农企业研发投入占其总收入比例不足 1%,而发达国家一般在 3%以上。我国农业研究支出占“绿箱”政策总支出比例 24%,而美国为 46%,欧盟为 50%。2018 年全国银行机构农业科技贷款余额约 354 亿元,仅占同期涉农贷款的 0.11%。

3. 涉农企业科技创新能力弱　涉农科技型企业数量少、科技实力差、差异化创新政策不到位。2019 年底全国 22.5 万家高新技术企业,涉农高新技术企业 8 920 家,仅占全国高新技术企业的 4%。2016 年全国 5 000 家新三板上市企业中,农业企业仅 282 家,占比不足 6%。2016 年全球 500 强企业中涉农企业 22 家,我国仅仅中粮集团 1 家。全国 500 强企业中,仅有 9 家农业企业。

4. 农业创新人才基础薄弱　农业科技高层次人才匮乏、形成实用科技人才不足。截至 2019 年，中国工程院院士农业学部有 83 人，占 9.1%；与农业相关的杰出青年基金项目获得者占总数的 4.7%。2017 年，全国公有经济企业事业单位技术人员总量为 3 148.5 万人，其中农业技术人员占比为 2.2%。2017 年农业技术人员数量为 67.9 万人，每万名农业从业人员仅有科技人员 32 人，相当于美国的 41%。目前我国共有农村实用人才 2 000 万人，平均每万亩耕地有 111 人，而新型职业农民仅 1 500 万人，只占全国 2.07 亿经营农户的 7.2%，每 14 户仅有 1 名职业农民。

5. 农业科技创新体系效能较低 农业科技与产业、经济“两张皮”问题依然突出，难以围绕产业链部署创新链。科技创新链力量分散、资源平台不集中而且利用效率低、科技研究重复严重。科技研究各主体之间的低水平重复、“内卷化”现象比其他领域更为突出。全国拥有 1 184 家农业科技机构，但由于体制原因导致各自为战，难以协同创新。农业科技创新体系“老态龙钟”“内耗严重”的状况已经成为不得不改的关键问题。

(二)问题评估结果

初步评估结果认为，总体上中国目前农业科技强国的实现度达到 62%。中国与世界农业科技强国还有不小的差距，在迈向世界农业科技强国的路上，刚刚走完 2/3 的路程，正处于“爬坡过坎、冲刺跨越”的关键阶段。对标国际中国最大的短板是农业科技条件(包括政府资金投入、人力资源、企业投入、创新基地等)，其实现度仅为 38%，这是制约建设农业科技强国的关键基础性保障性要素。

六、农业科技自立自强重大战略行动建议

1. 农业重大基础研究专项行动 加强农业基础研究项目部署，实现从 0 到 1 的突破，提高农业科技原始创新水平。加快培养一批具有国际影响力的农业基础研究创新团队。着力构建与科技强国建设相适应的国家农业重大基础研究设施平台体系。加强农业生物重要性状形成重大基础研究，农业生物优异种质资源挖掘、创新与利用，农业生物重大病虫害与动物疫病预防控制重大基础研究，农业生态系统健康调控与修复重大基础理论研究等。

2. 农业关键核心技术攻坚专项行动 部署一批“卡脖子”技术重大攻关任务，抢占国际制高点，实现农业关键核心技术自主可控，提升自立自整体实力。要发挥举国体制优势，以技术链布局创新链，突出企业主体地位，实行项目—资金—基地—人才—企业“五位一体”创新链布局改革，加速技术换代与有序更替，培育一批具有自主创新能力和重大科技成果的国际型创新企业，提升农业科技自立自强的国际竞争力。建议国家设立农业“卡脖子”技术攻关专项计划，集中突破高效精准基因编辑技术、动物干细胞育种技术、智能传感与控制技术、新一代绿色投入品创制技术、农业合成生物技术、细胞工厂与未来食品等。

3. 粮食安全“藏粮于地”重大科技行动 “藏粮于地”的核心区域在东北、黄淮海和长江中下游地区三大主产区。“藏粮于地”的耕地重点主要在 6 亿多亩高产田和 10 亿亩中产田。“藏粮于地”的科技重点是解决耕地退化、沙化、酸化、盐渍化、污染化、干旱化等问题。构建“四大技术体系”：一是高产田质量保育与产能再提升技术体系，到 2025 年达到“吨粮田”

1.7亿亩,可稳定提供1.8亿吨粮食。二是中产田土壤改良与地力提升技术体系。预期可改良中产田面积3亿亩,提升产量20%～25%,可以增加粮食产能280亿～300亿千克。三是旱作农业与高效节水技术体系,未来5年预期可提升农田降水生产力0.1～0.2千克/毫米,增加粮食产能250亿千克以上,节水潜力100亿吨。四是污染农田土壤修复与绿色投入品替代技术体系。未来5年,通过面源污染技术、减药减肥技术、绿色新型肥料农药开发等技术转化应用粮食作物5亿亩以上,预计相当于增加粮食产能250亿千克,省肥15%,省药10%以上。

4. 粮食安全"藏粮于技"重大科技行动 统筹部署六大技术创新体系。一是自主可控的种质资源挖掘创新体系。实现基因编辑技术、作物性状分子调控网络、种质定向设计、资源抢救等原创性技术从0到1的突破。二是四大作物种业新品种培育技术体系。重点突破杂交水稻超高产、耐盐水稻、优质多抗玉米、多抗广适高蛋白大豆、抗病小麦等一批战略性新品种,未来5～10年四大作物新品种更替2次以上,新品种技术增加产量占比贡献达到55%以上。三是粮食主产区持续稳产高产的系统化技术体系。创新生态丰产高效种植制度,突破高产区、中产区的农作物农机、农艺融合的精简化、标准化、智慧化管理核心技术体系,依靠技术场景应用,创建近2亿亩的高效率吨粮田。四是重大作物病虫害绿色防控技术体系。攻克病虫害实时监测与精准测报、绿色防控产品创制、高效施药机械与智能化精准施药技术、外来入侵及检疫性有害生物监测与阻截技术等关键技术,构建我国作物重大病虫害绿色防控技术体系。绿色防控覆盖率提高到60%,每年挽回粮食损失约1亿吨,相当于每年3亿亩耕地的粮食产量。五是省劳环保为导向的粮食智能生产装备技术体系。重点研发田间生产智能作业装备、高效智能农用动力装备、粮食作物全程高效机械化技术及装备等,形成大马力智能拖拉机、大载荷无人植保作业机、谷物智能联合收获机等重大装备,显著降低农机装备依存度,粮食作物机械化率提高到75%以上。六是高效节粮畜牧业技术体系。突破畜禽精准营养需求技术,开发和利用非粮饲料资源、新型饲用替抗产品,积极推进生态循环养殖、标准化养殖等现代牧场新技术,挖掘节粮畜牧业潜力。我国自主创制出的低蛋白日粮技术,年节约大豆1 000万吨以上。猪饲料转化率从现有的4.1%提高到6%,可年节约养猪饲料粮1 000万吨以上。

5. 农业产业链现代化科技引领专项行动 围绕产业链部署创新链,在系统分析主要农业产业链上中下游各类创新资源配置基础上,部署一批重点项目计划,重点攻克生物种业、农产品加工业、农机装备、生物农药肥料、生物饲料、农产品现代物流等农业共性基础产业核心技术的智能化、数字化、精准化、绿色化升级,全面提升粮棉油肉蛋奶等传统产品产业链的技术现代化水平和市场竞争力。围绕创新链布局产业链,系统部署智慧农业、数字农业、无人农业、未来食品、创意农业等未来科技创新链系统,带动发展农业第四产业(互联网农业)、第五产业(文化健康农业),形成第六产业(共享融合农业)等新产业,培育新业态,增加新需求。

6. 农业绿色发展科技创新行动 统筹部署耕地保护、污染治理、绿色投入、循环农业、生态修复、生物安全等绿色发展重大科技任务,以科技创新解决我国农业长期存在的化学肥药过度投入、面源污染严重、病虫害与疫病严重、耕地退化、干旱缺水等问题,降低生态环境压力,保障农业生态安全。

7. 食品安全与营养健康科技创新行动 围绕食品供给、食品安全、营养健康三大需求,部署食品制造、食品生物工程、食品智能装备、食品质量安全、食品包装物流、食品营养健康六大领域,系统部署,重点突破,打造全球食品科技创新中心。

8. 重点区域现代农业科技场景应用示范行动 围绕国家重大区域战略,布局一批新型农业科技创新中心和研发机构，发挥区域联合优势，开展京津冀都市农业、长三角高技术农业、黄河流域旱作节水农业、长江经济带生态农业、大湾区外向农业、西部特色农业等农业区域规模化技术集成示范。系统部署农业科技园区和高新区体系，建设30个左右国家农业高新技术产业示范区、300个左右国家级农业科技园区、200个左右国家现代农业示范区等，发展农业平台经济，构建创新高地，引领带动提高区域农业农村科技创新能力。

9. 乡村全面振兴科技支撑专项行动　着力解决不同区域农村现代化重大科技需求，以科技创新应用转化推动全面乡村振兴和县域经济发展。以各类科技特派员为队伍基础，联合地方资源与力量，组织以县域为单元、以特色产业为重点、以一二三产业＋数字＋文旅创意＋共享经济“六次产业”系统设计为突破的乡村振兴与农村现代化科技示范行动。

七、强化国家农业科技自立自强的政策支持体系

1. 构建更加高效的国家农业科技创新基地体系　布局国家实验室，建议国家要优先规划生物种业国家实验室，打好种业翻身仗。优化国家重点实验室，在新一代农业生物技术与合成生物学、农业资源高效利用与绿色发展、数字农业与智能装备、营养与健康、农业生物安全与公共卫生等领域新增部署一批国家重点实验室。扩大国家农业科技设施，建议加强国家农业种质资源库、农业大数据平台、农业野外科学观测站网络体系、耕地智能化预警监测技术平台、模式动物等科技基础设施建设。

2. 大力提高农业科技创新投入强度　切实发挥政府公共财政在农业科技投入中的主导作用，优化农业补贴政策，研究制定农业科技创新补贴政策，提高“绿箱”政策总体支出强度和创新补贴的支出比例，稳步提高国家财政农业科技创新投入增量。拓展农业科技金融改革力度，鼓励商业银行加大对农业科技成果转化的支持，开展绿色信贷专营机构试点，助力绿色农业发展。

3. 大力培育支持农业创新型企业　建议国家实施现代农业创新型企业培育专项行动，培育农业创新型企业，出台差异化政策，培育企业自主创新能力，造就一批具有国际竞争力的大型农业领军企业。构建农业创新型企业培育库，支持设立农业创新型企业孵化基金，加快培育一批具有核心竞争力的农业创新型企业。大力倾斜支持发展农业科技型企业和农业高新技术企业。完善涉农企业研发费用加计扣除政策、科技平台建设、企业人才培养方式等，激发企业自主研发活力。组织实施农业产业链创新链融合对接工程，加快构建一批现代农业产业链企业领衔创新联合体。

4. 强化农业科技战略科技力量建设　大力强化农业科研机构的原始创新策源地建设，增强农业科研机构面向农业重大战略需求的科技自主创新能力。大力加强研究型涉农大学建设，建议国家实施农业高校“两军”建设战略，加强国家涉农“双一流”高校战略科技力量建设，打造一支高水平高战斗能力的国家农业基础研究主力军和关键核心技术研发生力军。加大各类人才支持计划对农业高层次人才的差别化倾斜支持力度，扩大农业领域高层次人才规模。深化涉农高等院校乡村振兴人才教育培养制度改革，加快发展农业职业技术教育，培养高素质农业农村专业人才。深化改革农业高校科研院所人才绩效分类考核机制，强化贡献导向、

基层导向的人才评价体系改革,推动农业高层次人才主动走向基层、走向农业、走向农村。

执笔专家

高旺盛　中国农业大学国家农业科技战略研究院院长、教授
陈源泉　中国农业大学国家农业科技战略研究院副院长、教授
杨富裕　中国农业大学科学技术发展研究院常务副院长、教授

第二部分　专项建议报告

为了提高国家农业科技发展战略智库联盟服务国家有关部门和地方政府重大决策的能力，扩大智库联盟的影响力，2021年，智库联盟认真贯彻落实习近平总书记关于“三农”和科技的重要指示精神，围绕农业科技自立自强、生物育种、耕地保护、区域农业等国家重大战略和农业科技重大问题，积极组织了多次调研，形成了12份《农科智库要报》，报送中共中央办公厅、全国人大办公厅、全国政协办公厅、国务院办公厅及国家相关部委和有关省区，多份报告得到领导批示，起到了积极的影响作用。

专报一

关于加快我国农业科技自立自强的建议

习近平总书记指出：中国现代化离不开农业农村现代化。农业现代化关键是农业科技现代化。要牢牢掌握我国农业科技发展主动权，为我国由农业大国走向农业强国提供坚实科技支撑，要给农业现代化插上科技的翅膀。目前我国正处于开启建设社会主义现代化强国新征程，贯彻新发展理念、构建新发展格局的新阶段，世界正处于新一轮科技革命和产业变革加速演变的新时代，农业科技创新日新月异，呈现出基因化、数字化、绿色化、营养化等新特征，催生出现代农业多种新业态新模式，对我国农业科技提出了前所未有的挑战，迫切需要全面提升我国农业科技自主创新能力，造就新优势，实现农业科技自立自强，建设世界农业科技强国。

一、全面提升我国农业科技系统化战略支撑能力

1. 提升保障国家粮食安全的科技支撑能力 世界农业科技强国都是把保障本国粮食安全供给自主可控作为首要任务。尽管我国粮食经过“十七连丰”，总量稳定在6.5亿吨，但据预测我国人口在2035年将超过14.5亿，粮食需求总量约为7.5亿吨。要保持年度产需基本平衡，全国每年粮食至少要增产100亿千克，粮食单产增长率要保持在1%。未来我国粮食安全依然面临产需矛盾、粮食结构性矛盾更加突出，以及水土资源压力、国际贸易风险等多重挑战，根本出路在于优先强化实施藏粮于技战略，坚定不移地强化粮食安全科技支撑能力。

2. 提升促进现代农业绿色发展的科技引领能力 未来绿色发展战略必将成为全球经济塑造新的竞争力的关键战略。我国水土资源环境刚性制约没有根本扭转，耕地逼近18亿亩红线，华北地下水超采、东北黑土地退化、黄河流域生态脆弱、土壤污染加剧等问题突出。每年使用地膜130万吨，回收率不足60%；年排放畜禽粪污约38亿吨，有效处理率42%；10.2%的耕地污染物超标，每年至少有1.5亿亩耕地农药污染超标，1.8亿亩耕地重金属污染超标。农业资源环境压力巨大，农业可持续发展基础还不牢固，必须依靠绿色、生态农业技术创新增强农业可持续发展能力。

3. 提升确保农产品质量安全的科技保障能力 随着国民经济和社会的发展，食用农产品消费需求正朝向优质、安全、方便、营养的方向发展。我国食品安全总体形势不容乐观，食品安全风险时有发生。全球食品安全指数发布，中国在113个国家中排名第35位，保障农产品和食品安全是一项长期艰巨复杂的任务，必须强化科技创新，支撑现代农业的高品质高营养化发展。

4. 提升推进农村现代化建设的科技服务能力　我国正处于脱贫攻坚向全面推进乡村振兴的历史性转移阶段，还存在乡村产业、乡村环境、乡村信息化、乡村卫生等诸多短板，必须加强面向乡村建设的科技创新，全面提升农村现代化科技服务水平。

5. 提升构建双循环新发展格局的科技竞争能力　目前国内主要农产品价格已经超过国际市场价格，农产品国际竞争力呈逐年下降趋势。主要农产品综合比较优势由2000年的0.95下降到2017年的0.34，其中加工品和园艺产品的比较优势由0.78下降到0.46。我国农产品出现大规模贸易逆差，国际竞争风险加大，必须依靠农业科技自主创新，实现关键技术自主可控，确保我国农业产业稳定持续发展。

二、瞄准未来农业科技自立自强的战略重点

研究表明，我国农业科技总体水平已经处于发展中国家领先地位，与世界发达农业科技强国的实现度达到了62%。“十四五”时期应当是在新起点上加快高水平自立自强建设，必须着眼于未来农业科技制高点和新兴产业高地，着眼于强化国际引领性技术和颠覆性技术竞争力，把握重点，集中突破。

1. 集中突破生物育种核心技术，打造现代种业科技强国　未来农业是基因农业时代，基因控制技术是新一轮“绿色革命”的标志性竞争技术。种子是农业“芯片”，关系国家粮食安全战略。目前国外已经进入“种质资源＋生物技术＋大数据”4.0时代，我国育种仍处在以杂交选育为主的2.0时代。我国虽拥有丰富的种质资源，但是由于长期农业基础研究不足，原创性新种质新材料新技术受制于人，动植物核心种源的知识产权多数受国外种业巨头把控，其中速生型白羽肉鸡、生猪、奶牛的核心种源对外依存度分别为100%、90%和70%。建议国家确立“种业强农”战略，发挥举国攻关体制优势，组织实施国家种业科技创新工程，强化基因编辑、动物干细胞、合成生物学等基础前沿技术原创性突破，培育一批具有自主知识产权的核心种质资源和重大战略性新品种，加快转基因生物育种科学有序产业化应用进程，实施现代种业企业再造工程，下决心培养造就具有较强国际竞争力的龙头种业企业。

2. 集中突破智能农业关键技术，打造数字农业科技强国　未来农业是数字化农业时代，农业数字化高端技术装备是新一轮“绿色革命”的重大变革性趋势。我国现有高端农机装备核心部件及其材料技术、农业传感器核心感知元器件等主要依赖进口，国内装备技术与国外产品差距巨大。农业人工智能核心算法、应用系统、知识模型决策等核心技术及高端产品主要依赖国外。建议国家集中组织实施以企业为主体、产学研联合的国家数字农业科技工程，集中突破动植物生物智能感知与智能传感控制技术，强化新一代智能农机装备、智能新材料等关键技术研发，开发应用智能农业机器人、农业无人机、智慧农场、智慧牧场、智慧渔场等系统化技术体系，全面提高数字农业自主创新能力。

3. 集中突破绿色农业关键技术，构建生态安全农业技术体系　未来农业是绿色农业时代，绿色低碳循环技术将成为提升世界各国产业绿色竞争力的关键所在。我国在几千年农业发展中积累了用养结合、有机无机结合、间作套种、旱作农业等传统绿色农业技术，但由于长期受制于人口大国吃饱饭农业以及快速城镇化等对农业发展的压力，导致我国存在耕地

质量退化、面源污染严重、水资源浪费、动植物灾害频繁等许多突出问题。近年来，随着我国逐渐从全球绿色发展的参与者转变为引领者，加速我国农业由高消耗高污染农业向绿色低碳农业转型发展，对绿色农业技术形成了前所未有的新需求。建议国家组织实施耕地保育科技工程，系统部署重点农业区域保护性耕作、地力培育、休耕轮作、污染防治等关键技术研究，构建不同区域、不同类型耕地保育系统化技术体系；加强植物病虫害快速监测预警技术、动物疫病病原快速诊断等领域的技术研究，形成我国自主可控的农业生物安全防控关键技术体系与战略性产品；加强节水农业、旱作农业、循环农业、水土保持农业等领域关键技术研发，构建适合我国国情的区域化、场景化绿色农业技术体系。

4. 集中突破食品产业技术，构建营养健康农业技术体系　未来农业是健康营养农业时代，从吃得饱到吃得好再到吃出健康，梯次升级是现代农业产业发展的重要趋势。从国际现代农业发展来看，发达农业强国都是食品产业强国，也是发达的一二三产业融合型农业。近年来，随着我国人民生活水平不断提高，以健康营养为导向的新兴农业不断发展，拥有巨大市场潜力，需要加快科技创新支撑。目前我国农产品加工率不足60%，而发达国家在80%以上，食品产业领域重大共性关键技术与核心成套装备制造落后，康养农业技术研究滞后于产业发展。建议国家统筹部署食品产业科技工程，集中开发高附加值的精深产品、健康食品、绿色制造、未来食品等；支持数字技术＋医疗健康＋康养农业等新业态新领域研究，延伸农业产业链，促进现代食品产业发展，实现农业一二三产业深度融合，全面提升现代农业产业链水平。

三、主要政策建议

1. 把农业科技工作摆在更加突出地位　国家科技总体布局长期存在不重视农业基础研究、不重视农业高新技术、不重视农业科技周期长风险大的特殊规律等困惑与误区，从而导致在国家各类科技计划中迄今为止没有农业领域基础研究专项、国家科技主体计划在农业领域财政投入比例连续下降、涉农高新技术企业发展缓慢等管理短板问题，迫切需要国家有关部门切实转变观念，把农业科技创新摆在更加突出地位，遵循农业科技创新规律，在项目安排、经费投入、立项机制等方面给予农业科技差异化强有力的支持，为农业科技自立自强创造更加良好的创新环境。

2. 加快建设国家农业战略科技力量　整合优势单位，集中最精干的队伍，集聚最优质的科技资源，优先布局生物种业国家实验室，在新一代农业生物技术与合成生物学、农业资源高效利用与绿色发展、数字农业与智能装备、营养与健康、农业生物安全与公共卫生等领域新增部署一批国家重点实验室和国家技术创新中心，建强国家农业种质资源库、农业大数据平台、野外科学观测站网络体系和科技重大设施。

3. 培育壮大一批农业创新型领军企业　加快培育一批具有核心竞争力的农业创新型企业，建立农业创新型企业培育制度，支持涉农企业承担国家重大科技项目，支持发展农业高新技术企业。推进科企深度融合、社会资本深度参与，推动科技人才向企业流动，创新要素向企业集聚。

4. 加强涉农高校高水平创新人才队伍建设　深化涉农高等教育改革，强化农业战略型、领军型和专业型等各类人才培养与支持力度;构建面向农业科技重大战略需求的专业学位培养体系,增设农业博士专业学位,设立“分子育种”与“耕地保护”高层次人才培养专项,为农业科技自立自强提供强有力的人才储备。

5. 完善国家农业科技创新体系建设 由国家有关部门牵头,组织制定《国家农业科技强国建设发展规划》,构建与农业科技创新特色相适应、实现科技与经济紧密结合的产学研用一体化、产业链与创新链融合的国家农业科技创新体系。着力打造面向乡村振兴的主体多元、服务多样、能力互补的农业科技社会化服务体系。探索农业科技创新项目组织方式,加大稳定投入项目比例,对竞争性项目实行“揭榜挂帅”机制。完善与农业科技创新特点相适应的农业科技人才评价、农业科研机构评估、农业科研项目评审制度。

建议专家

康绍忠　中国工程院院士、中国农业大学水利与土木工程学院教授
李德发　中国工程院院士、中国农业大学动物科学技术学院教授
张福锁　中国工程院院士、中国农业大学资源与环境学院教授
沈建忠　中国工程院院士、中国农业大学动物医学院教授
任发政　中国工程院院士、中国农业大学食品科学与营养工程学院教授
高旺盛　中国农业大学国家农业科技战略研究院院长、教授
杨富裕　中国农业大学科学技术发展研究院常务副院长、教授
陈源泉　中国农业大学国家农业科技战略研究院副院长、教授
赵　勇　中国农业大学发展规划处副处长、教授

(本文 2021 年 3 月 8 日刊于《农科智库要报》第 1 期)

专报二

关于加快建设国家智慧耕地保护技术平台体系的建议

习近平总书记强调指出:像保护大熊猫一样保护耕地,必须把关系十几亿人吃饭大事的耕地保护好,突出抓好耕地保护和地力提升。实施耕地保护战略,最关键的是要做到家底清楚、监控及时、预警准确、决策正确。面对严峻的耕地保护形势,加强我国耕地资源数量、质量、生态变化监测预警工作迫在眉睫,需要从国家层面统一规划布局建设国家智慧耕地保护技术平台体系,强化耕地保护国家战略科技力量,全面提升我国耕地保护科技支撑服务能力。中国农业大学国家农业科技战略研究院组织有关专家就此进行了研究,提出如下建议。

一、我国耕地保护处于多种风险交错叠加关键时期

1. 耕地"非农化""非粮化"及"抛荒"等问题严峻,优质耕地不断减少 我国耕地面积由2009年的20.31亿亩减少到2017年的20.23亿亩,未来至少还要占用2 200万~4 400万亩的优质耕地;当前我国耕地"非粮化"率在27%左右;全国山区耕地抛荒率为14.32%。

2. 耕地后备资源减少,重心北移加剧了耕地利用生态风险 2016年调查结果显示,全国耕地后备资源总量较上一轮调查减少了3 000万亩;2000—2018年,我国耕地重心向西北方向迁移了57千米,严重扭曲了水土资源和粮食生产的资源配置,加大了北方区域生态风险。

3. 耕地质量多类型退化叠加,保护性利用面临严峻挑战 东北黑土地量减质退、华北地下水漏斗持续扩大、西北土地荒漠化问题依然严峻、土壤污染状况严重、土壤酸化、耕地盐渍化多种退化类型叠加,生态后果堪忧,形成了耕地修复和保护前所未有的难题和挑战。

二、建设国家智慧耕地保护技术平台意义重大

1. 从国际发展趋势来看 发达国家已经实现了耕地资源全要素实时动态感知技术与遥感、网络、传感器的系统化配套,并研发了系列智能感知和协同化作业设备。监测内容从耕地数量转移到耕地质量、生态环境和生产能力等综合方向。

2. 从我国发展需求来看 我国在国土调查、国土信息化建设方面积累了大量技术经验和实践成果，自然资源部运用国产高分系列航天卫星遥感影像形成了完备的耕地资源“十年一详查，每年一更新”技术体系，但目前监测内容关键要素不系统、网络站点分散、方法技术智能化处理不够，限制了耕地保护的事前预警、事中调控、粮食生产全流程的决策管理。在耕地监测预警科技化、智能化方面仍处在基础研究和技术积累阶段，整体技术水平与发达国家相差15～20年。

3. 从国内技术积累来看 近10年来，中国农业大学作为全国首批国产卫星数据应用单位，与国内外相关机构合作，目前已经完成全国耕地质量数据存储集群和遥感数据存储集群建设，构建了多源数据库，数据量约164.1 TB，数据集个数15个。在软硬件方面，现有服务器共计23台，存储容量约500 TB，内存约650 GB；软件方面包括主要的商业软件、GIS开源软件以及拥有自主研发知识产权的全国耕地质量数据管理系统、高分一号数据预处理系统、遥感数据格网化系统，形成了对主要农作物、农业资源、耕地质量、自然灾害等进行动态监测的专业化响应能力。中国农业科学院、中国科学院等有关机构也积累了相关领域重要技术成果。迫切需要国家从总体上构建智慧耕地保护技术平台体系，强化耕地保护领域国家战略科技力量。

三、具体建议

国家智慧耕地保护技术平台体系要以耕地的粮食生产能力和综合保障提升为核心，以全面掌握我国耕地数量—质量—生态状况的动态变化规律、预测预警变化态势、提升耕地生产潜力和综合保障为目标，融合云计算、物联网、大数据、人工智能、移动互联和区块链等现代信息技术，深度实现国家及全球尺度耕地时空格局、作物类型以及生产能力全面系统动态监测，并朝着立体化、实时化、定量化和智能化方向发展。建议国家有关部门加强统筹支持力度，着力做好以下重点工作。

1. 研究构建国家空—天—地遥感协同监测技术体系与标准 围绕耕地与作物类型等数量要素、土壤质量要素、土壤健康等生态要素，推进5G耕地长期监测内容、站点和网络建设。开展多源国产高分系列卫星协同观测等耕地遥感监测关键技术集成与标准研究，系统集成空—天—地准实时综合监测评价工程，实现耕地数量—质量—生态多源异构数据实时获取。

2. 集中建立中国耕地保护大数据云监测平台 集成耕地资源利用保护领域野外基地实验观测数据及遥感卫星数据、自然资源部门与农业农村部门数据，建立“中国耕地科技云”平台；研发支持大规模多源异构数据关联存储、管理、检索平台；探究从光谱信息到耕地系统特征、作物田间管理等专家决策知识信息的智能化提取与分析技术，实现区域耕地多场景要素高精度动态提取与监测，形成耕地数量和种植属性安全实时诊断和监测网络，遏制耕地“非农化”、防止“非粮化”；研发耕地系统的耕地生产力变化感知技术及耕地产能动态监测系统，实时感知气象、地表基础设施及作物生长3个层次信息，实现现实生产能力精准预测；发展基于多源长时序遥感的土壤有机质等耕地质量指标监测与评价体系，实现耕地土壤等多维健康快速诊断，开发耕地质量提升技术模式。

3. 支持建立中国耕地保护高端战略决策平台　面向不同部门、不同业务需求，衔接空—天—地协同监测网络体系和大数据处理分析体系，分层分模块的构建未来耕地利用与保护决策支撑平台。围绕生产—生活—生态空间耦合协调发展，构建不同人地系统演化类型区耕地安全评价体系，研发多目标准则和利用冲突下的耕地演化模拟模型，实现耕地数量—质量—生态三位一体预测和"三生用地"时空权衡平台建设；开发耕地资源数字化监测展示平台，建立耕地利用与保护决策支撑信息平台，重点围绕农户和农田尺度，指导农户精准调控播种、施肥、杀虫、灌溉等作物生产的各个环节，保障粮食安全生产。

4. 统筹布局国家智慧耕地保护技术体系示范基地　建议国家科技部等有关部门联合，支持以东北黑土地保护为中心，集成遥感卫星观测技术和地面观测平台，进行耕地数量—质量—生态三位一体综合监测评价工程网络示范，推进耕地保护数字化、智能化和科学化建设，提升我国耕地保护科学技术水平，切实保护好"耕地中的大熊猫"。统筹部署在黄淮海地下水漏斗区、西北土地荒漠化区、长江流域土壤污染区、黄河流域水土重度流失区、西南石漠化区等重点区域开展综合示范应用，积极探索出一条中国特色耕地保护理论和区域化、系统化技术方案。

建议专家

高旺盛　中国农业大学国家农业科技战略研究院院长、教授
李保国　中国农业大学土地科学与技术学院教授
孙丹峰　中国农业大学土地科学与技术学院教授
孔祥斌　中国农业大学土地科学与技术学院教授
黄健熙　中国农业大学土地科学与技术学院教授
杨富裕　中国农业大学科学技术发展研究院常务副院长、教授

（本文 2021 年 4 月 12 日刊于《农科智库要报》第 2 期）

专报三

关于加强玉米生物育种自主创新体系的建议

习近平总书记强调指出：种子是农业的“芯片”，要坚决打好种业翻身仗。在水稻、小麦口粮自主供给稳定保障的前提下，我国未来粮食需求的2/3以上是玉米、大豆等饲料粮。在难以根本改变我国大豆主要依赖进口局面的背景下，我国玉米进口逐年扩大的趋势更加令人担忧，迫切需要加快突破玉米种业技术瓶颈，大幅度提升我国玉米新品种自主创制能力和玉米产业自主供给水平，确保未来我国饲料粮安全和畜牧业稳定发展。为此，中国农业大学国家农业科技战略研究院组织有关专家就加强玉米生物种业问题进行了研究并提出建议。

一、玉米生物育种已经成为国际种业竞争的关键

1. 国际上玉米生物育种产业化发展迅猛　截至目前，全球已经有超过25个国家种植转基因玉米。其中美国、巴西、阿根廷3个国家种植面积占全球转基因总面积78%以上。中国、欧盟、日本、韩国等43个国家和地区已经批准进口转基因玉米产品，覆盖了全球60%以上的人口。截至2019年12月，全球转基因玉米种植面积已经超过29亿亩，占全球玉米种植面积的35%以上。美国2019年转基因玉米的种植面积已经超过5.4亿亩，占美国玉米种植总面积的94.5%以上。转基因玉米产品包含的目标性状已经从最初的抗单一玉米害虫逐步扩展到抗多种目标害虫、抗除草剂、抗旱、高乙醇转化率等复合性状。实践表明，抗虫玉米和耐除草剂玉米的应用显著降低虫害损失和人工除草成本，极大地提高了玉米单位面积产量和生产效率。我国目前玉米生物育种品种的产业化尚处于有序开放的初级阶段，产业化推进相当缓慢。

2. 玉米优良基因种质资源成为核心技术竞争之制高点　根据业内人士估计，美国估计拥有约10万份玉米种质资源，且20%已经过精准鉴定。近年来，国际种业巨头间的竞争加剧了新基因专利保护和相关知识产权的争夺。拜耳、科迪华公司等一方面加强对传统抗虫基因（比如Bt基因）和抗除草剂基因的专利保护，另一方面加大新的重要农艺性状基因的挖掘力度，聚焦有重要育种价值的抗病虫、抗逆、资源高效利用、产量、品质等基因的鉴定，开展大规模基因克隆与功能评价研究。国际种业竞争的根本就是优良基因专利权的争夺。我国国家种质资源库中虽然也有约3.6万份玉米种质资源，但仅有不到10%经过精准鉴定，特别是除了在玉米抗虫、抗除草剂方面我国已经研发出有国际竞争力的产品外，在其他重要性状优良基因

上的研发能力与发达国家相比尚有较大差距。

3. 玉米新一代生物育种技术迭代升级持续加速 随着基因编辑等现代生物技术的快速发展,高效的生物技术操作平台是筛选、挖掘和利用优良基因的重要保障。国际一流的生物技术公司都投入了巨大的人力、物力和财力建立了自己独有的基因操作技术平台,培育了一大批生物育种新品种。国际上玉米生物育种技术正在不断迭代升级,正在发展出不受基因型限制的生物技术操作体系,甚至不依靠组织培养的新兴基因操作技术也开始出现。从玉米生物育种关键技术领域专利数量来看,截至 2020 年,美国获得的玉米育种专利数量是我国的 4.3 倍。我国在玉米基因操作技术方面和国际顶级企业相比较差距更大。总体而言,我国玉米种业核心技术自主创新供给不足已经成为我国农作物种业的最大短板,也是打好种业翻身仗的最主要战场。

二、加快构建我国玉米生物育种自主创新体系的建议

1. 持续加大玉米生物学基础研究支持力度 从玉米育种领域论文数量来看,截至 2020 年,美国玉米育种论文数量是我国的 1.9 倍,基础研究水平总体上高于我国。从我国情况来看,经过近 20 年的创新,也涌现出一些玉米生物育种基础研究创新团队,如中国农业大学玉米研究团队围绕玉米重要农艺性状开展了系统性和创新性研究,克隆了一批具备高产、优质(籽粒油分和维生素 A 含量)、抗病、抗旱、耐密植、耐盐碱等重要功能的基因,并揭示了其分子作用机制。研究成果发表在 Science、Nature Genetics、Molecular Cell、Genome Biology、Nature Plants 等国际著名学术期刊,产生了重要国际学术影响。团队在国际主要学术期刊上发表玉米相关论文的数量和质量均位居国际科研机构第一位,整体实力国际领先。但从全国而言,国家整体上没有系统布局玉米基础研究力量,存在低水平重复研究较多、基础研究投入强度还很低等问题,建议国家在"十四五"科技规划中要突出玉米生物育种重大基础研究的战略地位,加大统筹布局,加大优势团队专项经费支持力度,培育更多的从 0 到 1 的突破性成果。

2. 集中培育具有自主知识产权玉米生物育种新品种 近年来,通过实施重大专项,我国在玉米新一代生物育种自主技术方面取得积极进展,中国农业科学院、中国农业大学等不少技术水平居于国际领先行列。例如,中国农业大学选育出 CAU5 等一批新型玉米单倍体诱导系,研发出高效的单倍体鉴别技术;建立了以人工智能为核心的全基因组选择育种技术体系;培育出具有自主知识产权的抗虫玉米(2A-7)和耐除草剂玉米(CC-2),这 2 个优良转化体有望于近期获得生产应用安全证书,在我国玉米主产区具有大规模产业化应用前景。建议国家在"十四五"期间要组织玉米生物育种"卡脖子"攻关重大项目,以高效精准地培育玉米生物育种新品种为最终目标,开展基础性、前瞻性、多学科交叉与协同的创新研究,挖掘具有自主知识产权的关键育种基因,自主研发玉米生物育种的新型方法和核心技术,培育具有突破性的玉米新品种。

3. 支持构建形成国际先进的玉米生物育种技术平台基地 目前国内的玉米生物育种平台布局分散、规模小、效率低、成本高、开放性不足,严重阻碍了玉米功能基因的研究和玉米新品种的开发。中国农业大学经过 10 多年的努力,建成了覆盖从玉米基因挖掘、遗传转

化、基因编辑到田间测试全链条的玉米生物育种创新平台体系，每年可以完成2 000个基因的遗传转化，1 000个基因的编辑，产生超过10万个转基因株系，可实现每年2 000多个株系的田间测试任务，挖掘了300个具有潜在应用价值的优良新基因。该平台是目前全球科研院校中规模最大、效率最高、体系最完整的玉米生物育种创新平台之一，建议国家有关部门统筹规划、整合资源、创新机制、规划建设国家级玉米生物育种创新平台基地，形成从基因挖掘、遗传转化、基因编辑、分子检测到田间测试组成的全流程、标准化、规模化、数字化研发体系，向全国科研单位和育种单位开放，有效支撑我国玉米种业科技自立自强战略目标的实现。

4. 完善我国玉米生物育种产业化发展政策体系 鉴于目前我国种业企业集成度低、研发力量不足、研发投入不够、科技创新效率偏低等问题，建议国家有关方面积极支持组建以优势高校、研究机构与以中国化工集团为代表的优势种业企业实质性联合，组织构建具有独立法人定位的国家玉米生物种业创新联盟，并且能够实体化、企业化运作，加快产学研机制改革。要加大玉米生物育种产业化应用政策开放力度。建议在抓紧落实农业农村部已经发布的《关于鼓励农业转基因生物原始创新和规范生物材料转移转让转育的通知》六条新措施的基础上，要进一步完善玉米生物育种的配套政策，进一步开放产业化应用，为加强基础研究和新品种培育提供政策保障，从而推进玉米生物育种产业的快速发展，大幅度提高我国玉米种业在国际上的核心竞争力，抢占国际玉米生物种业战略高地。

建议专家

高旺盛　中国农业大学国家农业科技战略研究院院长、教授

巩志忠　植物生理学与生物化学国家重点实验室教授

金危危　植物生理学与生物化学国家重点实验室教授

郭　岩　植物生理学与生物化学国家重点实验室教授

赖锦盛　植物生理学与生物化学国家重点实验室教授

杨淑华　植物生理学与生物化学国家重点实验室教授

(本文2021年5月11日刊于《农科智库要报》第3期)

专报四

关于完善后疫情时代兽医公共卫生科技创新体系的建议

新冠肺炎疫情全球大蔓延再次警醒我们，公共卫生安全关乎人类生命安全，只有构筑起强大的公共卫生体系才能切实为维护人民健康提供有力保障。习近平总书记多次强调指出，要从体制机制上创新和完善重大疫情防控举措，提升疫情预警监测能力，加快提高疫病防控和公共卫生领域战略科技力量和战略储备能力，提高应对突发重大公共卫生事件的能力水平。党的十九届五中全会明确部署了“提高应对突发公共卫生事件能力”的重大任务。兽医公共卫生安全是织牢织密国家公共卫生安全“防护网”的关键环节，是保障动物和人类健康的第一道“隔离带”和“防火墙”，是国家公共卫生安全不可或缺的重要组成部分。中国农业大学国家农业科技战略研究院组织专家对我国兽医公共卫生安全现状进行多次专题研讨，形成如下报告。

一、全球兽医公共卫生安全面临多重风险与挑战

1. 动物源人兽共患病对人类生存已经构成重大威胁　全球重要人兽共患病有200余种，其中危害严重的有30多种，75%以上的新发和再发人类传染病源于动物。无论是14世纪中叶的“黑死病”、1918年的“流感大流行”，还是21世纪初的“非典”，均是如此。近10年来，人兽共患病暴发有加重趋势。截至2021年6月，全球新冠肺炎感染人数已达1.7亿，死亡人数超过380万。同时，布病、结核等传统人兽共患病在养殖动物和宠物中呈上升态势。未来由于气候变化导致全球生物圈受影响加剧，人兽共患病的发生将会更加频繁，防控形势将会更加严峻。

2. 重大动物疫病严重影响以生猪为主的全球畜产品供应链安全　非洲猪瘟重创我国生猪产业，直接经济损失逾千亿元，严重影响全球猪肉供给稳定性，并给农民增收和乡村振兴等带来明显负面影响。

3. 动物性产品质量安全成为食品安全的重大隐患　农兽药、霉菌毒素及食源性微生物等通过饲料、养殖、加工、运输、储存等各个环节污染动物源性食品，“舌尖上的安全”面临挑战。

4. 动物源细菌耐药问题严重威胁人类用药安全　目前，全球每年因耐药菌感染造成的死亡人数超过70万，如果不加以控制，到2050年每年死亡人数预计将达到1 000万，WHO已将细菌耐药列为全球重要的公共卫生问题。目前已发现动物源细菌存在超级耐药

菌，可导致临床治疗人多重耐药菌感染时出现无药可用的窘境。

5. 兽医公共卫生成为影响生态环境安全新的污染来源 养殖废弃物、病死动物等成为大气、土壤和水源污染的又一个重要来源，并滋生蚊虫和有害生物，严重影响美丽乡村建设和生态文明建设质量。

二、我国兽医公共卫生科技自主创新能力严重不足

1. 前沿基础研究亟待重大突破 我国动物源人兽共患病与重大动物疫病溯源、感染与致病、跨种间传播机理等不清，阻碍疫苗等终端产品研制的理论创新，严重制约疫病综合防控、净化与根除；动物源食品主要危害因子的表征和高性能生物识别材料的设计不足，制约了高效、灵敏检测试剂的研发；重要细菌耐药性形成与传播机理不明，针对耐药病原菌靶向药物的创制基础薄弱，影响了细菌耐药性的综合防控。

2. 核心技术产品"卡脖子"被动局面亟待扭转 欧美发达国家公司占据动物疫苗、诊断试剂、新兽药等领域60%以上的全球市场份额和我国大部分市场份额。我国在动物新型疫苗抗原筛选、佐剂制备上创新水平相对低下，大部分处于"跟跑"阶段。动物疫病诊断和食品安全检测试剂主要核心材料仍严重依赖进口，产品在先进性、准确性、稳定性、质量控制、标准化等方面与发达国家产品仍存在较大差距。动物源性食品中危害因子(如兽药、霉菌毒素等)的残留限量和检测方法国际标准的制定仍然掌握在欧美手中，欧美国家已就此在国际贸易中设置技术壁垒，导致我国在农产品食品国际贸易谈判中处于被动地位，如牛肉和猪肉中激素、β兴奋剂残留导致的贸易摩擦等。此外，我国动物专用药物创新乏力、品种少、剂型单一，抗生素替代技术和产品缺乏，药物靶点与新兽药的合成、新型佐剂与靶向递送系统等"卡脖子"技术亟待攻克。

3. 兽医公共卫生预警预测体系亟待完善 基于数据库、互联网、人工智能的动物疫情预警预报体系在欧美发达国家及FAO(联合国粮食及农业组织)和OIE(世界动物卫生组织)等国际组织已经有近20年的历史，其生物安全风险评估体系、生物安全管理技术水平和产业化水平较高，口蹄疫、猪瘟、结核、伪狂犬等重大动物疫病已基本根除，而我国落后10～15年，尚未建立健全技术防控体系。当前我国兽医公共卫生监测防控网络和区域性大数据监测中心建设以及流行病学建模研究等亟待加强。

三、主要建议

1. 完善兽医领域国家重点实验室布局 目前，我国兽医领域只有"兽医生物技术国家重点实验室"和"家畜疫病病原生物学国家重点实验室"2个国家重点实验室，尚未形成以兽医公共卫生基础前沿为主攻方向的国家级平台。我们认为，面对后疫情时期兽医公共卫生的重大科技需求，迫切需要尽快启动建设"兽医公共卫生学国家重点实验室"，加快完善国家兽医

公共卫生创新链布局，打造国家兽医公共卫生领域战略科技力量。该实验室要主攻人兽共患病防控、动物源性细菌耐药性形成与控制、动物源性食品危害因子检测与风险评估等重大基础科学问题，实现重大基础研究的原创性突破，为从动物源头构筑强有力的公共卫生防控体系提供重大理论支撑，经过5年建设，力争在世界兽医公共卫生基础理论领域中占有一席之地，赢得国际主动权和话语权。

2. 加强兽医领域国家技术创新中心建设 为尽快扭转我国兽医终端产品和技术严重依赖国外的被动局面，建议组建兽医公共卫生领域国家技术创新中心，以企业为主体，联合优势科研单位，以培育重大技术产品为目标，重点聚焦创制兽用新型抗菌药物和新制剂、减抗替抗技术及产品，以及动物疫病和动物源食品危害因子高通量诊断检测新技术和产品开发，实现技术自主可控，提升产品国际竞争力，为从动物源头构筑强有力的兽医公共卫生防控体系提供技术和产品支撑。

3. 加大兽医公共卫生领域研发投入 建议国家在"十四五"重大基础研究计划中加强对兽医公共卫生学领域重要人兽共患病与重大动物疫病、动物源食品安全、细菌耐药性等基础前沿研究的支持，力争重大基础理论突破，促进动物疫苗、诊断试剂、新兽药等终端产品研制的理论创新；在国家科技重大专项、国家重点研发计划中部署疫苗与诊断试剂研发、新型兽药创制、食品安全检测等关键核心技术研究，促进"卡脖子"核心技术实现重大突破。

建议专家

沈建忠 中国工程院院士、中国农业大学动物医学院教授
李德发 中国工程院院士、中国农业大学动物科学技术学院教授
杨汉春 中国农业大学动物医学院教授
刘金华 中国农业大学动物医学院教授
高旺盛 中国农业大学国家农业科技战略研究院院长、教授

（本文2021年6月18日刊于《农科智库要报》第4期）

专报五

涉农高校农业科技创新主力军和生力军建设思路与建议

习近平总书记在2021年召开的“两院院士”大会及中国科协第十次全国代表大会上的重要讲话中强调指出，高水平研究型大学是国家战略科技力量的重要组成部分，要自觉履行高水平科技自立自强的使命担当，要成为基础研究的主力军和重大科技突破的生力军。习近平总书记的重要讲话确立了高水平研究型大学在国家科技创新中的战略地位，为大学科技创新指明了方向和根本遵循。涉农高校如何把握科技自立自强战略地位，扛起农业基础研究主力军和农业关键技术突破生力军“两军”建设重任，需要站在重塑涉农高校科技创新体系的战略角度进行深入研究。

一、发挥大学基础研究深厚优势，强化农业基础研究主力军的前沿引领能力

习近平总书记指出，加强基础研究是科技自立自强的必然要求，高水平研究型大学要发挥基础研究深厚的优势、学科交叉融合的优势，成为基础研究的主力军和重大科技突破的生力军。与世界发达农业科技强国相比，我国农业基础研究薄弱是最大短板之一。强化基础前沿研究，实现原创性重大突破是我国农业科技自立自强的关键一招。据有关报告不完全统计，2015—2019年中国农业领域发表的国际论文数量全球第二，但原创性高质量论文指数远远低于美国、英国等发达国家。全球发表CNS的论文前10名国家机构中，中国仅有1家机构；全球农业研究机构论文竞争力指数前100名机构中，中国有14家，其中大学占12家。另外，在农艺学领域前100篇高质量论文发表机构中，中国有16家，其中大学占8家；在兽医学领域前100篇论文的机构中，中国有21家，其中大学占18家。统计资料显示，目前全国农业科研机构人员中从事基础研究的比例为16%，而涉农大学从事基础研究的人员比例超过30%。由此可见，涉农大学是农业基础研究的主力军，必须采取措施大力支持涉农高校进一步强化基础前沿研究，打造一支具有强大战斗力的主力军，为国家农业农村现代化建设提供原创性战略科技。

1. 集中突破涉农领域重大基础前沿问题　着力在基因组学、基因编辑、合成生物学等基因农业领域，在动植物优异种质资源创制、农业重大病虫害及动物疫病防控机理、耕地土壤保护与修复机理、食物营养与人类健康、未来细胞农业、农业生态系统可持续发展等领域开

展长期性、稳定性的基础研究，力争获得原创性重大突破成果，抢占未来农业基础前沿高地，发挥好涉农高校主力军的先锋作用，助力我国成为世界农业主要科学中心。

2. 切实加大涉农领域基础研究投入支持强度　长期以来，由于体制机制和管理理念偏差等原因，在国家或地方科技计划体系中农业相关基础研究始终被边缘化甚至排斥在外，农业领域基础研究投入少之又少，而且稳定投入比例不足30%，导致我国农业领域基础研究投入严重不足。特别是涉农大学的基础研究绝大多数来自国家自然基金支持项目，投入渠道单一，企业等社会投资由于顾虑农业项目的特殊性而退避三舍。建议在国家基础研究计划体系中单独设立涉农领域国家基础研究专项，重点支持涉农高校，集中优势力量开展重大基础研究。同时要扩大国家重点实验室、重大科学工程设施等基础研究平台在涉农高校的布局，要强化农业野外科学实验观测站与大科学设施建设，建设中国农业科研"百年老站"。

3. 建议组建全国涉农高校基础研究主力军协作联盟　我国涉农高校由于各自学科基础与研究优势不同，基础研究领域存在缺乏统筹布局、各自为战、重复研究，甚至相互抢夺人才团队等不良竞争等，迫切需要加强涉农高校主力军队伍建设的统筹协调，建议国家有关部门指导组建涉农高校基础研究主力军协作联盟，协作开展基础前沿国际战略趋势分析，统筹重大基础研究任务，协同作战，共同突破国际农业科技前沿高地，更快更好发挥涉农大学基础研究深厚的优势，加速提升基础研究水平。

二、发挥大学学科交叉融合优势，强化突破农业重大技术生力军的技术支撑能力

习近平总书记指出，科技攻关要坚持问题导向，奔着最紧急、最紧迫的问题去，高水平研究型大学要发挥学科交叉融合优势，成为重大科技突破的生力军。与世界发达农业科技强国比较，我国农业关键核心技术自主创新供给能力不足，许多核心技术受制于他人。根据第六次国家技术预测，我国农业科技在国际上领跑型技术仅占10%，并跑型技术占39%，跟跑型技术占51%，总体创新水平与发达国家相差12年，许多动植物核心种源、重大农业智能装备核心部件、农业生物绿色制品等对外依存度高达80%以上，对我国粮食安全及农业发展安全形成核心技术"卡脖子"风险与挑战。据统计，2014—2018年农业领域国家自然科学奖、国家技术发明奖、国家科技进步奖分别为6项、28项和100项，其中第一完成单位为农业院校的分别为66.7%、46.4%和34.0%。涉农高校作为农业重大技术突破的生力军，在面向农业最紧迫、最紧急的重大问题面前，必须勇于担当、冲锋陷阵，无愧于生力军的光荣使命，坚持有所为有所不为的原则，应集中在四大关键技术领域上发力突破。

1. 集中突破生物育种核心技术，为打造现代种业强国提供技术支撑　把握未来基因农业时代的重大趋势，涉农高校要发挥农业生物育种基础扎实、学科齐全、实力雄厚的优势，重点突破基因编辑技术、杂交育种技术、分子育种技术、动物干细胞技术等，在水稻、玉米、小麦、生猪、家禽、特色经济作物、林木等动植物领域，挖掘创造一批具有国际基因专利产权的新种质新资源，培育一批具有自主知识产权的重大战略性新品种，集中力量打好种业翻身仗。

2. 集中突破智能农业关键技术，为打造数字农业强国提供技术支撑 未来农业是数字化农业时代，农业数字化是新一轮“绿色革命”的重大变革性趋势。涉农高校要发挥工程学科、生物学科与农业学科交叉融合的独特优势，集中突破动植物生物智能感知与智能传感控制技术，强化新一代智能农机装备、智能新材料等关键技术研发，开发应用智能农业机器人、农业无人机、智慧农场、智慧牧场、智慧渔场等系统化技术体系，全面提高我国数字农业自主创新能力。

3. 集中突破绿色农业关键技术，为构建生态安全农业体系提供技术支撑 未来农业是绿色农业时代，绿色低碳循环技术将成为提升世界各国产业绿色竞争力的关键所在。涉农高校要发挥农业生态、资源环境、农业工程、动植物生产等学科优势，组织实施黑土地保护与利用、农业生物安全防控、节水农业、旱作农业、循环农业、水土保持农业、山水林湖田草沙系统、“碳达峰、碳中和”农业等领域关键技术研发，构建适合我国国情的区域化、场景化绿色农业发展技术体系。

4. 集中突破健康食品产业技术，为发展营养健康农业提供技术支撑 未来以人的健康长寿为目标导向的营养健康农业将成为现代农业发展重大趋势。涉农高校要发挥多学科齐全优势，集中开发高附加值的精深产品、健康食品、未来食品、绿色制造技术装备等产品和关键技术。要强化农医融合，加强数字技术＋医疗健康＋康养农业等新业态研究，延伸健康农业产业链，促进农业一二三产业深度融合。

三、把科技创新摆在更加突出地位，协同推进科学研究、人才培养和创新动力有机结合

习近平总书记重要讲话指出：高水平研究型大学要把发展科技第一生产力、培养人才第一资源、增强创新第一动力更好结合起来。这就要求我们要树立学校发展的系统思维和创新思维，充分领会“三结合”的逻辑关系，即发展科技第一生产力是高水平研究型大学的核心标志和国家目标要求，培养人才第一资源是自立自强的根本基础和大学职责所在，而增强创新第一动力是自立自强的制度保障和治理体系现代化所需。在具体工作中，要把科技自立自强战略作为研究型大学总体发展战略的核心任务来抓，要下决心改变目前大学发展中科技研究、人才培养、创新能力三者结合不够紧密、体制机制不够灵活的短板，重点要处理好三个关系。

1. 处理好科技创新与人才培养的关系 习近平总书记强调：当今世界的竞争说到底是人才竞争、教育竞争。人才队伍是决定科技自立自强的最关键、最活跃的要素。因此，建设高水平研究型大学要把培育具有创新意识、创新思维、创新能力的各类创新型人才摆在涉农高校人才教育更加突出地位。要立足立德树人的根本任务，大力弘扬中华民族的守正创新精神，倡导“择业为农、无上光荣”的人才教育理念，着力培养一大批懂农业、爱农民、爱农村的新型技术人才，扭转我国目前严重缺乏能够走向农村、走入农户开展专业化、全程化科技服务型乡村技术人才的被动局面。要坚持教学育才与科研育才的有机统一，实践开展创新型教育改革，以高水平科学研究带动高质量教育教学，改变目前涉农高校总体上教学教育与科技创新“两张

皮”的现状。要正视人才培养年限与科研项目执行周期不同步的事实，建议设立大学高水平研究生培养专项经费，解决目前研究生培养经费主要依靠竞争性科研项目支持而经常导致“青黄不接”甚至“断档”的问题。要大力弘扬中华民族科学精神、工匠精神，集中培养一批战略型创新人才和未来农业科技领军人才，筑起涉农大学“人才高峰”，尽快改变目前我国涉农大学高层次战略型人才严重不足的局面。

2. 处理好科技创新与“双一流”建设的关系　综观全球大学发展趋势，世界一流大学必然是具有一流的学科水平，而一流的学科必须以一流的科技创新能力为支撑，拥有国际公认的原创性、引领性重大科技成果，在世界具有若干领域的话语权和主动权。建设世界一流大学和世界一流农业大学，都离不开一流的科技创新能力。涉农大学要重视科技创新水平提升，把评估一流学科、一流大学摆在优先地位，以实现农业科技高水平自立自强为导向，制定《全国涉农大学“十四五”及中长期创新发展规划》，发挥新型举国体制优势，创新科研组织形式，打破高校“藩篱”，在全国涉农高校遴选一批人才，组建联合“军团”，强化重大基础前沿研究，组织重大关键技术攻关，以科技创新引领一流学科建设，全面提升涉农大学自主创新能力，着力构建中国特色、中国气派、中国风格的现代农业学科体系、学术体系、话语体系。

3. 处理好科技创新与制度创新的关系　科技创新与制度创新呈现出“双螺旋”互动发展规律，正如习近平总书记指出创新驱动发展必须是科技创新与制度创新两个轮子一起动。涉农高校要持续增强创新第一动力，其要义就在于建立与科技创新自立自强相适应的大学创新体制机制，从制度上改变高校学术评价不够科学、人才评价体系不够完善、科技研究评价不适应新要求、成果转化政策不健全等制约科技创新的制度藩篱，深化内部创新制度改革，特别是创新人才评价、职称改革、科研绩效、企业合作、成果转化、国际合作等重大政策，构建新型大学创新驱动发展制度体系，激发创新活力，增强创新动力，提升创新竞争力。

建议专家

高旺盛　中国农业大学国家农业科技战略研究院院长、教授
陈源泉　中国农业大学国家农业科技战略研究院副院长、教授

（本文2021年7月12日刊于《农科智库要报》第5期）

专报六

关于加快建设国际热带农业科学中心的建议

习近平总书记高度重视海南农业发展，强调指出要做强做优热带特色高效农业，明确指示要加强国家南繁科研育种基地(海南)建设，打造国际热带农业科学中心，支持海南建设全球动植物种质资源引进中转基地。为进一步加快推进海南国际热带农业科学中心建设，中国农业大学国家农业科技战略研究院组织专家开展了海南热带农业科技创新专题调研和国际对比分析，形成此建议报告。

一、国际热带农业科技发展趋势

1. 全球热带农业研究呈快速增长趋势 热带农作物、园艺水果、林业、渔业、畜牧业、中草药以及育种7大主题的研究都在稳步增长，热带林业增速最快，反映出林业在热带受到更多的重视。全球热带农业研究的主要方向集中在园艺水果、畜牧业和林业三大产业领域。

2. 热带作物研究主要聚焦于热带大宗作物 在全球关于热带农业科学的研究中，其研究主要聚焦热带经济作物、经济林木与热带水果，少量为热带药用植物。研究作物达50余种，大宗作物明显聚焦，主要研究的前10种作物分别为甘蔗、咖啡、木薯、香蕉、椰子、可可、芒果、油棕、番木瓜、菠萝。

3. 不同国家热带农业研究能力差异明显 热带农业的研究成果主要来自美国、巴西、印度、马来西亚和尼日利亚。从国家合作之间的角度看，形成了以美国和巴西，以德国、中国和澳大利亚，以英国、法国和荷兰为核心的三类国际研究共同体。发达国家(美国、澳大利亚、法国、英国)的国际合作以及机构间的合作都明显优于发展中国家，发展中国家的研究更多限定在本国之内。

二、我国热带农业科技发展态势

1. 我国是热带农产品生产大国和进口大国 以热带作物为例，2019年，我国种植总面积453.33公顷，总产量3 203.8万吨，总产值1 828.1亿元(未包含甘蔗)。天然橡胶种植面积世界排名第 3，产量世界排名第 4；荔枝、八角、龙眼等种植面积和产量世界排名均为第 1；香蕉种植面积世界排名第 6，产量世界排名第 2；芒果种植面积和产量世界排名均为第 3；澳洲坚果种植面积世界排名第 1，产量世界排名第 3。我国热区也是国家林木、畜禽和水产的重要供给区域，据不完全统计，2019 年，我国热区木材产量、畜禽肉类总产量分别占全国总量的 60% 和 20%以上。2019 年，我国大陆热带作物产品进出口贸易量为 2 521.3 万吨，其中，进口量为 2 442.5 万吨，出口量为 78.8 万吨。市场需求量大的天然橡胶、油棕、木薯等产品生产能力严重不足，保供给仍是发展的重要任务。

2. 我国热带农业科技发展基础良好　我国收集保存热带作物种质资源 4.7 万份，保存量位居世界第一位。南繁育种、热带特色作物基因组学等基础研究，高性能天然橡胶加工、高效采胶、精准施肥与绿色防控、动物疫病防控、渔业资源保护与利用、水域生态环境修复等重大技术研究方向处于国际领先行列。热带作物选育种、橡胶产排胶机理、加工与分子改性理论等研究领域处于世界先进水平。海南省热带农业方面的科研单位和高校有 10 多家，其中，中国热带农业科学院是我国乃至全球热带农业科学的著名研究机构。此外，海南大学、海南省农垦科学院也有一批热带农业的专家、科技人员、实验室、专利等资源。同时，海南与东盟国家建立定期交流机制，不断推出合作项目。

3. 我国热带农业科技创新引领能力不足　一是研究学科领域偏少。中国除在热带中草药和热带园艺水果有较多研究外，在其他领域的研究偏少，尤其是热带林业、热带农作物和热带渔业的研究力量非常薄弱。二是研究机构数量较少。仅有中国科学院、中国热带农业科学院和华南农业大学进入世界前列，表明中国从事热带农业研究的机构数量较少，有全球影响力的机构更少。三是研发投入程度不高。海南科技 R&D 投入占比 2020 年仅 0.56%，仅为全国平均水平的 26%，农业科技投入水平更低。

三、建设国际热带农业科学中心势在必行

1. 全面理解全球科学中心的重要标志特征　综观世界科技中心发展变迁的历史经验，要成为国际公认的热带农业科学中心，重要的标志特征主要包括：一是国际科学前沿方向引领和领先技术策源地；二是国际公认的热带农业产业竞争高地，具有国际化的创新创业环境，创新成果不断催生新业态，并成为全球行业领先企业“竞相追逐”的目标；三是国际热带农业产业链供应的主体，围绕产业链形成完善的创新链、供应链和价值链网络；四是国际农业人才聚集的高地，尤其是顶尖人才的聚集地。

2. 准确把握海南建设国际热带农业科学中心的独特优势　从区域优势来看，海南具有四大独具特色的显著优势：一是全国自贸区中唯一包含农业的自贸区，这对农业是千载难逢的机会，有利于打造开放的农业、国际化的农业；二是有全球最具特色的天然的种质资源培育基地，为发展全球农业格局奠定基础；三是全国生态多样性最佳的地区，为将来营养健康农业新业态提供基础；四是全国农产品自然品质最好的区域之一，全国农产品综合质量处于前列。

3. 充分认识海南热带农业高质量发展的突出短板　一是传统的农业产业比重过

高,缺乏高层次、高价值的农业产业形态;二是农业自主创新能力供给不足,投入、人才等不能满足建设全球农业的需要;三是农业经营方式还是小农为主,现代涉农企业的聚集度不高,没有形成产业链聚集;四是国际型外向农业发展迟缓,没有形成外向型的农业。

四、政策措施建议

1. “三链融合”,全面部署国际热带农业科学中心的重点建设方向 一是聚力打造国际化热带特色高效农业核心产业链。抓住“一带一路”倡议以及“自贸区/自贸港”的重大战略机遇,通过科技创新,在生物种业、热带农业、海洋农业、生态产业、康养产业和食品产业六大产业领域,打造具有国际影响力和竞争力、特色鲜明的热带特色高效农业产业体系,支持农业企业开展跨国经营,建立热带农业合作示范区、农业对外开放合作试验区和境外生产基地、加工仓储物流设施等,大幅度提高海南热带农业的国际竞争力,使海南成为世界热带特色农产品贸易港和世界热带特色农业产业“创业天堂”。二是聚力建设面向世界的国际热带农业科技关键创新链。以海南为基地,创新政策改革,搭建创新基地,吸引国内外顶尖研究机构和优势团队到海南开展科学研究,针对世界热区农业科学前沿和六大产业体系关键核心技术集中力量开展攻关。重点开展生物种业、热带农业绿色高效生产、热带生物资源与生态保护利用、热带动植物特有功能评价与利用、农产品精深加工与生物制品开发、健康功能性农业产品制造等领域的科技创新,形成与热带农业产业链协同发展的热带农业科技创新链。三是聚力创建与国际接轨的农业科技良好生态链。海南省委省政府要专门制定出台关于建设世界热带农业科学中心的专项政策意见,尤其是扩大对省外、海外高端人才的引智支持力度;放宽科技创新资源区域限制,加大岛内“柔性”引进政策,突破现有公共财政限制,允许国外、岛外科学家申请海南热带农业科研项目,吸引全国优势科研力量联合国际著名机构“落地”海南,弥补海南本土现有科技力量短板;实现国际通行的科学家“绿卡”制度,确保科学家便捷交流;海关等部门对科技创新涉及的动植物资源、科研材料等实行“绿色通道”政策;吸引聚集一大批国内外顶级科学家、企业家和创新团队,构筑起世界热带农业科学中心的人才高地。

2. “六项统筹”,系统设计全球热带农业科学中心发展总体规划 一是建设国际热带动植物种质资源保护利用中心。面向国内外收集世界热区主要动植物种质资源,开展种质资源鉴定、整理、保存、利用,挖掘和保护性状优良的种质资源,形成系统科学的资源保护与共享利用的平台;在此基础上建设国际热带农业种质资源大数据。二是全球动植物种质资源引进中转基地。建成集种质资源收集、保存、监管、繁育、创制、鉴定评价、品种交易、国际交流合作、科普观光等功能于一体,收集体系、监管体系、研发体系、繁育体系、创制体系、鉴定评价体系、交易体系与中转体系完备,服务国内外的全球动植物种源进出境基地,建设国家农业生物安全“缓冲带”。三是建设国家热带农业科技重大创新基地。以南繁科技城为核心,积极谋划布局生物种业国家实验室,推进举国体制科技创新改革,建立规模化、机械化、信息化育种技术体系。同时,在热带生物多样性、种质资源、热带林业等领域创建国家重点实验室、野外台站、技术创新中心等创新基地。四是创建国家热带农业高新技术产业示范区。围绕国际大宗特色热带动植物产业,联合国内外著名大学、科研院所与企业,联合开展全产业链的技术创新与成果转化，建设国际化的热带“农高区”，促进热带农业产业升级换代与高质量发展，建设成为全国国际化程度最高的“农高区”。五是建立国际热带农业新型研发机构。依托省内外大学、科研院所，联合世界著名农业大学以及国内外龙头企业，采取联合办学或设立分校、研究院等灵活机制，在海南以及东南亚等国家建设国际化的热带农业大学园和新型研发机构，成为国际热带农业科技创新、人才培育和产业转化高地。六是举办国际热带农业科技峰会。以博鳌亚洲论坛农业圆桌会议、中非农业合作研讨会等为基础，汇聚全世界热带农业科学领域研究人员和产业精英，总结交流热带农业科学研究前沿进展和行业动向，成为国际化的热带农业创新链与产业链深度融合的大平台。

建议专家

高旺盛　中国农业大学国家农业科技战略研究院院长、教授
储富祥　中国林业科学研究院副院长、研究员
曾希柏　中国农业科学院农业环境与可持续发展研究所研究员
陈传宏　北京航空航天大学医学院教授，科技部重大专项司原司长
郭志伟　国家科技图书文献中心副主任、研究员，科技部基础研究司原巡视员
杨富裕　中国农业大学科学技术发展研究院常务副院长、教授
陈源泉　中国农业大学国家农业科技战略研究院副院长、教授

（本文2021年8月15日刊于《农科智库要报》第6期）

专报七

关于科学有序发展北方旱区有机旱作农业的建议

2017 年 6 月，习近平总书记视察山西时指出，有机旱作是山西农业的一大传统特色。要坚持走有机旱作农业的路子，完善有机旱作农业技术体系，使有机旱作农业成为我国现代农业的重要品牌。近期，中国农业大学国家农业科技战略研究院组织有关专家到山西、内蒙古、陕西、宁夏、甘肃等地开展专题调研考察，先后到管理部门、企业、研究机构、园区等开展有关调研。调研组认为，习近平总书记高瞻远瞩地提出发展有机旱作农业的重要指示，为我国北方旱区农业实现高质量转型发展指明了发展方向，是促进我国旱区农业绿色可持续发展的一条重要路径。经过对国内外发展趋势分析，结合实地调研，我们就如何科学有序推进有机旱作农业发展形成了如下建议。

一、站在全局维度切实提高发展有机旱作农业的战略定位

我们认为，发展有机旱作农业是习近平总书记生态文明思想在旱区农业的具体实践。从国家战略角度而言，发展有机旱作农业需要从"一带一路"倡议，传承与弘扬中华农耕文明，黄河流域生态保护与高质量发展、健康中国等重大国家战略的高度，谋划以有机旱作农业服务于北方旱区构建发展新格局和旱作农业高质量发展大局。要运用系统思维，充分认识到有机旱作农业不是有机农业和常规旱作农业的简单加和，而是有机农业的本源与旱作农业的本源的目标融合，是传统精华技术与现代技术的技术融合，是中国常规旱作农业的管理体系与国际有机农业管理体系的制度融合，是从战略上以发展有机旱作农业带动传统旱作农业结构升级、技术创新和产业变革的重大决策，而不是简单意义上地对传统旱作农业修修补补或者贴个标签。

二、正确认识有机旱作农业的科学内涵与基本特征

我们调研中看到，不少地方存在概念模糊、要求不明以及把有机旱作农业概念"泛化"应用现象，有的地方在无任何科学认证依据情况下通过政府一纸文件就确定为有机农业示范区，有的所谓有机农业企业负责人根本不知道诸如农田转换期、土壤监测、农药检测等最主要的国际

通行的有机农业技术标准基本内容，有的政府文件提出的有机旱作农业措施几乎和一般的常规旱作农业措施没什么区别，等等。国际上比较一致的定义认为，有机农业是指农产品生产过程中基本不使用人工合成的肥料、农药、各种制剂，而是主要依靠传统有机肥或有机饲料及营养物质自然循环等方式的种植业和养殖业，对土壤、水质、投入品、农产品品质等都有严格的技术标准和严格的认证体系。从国际上近百年来的有机农业实践来看，有机农业在生产布局和市场布局上属于"特定产品、特定区域、特定标准、特定市场"的小而精的农业，不同于现代化集约化的大农业，更不能代替大农业。从科学性来讲，不能简单地把传统旱作农业直接"换名"为有机旱作农业。我们认为，有机旱作农业是特指以生产有机农产品为目标、以产地环境、投入品标准和产品认证为基础的一种新型旱作农业方式。这种新型方式不是西方"自然农法"的复古，而是与现代生物技术、现代生态科学、新型材料科学和互联网信息技术的融合发展；不是对传统旱作农业的完全否定而是对传统旱作农业的有机化升级改造；不是对常规农业的全面替代，而是与高产农业、绿色农业、生态农业、循环农业、保护性农业等多种现代旱作农业生产方式相互匹配发展的一种方式。

三、发展有机旱作农业要把握重点稳扎稳打

从国际趋势来看，自从20世纪英国科学家提出有机农业概念以来，已有近100年的历史，有机农业在实践中缓慢发展，步履艰难，当今有机农产品在全球仍然处于"叫好不叫座"的尴尬处境。全球有机农产品市场不足全球农产品市场的2%，全球有机农业面积约8.7亿亩，仅占农作物种植面积的3%左右，其中大洋洲、欧洲、北美洲等发达国家合计约占总面积的86%。我国有机作物种植面积从2005年的46.4万公顷逐年递增，到2015年有机作物种植总面积为100万公顷，占可耕地面积的0.9%（数据来源：国家认证认可监督管理委员会），但主要集中在有机茶、有机大豆、有机蔬菜等产品，绝大部分有机农场企业处于亏损经营状态。之所以有机农产品发展缓慢，从生产效率来讲，有机农产品往往存在土地产出量较低、消耗人力等成本较高、自然肥力难以支撑大规模生产、技术标准不完善等问题；从市场需求来看，有机农产品主要存在市场价格较高、消费群体小众化特定化、有机农业行业经营管理混乱、缺乏统一的权威认证体系等问题。因此，发展有机旱作需要从一开始就把握好节奏，找准突破口，不能政府包打天下，更不能一哄而上，最重要的是突出有机旱作技术创新和有机旱作产品市场机制创新"两大关键"，抓住特定农产品有机化产业链设计与区域布局"两大基础"，才能使其成为旱作农业高质量发展新的增长点和新产业。

四、研究制定北方有机旱作农业的总体布局规划

从国情、省情出发，做好北方旱区发展有机旱作农业总体规划需要把握3个重要关系：一是要处理好有机农业与粮食安全的关系，明确保障国家粮食安全、不降低区域粮食生产能力是

发展有机旱作农业的基本前提,在区域上不宜在高产集约化的粮食主产区大面积发展有机农业,宜将重点放在丘陵、山地等具有天然生态条件的地区;二是要处理好粮食与特优产品的关系,不宜提倡大宗粮食作物有机种植,而是要以非粮的特色优质农产品为主,特别是将有机农产品开发与乡村振兴战略、生态保护战略、水土保持农业等紧密结合;三是要处理好国内与国际市场关系,目前我国有机食品人均消费33元(世界平均每人88元),预计未来10年国内有机农产品消费市场每年增长15%左右,市场潜力很大,预计我国出口有机农产品市场年增长30%以上,因此有机旱作农业应确定国际、国内两个市场的特点人群、特点地区的精准化开发。总体上形成一个特定产品清楚、特定区域明确、特定标准一致、特定市场精准的北方旱区有机旱作农业总体规划。

五、强化有机旱作农业科技创新能力建设

要从全球视角研究分析国内外有机农业与旱作农业技术发展现状,充分挖掘中国传统旱作农业的精华,明确我国与国际先进水平的差距以及存在的制约因素,加快有机旱作农业关键核心科技创新。建议国家设立“有机旱作农业”重大项目,采取“揭榜挂帅”或者“赛马制”的立项机制,开放创新,联合国内外创新团队在旱区开展有机旱作基础前沿问题研究、关键核心技术研究与产品创制、有机旱作农业技术标准等创新研究。同时要争取建设有机旱作重点实验室、长期定位试验基地、专门化有机农业企业以及国内外新型研发机构等创新主体,弥补旱区有机旱作农业科技力度总体不足的短板。建议有关部门联合地方政府共同举办“国际有机旱作农业创新论坛与品牌交流会”,扩大国际合作,构建创新联盟,提升旱区品牌影响力和产业竞争力。

六、完善有机旱作农业政策保障体系

形成中国特色有机旱作农业差别化政策体系是当务之急,这是当前政府需要、企业急需。建议有关部门抓紧开展有机旱作农业标准研究,尽快建立国际认同、中国许可的有机旱作农业认证标准与认证机构体系,形成与国际标准有效衔接的中国体系。建议研究制定有机旱作农业政策支撑体系,出台支持有机旱作农业发展的针对性的产品补助政策、金融支持政策、企业扶持政策和市场认证、市场监管政策等,保障有机旱作农业健康发展。

建议专家

高旺盛　中国农业大学国家农业科技战略研究院院长、教授
廖允成　山西农业大学党委书记、教授

陈源泉 中国农业大学国家农业科技战略研究院副院长、教授
何文清 中国农业科学院农业环境与可持续发展研究所研究员
曾希柏 中国农业科学院农业环境与可持续发展研究所研究员
刘景辉 内蒙古农业大学教授
任图生 中国农业大学土地科学与技术学院教授
柴 强 甘肃农业大学副校长、教授

（本文 2021 年 9 月 10 日刊于《农科智库要报》第 7 期）

专报八

全球育种技术进入4.0时代:智能设计育种

保障粮食安全是我国必须长期坚持的重大战略,新品种选育是保障国家粮食安全的根本途径。当前,前沿生物技术正在引领全球种业进入新一轮技术革命,关键育种技术创新及优异新品种培育,已成为世界各国抢占的科技制高点。回顾历史,作物育种可以划分为4个时代:育种1.0时代是指人类农耕文明的之前时期,人类驯化了大量的野生植物;育种2.0时代起始于19世纪末,统计学和数量遗传学逐渐应用到作物的表型选择中;育种3.0时代起始于20世纪90年代,随着基因型和表型数据成本的不断降低,分子标记辅助育种、基因组预测、基因组选择成为商业育种的主流技术;近年来,随着人工智能、基因编辑、合成生物学等学科的发展,跨国种业巨头正在进入育种4.0时代,即智能设计育种时代。

一、智能设计育种的三大核心技术路线图

人工智能技术是智能设计育种的重要底盘技术之一。该技术以深度学习为核心,为多个领域带来了变革性发展,已成为国际种业巨头和优势科研机构重点攻关的关键技术。人工智能的核心是深度学习,以计算机利用深度神经网络算法对大量数据进行自动学习,实现自我优化,找到问题解决方案。人工智能技术已广泛应用于作物育种,主要应用在3个关键技术方向。

(一)从种质资源中发掘优异等位变异,指导作物精准杂交育种

作物种质资源中存在着海量的基因组变异,但是其中大部分变异是中性的,只有很少一部分变异可以影响作物农艺性状,这部分变异称为功能变异。每个功能变异位点存在不同的等位变异,根据等位变异在特定环境下的表型效应,分为有利等位变异和有害等位变异。在杂交育种中,育种家通过作物的杂交和选择,实现育种群体中有利等位变异的富集(也可以从另一角度理解为有害等位变异的清除),从而实现动植物的改良。因此,高通量精准发掘作物基因组中的有利/有害等位变异,对于精准杂交育种具有重要的指导意义。

在过去几十年中,通过连锁分析和关联分析在动植物中解析了大量控制重要性状的基因组位点。连锁分析不受低频/罕见变异的影响,但是需要构建人工群体,通量低、人力物力和时间成本高。关联分析利用了历史重组事件,因此分辨率较高;但是不适用于低频/罕见等位变

异(rare allele),也无法从连锁不平衡的变异中分辨因果变异(causal variant)。此外,关联分析和连锁分析不考虑功能位点背后的分子机制,因此从一个位点获得的模型无法移植到其他位点,从一个物种获得的模型也无法移植到其他物种。

为了克服上述问题,近年来,在人类和动物基因组学研究中,深度学习技术被广泛用来从自然变异中发掘功能变异。功能变异通过影响不同层次的分子表型(如基因表达量或蛋白质的生化活性)进而影响最终表型(如人类疾病、畜禽品质等)。如何从海量的自然变异中发掘影响分子表型的功能变异?深度学习模型可以高效地解决这一问题。通常分两步进行:首先,可以建立从基因组序列预测分子表型的深度学习模型;其次,用上述深度学习模型扫描自然变异,预测自然变异是否可能造成分子表型的改变。在人类基因组学研究中,这一方法已被广泛用来发掘造成疾病(如自闭症)的功能变异。在植物中,这一技术也开始蓬勃发展。利用深度学习技术高通量发掘功能变异,可以有效弥补传统技术的不足,为精准杂交育种提供指导。

(二)定向设计优异等位变异,指导作物基因编辑育种

杂交育种依赖于自然界产生的优异等位变异。但是,优异等位变异在自然界产生速度慢,其表型效应具有随机性,且往往受到遗传累赘的影响。长远来看,随着自然变异发掘和利用水平不断提高,自然变异这一宝库未来终有枯竭的一天。近年来,一些作物中出现了可用优异等位变异不足、遗传基础狭窄、品种同质化严重的问题,制约了突破性新品种的产生。未来的作物育种能否破除自然变异的限制,实现功能变异的智能设计和创制成为关键约束性问题。

随着基因编辑技术的发展和成熟,未来可以根据育种目标,先对功能变异进行定向设计,然后在作物基因组中进行精准编辑,将功能变异导入待改良的作物,这将极大地变革作物遗传改良的方式。“基因组序列—分子表型”深度学习模型通过对基因型大数据和表型大数据的学习,可以系统高效地根据育种目标,快速定向设计优异等位变异。因此,有必要利用深度学习技术指导基因编辑,为基因编辑这一“导弹”提供“制导”。

(三)设计新型优异功能生物元件,颠覆传统育种技术

另一项改变育种的革命性技术是合成生物学。随着生物元件(如DNA、蛋白质)的化学合成成本不断降低,如何设计具有优异功能的生物元件,成为合成生物学的瓶颈问题。近年来,深度学习领域出现了一个新的分支——生成模型(generative models)技术。生成模型技术可以从现有的生物学序列中总结规律,进而设计全新的生物学序列。生成模型应用最为广泛的领域是从头设计具有特定生化功能的蛋白质。例如,通过学习自然界的抗菌肽氨基酸序列,生成模型技术可以设计具有更高抗菌活性的抗菌肽;通过学习现有的Bt蛋白,生成模型技术可以设计具有更高抗虫活性的Bt蛋白。生成模型技术不仅将为作物育种带来颠覆性技术变革,而且可以绕过国际种业巨头用专利构建的技术壁垒,实现弯道超车。

二、智能设计育种的创新效能

智能设计育种的实现依赖于信息技术(IT)与生物技术(BT)的深度融合。近年来多家国

际种业公司的重组与并购,本质上是大数据、机器学习、图形图像解析等人工智能技术,与基因编辑、基因组学、生物信息学等生物技术的多元化融合,实现育种技术的智能化升级。例如,孟山都在2013年以9.3亿美元收购气象大数据创业公司Climate,2014年收购了数字农业公司Precision Planting。2018年拜耳作物科学完成与孟山都的重组整合。同年,陶氏杜邦完成业务板块的拆分,成立了科迪华(Corteva)农业科技公司。2019年中国化工与先正达完成并购。同时,多家技术融合型种业公司诞生,如Google、Flagship Pioneering投资的Inari、Benson Hill CropOS等新型种业公司,主要应用大数据、机器学习、全基因组选择、基因编辑等技术整合育种研发链条。

随着基因组和表型组技术、单倍体诱导以及快速育种技术的成熟与普及,未来几年内育种家每年获得的自交系数量、基因型数据、分子表型数据、田间表型数据、环境数据将会呈现指数型增长。目前,一个中型育种公司每年可以生产5万~10万份玉米自交系,以表型选择的传统方式是无法完成如此数量级的杂交组合的田间测试。因此,如何实现基因型选系是整个育种链条中亟待解决的问题。以基因型选系为基础的智能设计育种需要以育种大数据为支点,通过对历史数据的分析,利用机器学习等智能算法建立通过基因型预测杂交后代的产量、性状、抗性、品质等模型,辅助育种者制定每一育种周期内的杂交方案。因此,数据科学越来越深刻地决定育种公司的核心竞争力,大数据的积累及相关数据的建立在遗传育种中具有核心地位,是驱动育种链条高效运转的蓝图与发动机。例如,中信隆平在巴西陶氏的收购项目中,虽然种质材料、设施装备、原始数据都在收购列表中,唯独育种数据管理系统与全基因组选择模型是排除在外的。即使拥有优质育种材料,如果缺乏数据与模型的驱动,短时间内也很难实现高效育种。

在基因编辑、合成生物学等生物育种领域,信息技术也出现了多层次全方位的渗透。基因编辑系统的优化,包括基因编辑蛋白的设计和人工进化、全基因组范围内靶位点的选择,都离不开大数据和人工智能的支撑。此外,利用人工智能技术精准预测编辑对分子表型和田间表型的效应,对于实现精准高效的基因编辑育种具有重要的意义。在合成生物学领域,谷歌公司开发的AlphaFold人工智能模型,可以精准预测蛋白质的三维结构,为人工改造和从头设计控制重要农艺性状的蛋白质铺平了道路。

综上所述,与工业4.0的智能制造类似,育种4.0是以大数据驱动的、决策模型辅助的智能设计育种(BT+IT)。随着BT技术的发展,基因型检测成本大幅降低,自动化设备可以每日处理数万份样品,单倍体诱导技术可以每年生产数万份自交系,快速育种可以一年完成6个世代的纯和加代,基因编辑可以实现性状的精准定向改造,智能化机械装备代替人工将使田间测试效率提高数倍等。

三、对策建议

面对育种4.0时代的机遇与挑战,我国处于加速赶超的关键阶段,及早加快布局建设以数据和模型驱动的智能设计育种体系,是提高我国种业国际科技竞争力、实现育种智能化的重大前瞻性、全局性战略科技任务,势在必行。我国在智能设计育种这一技术链条的多个环节中正在发生从“跟跑”到“并跑”的角色转变,在人工智能基因组学技术、基因编辑技术等方面不断产出创新性研究成果。但是在技术融合、学科交叉以及市场化和产业化方面仍然存在不足。为了在智能设计育种领域赶超国际先进水平,亟须强化以下3方面工作:一是建立完善的深度学习型现代作物育种技术创新体系。目前,深度学习等人工智能技术已经在人类疾病和动物遗传改良中得到广泛应用,但是在作物中的应用才刚起步。亟须加强该领域技术体系的建立,国家要重视布局作物基因组学和表型组学的数据库建设,积极推进基因组学和表型组学数据共享。二是加强深度学习技术与其他技术的融合创新发展。深度学习技术与全基因组关联分析技术相融合,能快速高效地从自然变异中发掘功能变异,加快作物遗传改良进程,与基因编辑技术相结合,能够精准高效地创制优异变异,加速智能设计育种重大突破。要发挥高校与科研院所知识创新策源地和基础研究主力军作用,充分利用多学科交叉融合的基础条件,搭建多学科交叉合作的智能设计育种新机制。三是发挥新型举国体制作用,实行“揭榜制”和“赛马制”,建议国家设立“智能设计育种”科技专项,以原始创新为核心,以突破重大核心技术为导向,汇聚多学科融合型团队,培养高层次创新型人才,抢占未来智能设计育种科技制高点,引领现代生物种业创新发展。

建议专家

倪中福　中国农业大学农学院院长、教授
高旺盛　中国农业大学国家农业科技战略研究院院长、教授
汪　海　中国农业大学农学院教授
孙其信　中国农业大学校长、教授

(本文2021年9月27日刊于《农科智库要报》第8期)

专报九

发展气候智慧型农业　促进农业固碳减排

气候智慧型农业(Climate Smart Agriculture)是一种新的农业发展理念和发展模式,旨在通过政策与制度创新、生产方式转变、管理技术优化,提高农业生产整体效率、应变能力、适应能力和减排潜力,实现粮食安全、气候适应和减少排放“三赢”目标。气候智慧型农业作为应对气候变化一种发展模式,有助于解决粮食安全与固碳减排之间的矛盾,受到国际社会和学术机构的高度认可和积极响应。同时,气候智慧型农业总体上也符合中国农业转型和低碳绿色发展的战略需求,对推动我国农业领域“碳达峰、碳中和”有积极作用。

一、气候智慧型农业已成为国际农业可持续发展主流模式

联合国粮农组织(FAO)于 2010 年在荷兰海牙召开的农业、粮食安全和气候变化会议上率先提出气候智慧型农业理念,旨在强调可持续增加农业产出,为消除贫困做出贡献;同时使农业更适应气候变化,减少温室气体排放,提升农业生态系统固碳能力。具体内涵包括:①增强农业应对气候变化的适应能力和恢复能力,使农业生产能够适应长期的气候变化,增强气候韧性并有效降低风险;②持续提高农业生产力和农民收入,有效提高资源利用效率和产出水平,保障粮食安全和生产者收入增加;③尽可能减少或消除温室气体排放,强调从绝对排放量和排放强度两方面减少农业生产的温室气体排放,增强农业生态系统的固碳能力。

由于气候智慧型农业理念在强调应对气候变化的同时不排斥社会经济与农业生产发展,因此在世界各国具有广泛的接受度。世界银行、全球环境基金等国际组织以及欧盟、美国等对发展气候智慧型农业给予高度重视与大力支持,不仅资助了大批项目进行示范推广,而且在国家层面上出台了发展规划。2014 年 9 月 24 日在美国纽约成立了国际气候智慧型农业联盟(GACSA),第一批成员包括 18 个国家(美国、加拿大、英国、法国、荷兰、西班牙、墨西哥、尼日利亚、日本、菲律宾、越南等)及 32 个国际机构(FAO、CGIAR、IFA 等)。联盟围绕可持续和公平地提高农业生产率和收入、提高粮食系统和农民生计弹性、减少农业温室气体排放等制订了相应行动计划。

二、发展气候智慧型农业完全符合我国农业绿色发展需求

加快转变农业发展方式，从主要追求产量和依赖资源消耗的粗放经营转到数量质量效益并重、实现绿色可持续发展，是我国农业转型发展的核心内容。近年来，我国在推进农业生产“减肥、减药”等促进节能减排，推广以秸秆还田和少免耕技术为主的保护性农业技术等提升农田碳汇，加强农田基础设施建设提升气候灾害应对能力，以及发展现代智慧农业新技术方面都有良好基础，完全具备了发展气候智慧型农业的基础和条件。

在全球环境基金(GEF)支持下，原农业部与世界银行合作实施的“中国气候智慧型主要粮食作物生产项目(2014—2020年)”，已经有效验证了气候智慧型农业在我国发展的可行性。该项目在安徽怀远县和河南叶县开展“小麦—水稻”和“小麦—玉米”的气候智慧型生产技术模式示范，通过秸秆还田与保护性耕作、化肥与农药减量施用、节水灌溉、生态沟渠与农林结合固碳，以及作物品种更换及播期调整、种植模式优化等技术，实现了项目区温室气体排放减少15%～25%、固碳量增加12%～17%、作物单产增加5%～10%、农田平均净收入增加12%。项目成果作为全球“基于自然的解决方案”32个最佳案例之一，在联合国气候变化峰会上交流宣传。

气候智慧型农业注重持续提高农业系统的生产效率、提高农田应对气候变化的弹性与适应性、减少农业系统的温室气体排放等，与我国农业绿色发展目标与路径基本一致。发展气候智慧型农业有利于中国广泛参与全球治理、履行气候变化国际公约，实质性地融入国际农业可持续发展主流；有利于充分挖掘中国农业的固碳减排潜力，为2030年前达到“碳达峰”与2060年前实现“碳中和”做出实质性贡献。

三、推进我国气候智慧型农业发展的几点建议

1. 研究制定中国气候智慧型农业发展战略及行动计划　紧密围绕国家乡村振兴战略和可持续发展战略，按照气候智慧型农业粮食安全、气候适应和减少排放的“三赢”理念，全面提高农业系统的整体效率、应变能力、适应能力和减排潜力。到2025年，优先在国家粮食主产区建成一批气候智慧型农业示范县，基本建立起高效、安全、低碳、循环、智能的农业绿色生产综合技术体系，显著降低农业领域的温室气体排放，提高农田碳汇能力，率先在全国实现碳达峰；到2030年，在国家粮食主产区、主要农产品生产保护区全面示范应用气候智慧型农业生产模式，推进农业绿色发展制度与低碳模式，农业领域全面实现碳达峰。

2. 着力构建气候智慧型农业发展的技术支撑体系　在基础研究领域，重点围绕作物、畜禽、草地的气候变化适应能力，固碳减排及资源高效利用生理生态机制与调控途径，监测评估理论与方法学构建等领域取得突破；在关键技术方面，在控制农业生产活动温室气体排放、增加碳汇和稳产高产技术方面取得突破，包括低排放高产品种选育、稻田甲烷和氧化亚氮

排放控制、绿色耕种、土壤固碳与地力提升、水肥资源高效利用、病虫害综合防治、防灾减灾、农林废物资源化利用、新能源开发利用、生物多样性保护、农业精准化管理与智能装备等技术;在技术集成应用方面,形成适应不同区域、不同产业特点的机械化、标准化、智慧化的低碳绿色生产技术模式;在技术标准与评估体系方面,建立完善农业绿色低碳的监测与评估机制,建立与国际接轨的碳减排方法学及相应的技术标准和技术规范,不仅可以为确立发展目标和考核制度提供科学依据,也能够为构建农业碳减排及碳交易提供技术支撑。

3. 建立健全气候智慧型农业政策法规体系 明确促进农业转型和低碳绿色发展的各方权利义务关系,并与各领域政策及行动保持一致,形成协同效应;鼓励地方和行业部门研究制定相应的地方法规和部门管理条例,并与相应的政策及考核制度保持一致;督促重点地区、重点企业建立农业碳排放及污染防治的核算和监测制度;通过法律法规引导地方与行业部门加快建立碳排放认证制度、考核激励机制和相关标准制订,形成完善的区域、企业、农户温室气体排放清单报告和核查体系。

建议专家

陈 阜 中国农业大学农学院教授
张卫建 中国农业科学院作物科学研究所研究员
宇振荣 中国农业大学资源与环境学院教授
高旺盛 中国农业大学国家农业科技战略研究院院长、教授
尹小刚 中国农业大学农学院副教授

(本文 2021 年 10 月 12 日刊于《农科智库要报》第 9 期)

专报十

浅议当前乡村全面振兴实践中的困惑与破解思路

习近平总书记强调指出，要全面推进乡村振兴，实现产业振兴、人才振兴、文化振兴、生态振兴、组织振兴。当今，我国全面乡村振兴建设进入新时代，各地、各部门、各行业都在如火如荼地推进乡村振兴，形势喜人。但从我们的实际调研情况来看，乡村振兴实际工作中也出现了诸多新问题与误区，例如，乡村全面振兴中有过于单一性倚重产业而忽视其他方面振兴的倾向，有的地方把乡村振兴主要精力集中在抓农村资源的市场化、地产化、旅游化开发，依靠科技如何有效支撑乡村振兴尚未破题等。这些问题需要在理论上全面深入领会习近平总书记关于乡村振兴战略的一系列重要指示精神，在实践中正确处理乡村全面振兴中的几个辩证关系，采取更加科学可行的发展思路与行动路径。

一、乡村全面振兴要厘清农业现代化与农村现代化两者相辅相成的辩证关系

习近平总书记指出，坚持推进农业农村现代化的总目标，就是要坚持农业现代化和农村现代化一体设计、一并推行。在实践中，有观点认为只要抓好农业产业现代化就必然实现乡村振兴和农村现代化，不少地方政府千方百计到处招商引资、圈地建园、引入企业等，也的确取得了积极成效。理论与实践证明，农业现代化与农村现代化是两个不同的发展过程，二者相互关联，但不能混为一谈。农业现代化是农村现代化的前提与基础，没有农业现代化就不可能有农村现代化，但农业现代化不一定必然带来农村现代化，只有真正做到农业产业链延伸到乡村产业链、产业利益链延伸到农民利益链、产业价值链延伸到农村价值链，方可实现二者同步发展，但如果割裂开来，单一的产业兴旺并不一定带来乡村全面振兴。在实际中也看到，曾经有不少地方圈地式农业产业园区搞得轰轰烈烈，但并没有如人所愿地带领周边农村富裕发展起来，应引以为戒。因此，在实施乡村全面振兴战略中，必须把“五大振兴”一体化设计、一体化布局，促进农业发展链与乡村发展链深度链接，促进实现农业现代化与乡村现代化同步融合发展。

二、产业振兴的关键是准确把握“强优”与“培新”的关系

习近平总书记指出：乡村振兴，关键是产业要振兴。产业兴旺是解决农村一切问题的前提。毋庸置疑，在乡村全面振兴实践中，产业是重中之重，既是乡村振兴的基础，也是乡村可持续的基础。但目前我国乡村产业发展依然还存在“有产品无品牌、有产业无规模、有规模无企业、有企业无能力”等乡村产业怪圈。不少地方盲目引进发展各种高大上的所谓新产业，随处可以看到高投入的产业园、高档化的农家乐、人造化的特色小镇等，有的项目的确发挥了积极示范作用，但深层次调研发现，不少产业与乡村实际脱节、与市场脱节、与当地乡村农民需求脱节，难以落地生根，很难可持续发展。在实践中，乡村产业振兴要坚持“两条腿”走路，首先应集中资源，牢牢抓住乡村固有的传统优势特色产业，依靠科技应用和品牌创建等做大做强，在此基础上，再依据乡村实际，因地制宜地引入和培育适合当地的新产业新业态，起到补齐链条和锦上添花的作用。

三、生态振兴的关键是准确把握“保护”与“建设”的关系

习近平总书记指出：要坚持人与自然和谐共生，走乡村绿色发展之路。在乡村全面振兴的实践中，环境优美、生态宜居是美丽乡村建设的重点，也是乡村美好生活的重要保障。近年来不少地方花巨资进行农村生态环境治理，农村面貌大有改善。但也有地方存在过度建设人造湖、人造公园、人造景观等劳民伤财的面子工程，存在乱建厕所、乱改民居等乱象。不少相对落后乡村依然存在“垃圾成堆、秸秆焚烧、污水横流、牲畜乱养”等基础性生态环境问题。在实践中，乡村生态环境建设必须深刻领会“绿水青山就是金山银山”的理念，坚持保护优先，防止大拆大建，千村一面，像城市一样搞乡村生态建设就可能造成新的破坏。乡村生态必须要尊重自然生态与资源禀赋，因村制宜，在保护乡村自然生态和乡村生态遗产的基础上，根据构建人与自然和谐生态系统的总体要求，量力而行，构建一个保护住绿水青山、留得住乡情、体验到乡土的健康优美的现代村落生态系统。

四、人才振兴的关键是要准备把握“愿意去”和“留得住”的关系

习近平总书记指出：乡村振兴，人才是关键。要培养造就一支懂农业、爱农村、爱农民的“三农”工作队伍。目前来看，乡村振兴的人才队伍长期以来存在“人才供给不足、人才不愿去、去了留不住、留下不安心”的痼疾问题，始终没有得到有效解决。在政策措施上如何“让农业成

为有奔头的产业，让农民成为有吸引力的职业”是人才振兴的关键导向。在实践中，人才振兴必须从制度上下功夫进行重大改革，既要推动愿意去，更要注重留得住、用得上。要深化高等教育涉农专业改革，扩大乡村专业化人才规模和专门化培训，扩大乡村急需的各类专业化人才培养。要深入推动乡村创新创业人才支持政策改革，深入推进科技特派员制度，激励各类人才愿意到农村去干事创业。要构建乡村本土人才培养体系，引入社会化组织和新型职业农民培养模式，加快本土人才培养，同时要创造条件，打破常规，提高乡村有能力有干劲的本土人才的地位和待遇，以政策活力保障留住更多的本土人才。

五、文化振兴关键是要准确把握“守正”与“创新”的关系

习近平总书记指出：乡村振兴，既要塑形，也要铸魂。要继承发展弘扬农耕文明，走乡村文化兴盛之路。在实践中，要充分认识到乡村是中华传统文化生长的家园，乡土文化是中华优秀传统文化的根基，乡村文化振兴就是乡村全面振兴之魂。文化振兴为乡村全面振兴提供了不可或缺的思想基础，是乡村全面振兴的重要内在动力。目前，我国农村思想文化建设普遍薄弱，不少乡村依然存在黄赌毒、封建迷信、大操大办等现象。乡村文化振兴既要坚持守正思路，保护好、发挥好优秀的乡村文化瑰宝，发展优质健康乡村文化，也要敢于创新，有破有立，努力改造落后文化，坚决破除不良风气，引导农民树立社会主义价值。要坚持精准施策，分类推进，不搞花架子，不搞千篇一律，体现乡村差异化和特质化布局，形成百花齐放、异彩纷呈的乡村文化蓝图。要大力推动农村文化服务支撑体系建设，提升高质量乡村文化产品供给水平。

六、组织振兴关键是要准确把握“强基础”和“添活力”的关系

习近平总书记指出，要推动乡村组织振兴，打造千千万万个坚强的农村基层党组织。创新乡村振兴治理体系，走乡村善治之路。我国的乡村组织振兴的主体应包括农村基层党组织、农村专业合作经济组织、社会组织和村民自治组织。其中，农村基层党组织是核心，是党在农村全部工作的基础。党的基层组织是党执政的基础和根基，在全面乡村振兴实践中，任何情况下都不可以放松党的基层组织建设，增强基础党组织的战斗力、执行力和凝聚力。与此同时，要改变目前乡村其他各类组织管理混乱、主体单一、活力不足、制度不健全等问题，逐步健全自治、法治、德治相得益彰的乡村善治新机制，打造组织有序、制度完善、充满活力、农民信任的乡村组织新体系。

七、科技支撑乡村振兴的关键是从思路上摆正农业科技与乡村科技的关系

习近平总书记指出:农业现代化,关键是农业科技现代化。创新是乡村全面振兴的重要支撑。在实际工作中,不少所谓乡村振兴科技项目,并没有找准乡村科技的定位,更多的依然是“高大上”的农业领域或者农业产业研究型项目。面向乡村振兴目标的乡村科技领域与一般意义上的农业科技领域相比有其独特的特点。乡村科技的主导目标是以农民需求为根本导向,以农村发展需求为重点,其技术应用主体是广大农民及其农村经济组织,其技术应用形态更多是青睐于简便化、低成本、好学好用实用的推广型技术类型,技术覆盖面不仅限于常规的产业技术领域,还要涉及生态科技、文化科技、乡村治理等非产业化领域,既有“硬技术”,也有“软技术”。从科技支撑乡村“五大振兴”的角度出发,科技支撑产业振兴的切入口是开发乡村优势特色产业最紧迫、最急需的应用技术,促进乡村特色产业转型升级;科技支撑生态振兴的切入口是以农村绿色发展为导向,发展乡村生态系统构建技术与乡村宜居技术体系;科技支撑人才振兴的基本路径是以科技特派员队伍建设为重点,构建专业化人才、乡村经营管理人才、公共管理人才统筹的乡村振兴技术人才体系;科技支撑文化振兴的基本路径是以先进文化科技进村入户为突破,运用乡村非遗资源利用、乡村传统手工工艺制作、可视化文化产品开发、科普教育等多种类型的文化科技手段,提升乡村文化品质;科技支撑组织振兴的基本路径是以提升乡村各类组织创新活力为重点,通过发展数字乡村技术,提升乡村组织科技治理水平,促进乡村治理能力现代化。

建议专家

高旺盛　中国农业大学国家农业科技战略研究院院长、教授

(本文2021年11月15日刊于《农科智库要报》第10期)

专报十一

关于加强科技创新发展盐碱地农业的建议

2021年10月21日，习近平总书记在黄河三角洲农业高新技术产业示范区视察时指出，黄河三角洲无论是生态保护还是农业开发，都有战略意义。抗盐碱作物发展起来对提高土地增量是很有意义的，对中国粮仓、中国饭碗也能起到积极的保障作用。为学习贯彻习近平总书记重要指示精神，落实“藏粮于地、藏粮于技”战略，中国农业大学国家农业科技战略研究院组织有关专家，对盐碱地资源保护与开发利用进行认真研讨，提出了加强盐碱地农业科技创新的若干建议。

一、充分认识发展盐碱地农业的重要战略意义

1. 发展盐碱地农业是缓解我国耕地资源日益紧张矛盾的重要途径 盐碱地是土地资源的一部分，我国盐碱地资源数量比较大，是重要的土地后备资源。据原农业部2011年开展的盐碱地治理调查表明，盐碱地在全国18个省(自治区、直辖市)都有分布。按照盐碱地分布地区的土壤类型、气候条件等环境因素及成因，大致可将我国盐碱地分为四种类型区：滨海盐碱区、黄淮海平原盐碱区、东北松嫩平原盐碱区、西北内陆荒漠及荒漠草原盐碱区。根据有关普查数据，我国可利用盐碱地总面积29 896万亩(以下盐碱地均指可利用盐碱地)，其中盐碱型可耕地11 415万亩，占盐碱地总面积的38%；盐碱型荒地18 481万亩，占盐碱地总面积的62%。大多数盐碱地分布地势比较平坦，地形起伏度低，经过综合治理即可成为农业耕地资源，种植耐盐碱农林植物。根据预测，未来我国随着人口增长和城市化等影响，现有部分耕地资源还将减少，守住18亿亩耕地红线压力较大。科学合理开发利用盐碱地后备耕地资源，对于未来实现耕地占补平衡与农业可持续发展具有重要作用。

2. 发展盐碱地农业是保障国家粮食安全的重要储备性措施 大量研究与实践表明，可利用型盐碱地经过综合治理与改良后，适宜种植的作物范围比较广，既可以广泛种植水稻等粮食作物，也可以种植棉花、油葵等多种经济作物和杂粮。有关试验研究表明，盐碱地改良后种植水稻产量可以达到500千克/亩、籽棉200千克/亩、油葵150千克/亩、甜菜4吨/亩等。如果到2030年能够开发利用盐碱地耕地种植粮食作物2 000万亩，按照亩产粮食500千克估算，储备粮食产能可以达到1亿吨，相当于未来10年新增加的粮食消费量。另外，盐碱地农业生产的农产品一般具有富钠、矿物质元素丰富等特点，营养品质好，适合发展未来营养健康食品产业。

二、科学把握发展盐碱地农业的开发利用原则

1. 坚持分类开发的原则 我国盐碱地水盐分布区域差异特征显著,开发利用的策略应分类施策。一是滨海盐碱区。该区主要分布在我国东部沿海等省份,治理需要实施海防工程以防止海潮浸渍,完善排水河道和田间排灌工程,做到洪涝分排、排灌分开,并采取深沟排盐等工程措施。经过治理之后,适宜种植多种抗盐碱农林植物,发展盐碱地农业的潜力较大,应当列为优先重点开发利用区域,加快开发利用力度,同时还要处理好利用与保护的关系,特别是要注重保护好黄河三角洲等生态功能区域。二是东北平原盐碱区。该区主要分布在松嫩平原,盐碱地多属苏打型,土体总含盐量不高,但含有碳酸钠、碳酸氢钠,对植物危害较大。许多盐碱地有机质含量比较高,质地黏重,保水保肥能力强,开发治理后种植作物产量较高,对于增加粮食产能具有现实意义,建议应当加大规划治理与改良力度,加快农业开发利用。三是西北内陆荒漠及荒漠草原盐碱区。该区域盐碱地土壤积盐量高,盐分组成以氯化物、硫酸盐为主。由于多处于封闭和半封闭的内陆盆地,地下径流和盐分缺少排泄外流的途径,加之降水少、蒸发强的干旱气候,加剧了土壤表层积盐过程。该区域发展农业必须依靠灌溉工程,但长期灌溉又容易导致次生盐渍化,自然风险较大,建议该区域不宜大规模开发,应当以自然保护为主。

2. 坚持以水定地的原则 一是要处理好区域水资源开发与保护的关系。特别是要处理好盐碱地水资源开发与全流域用水、地表水、地下水和过境水的关系,在统筹水资源生态平衡基础上布局盐碱地开发。二是要处理好盐碱地水资源开发与区域山地、林地、草地、湿地、农田、沙漠等不同生态系统用水平衡之间的关系,科学分析区域不同用地系统之间的水-盐运动关系。三是以水确定农业开发规模。依据区域适合开发的水资源总量,确定开发的盐碱地面积总量与分布特征,在此基础上结合区域的降水分布特征,确定生态合理、水量平衡的盐碱地农业利用规模。

3. 坚持科学开发的原则 一是建立以自然适用为主导、工程开发为辅的盐碱地农业利用模式,重点构建最低程度工程性改良基础上以耐盐作物为核心的盐碱地农业种植模式,最大限度减少人类工程开发,构建基于自然生态适应性原理的治理开发模式。二是要充分发挥新技术的应用。要综合运用先进的生物技术、智能技术、生态种植技术、植物调控技术、工程技术等,提高盐碱地改良治理的现代化技术水平,建立水、盐、土、植物四位一体的精准化、数据化时空控制性开发技术体系。

三、加强盐碱地农业科技创新研究与应用

1. 加大盐碱地农业重要基础理论研究 一是深化盐碱地区域的土壤水-盐运动理论研究。针对我国盐碱地区域形成特征和规律特点,研究不同气候类型区、不同尺度下、不同时间下的水-盐运动规律特征,深化研究适应不同气候区的水-盐运动理论。二是加强植物耐盐机理研究。建立作物耐盐碱评价体系,全面了解我国盐碱灾害区域和发生特点,针对不同地方

品种建立精准的作物抗逆表型鉴定标准，完善作物盐碱害敏感性评估体系，搭建高效优异基因资源的评价鉴定研究平台。三是加强生物抗盐碱基因资源挖掘。系统挖掘耐盐碱基因资源，系统解析主要农作物关键耐盐生理过程(K^+/Na^+平衡、渗透压平衡、适应性生长调节等)的遗传和分子生物学基础，深入解析作物响应盐碱胁迫的信号转导和分子调控网络，克隆主要农作物中的重要耐盐碱基因，挖掘可用于耐盐碱改良的优异等位变异，从而为耐盐碱作物培育奠定充分的理论和基因资源基础。四是加强盐碱地农田生态系统功能研究。系统研究盐碱地开发与利用过程中农田土壤功能变化、作物生理生态及其与资源环境的关系，明晰不同技术的资源利用效率和环境影响特征，为盐碱地农业可持续发展提供生态基础。

2. 加强重大关键技术研究与开发 一是加强精准高效的耐盐碱作物新品种创制。充分利用基因编辑、分子标记辅助选育、单倍体育种等前沿技术，通过全基因组分子选育等手段精准定向创制耐盐碱农作物新种质，培育新品种，为盐碱地开发利用提供种质资源储备，保障粮食安全。二是开发区域盐碱地水盐精准控制技术。系统研究我国不同盐碱地类型在土地生态系统中水盐控制技术模式和特点，融合能源技术、材料技术与信息技术，建立节水、节地、节能的新一代精准智能水盐控制技术。三是提升盐碱地土壤质量快速修复技术。针对盐碱地开发土壤质量提升慢、周期长、碎片化、易返盐、稳定差等缺点，研究不同气候区盐碱地的地貌重塑、土壤重构、生态重建、质量快速提升的综合技术体系。四是研究盐碱地新型种植体系。针对盐碱地的水盐变化特征，针对盐碱地矿物质资源丰富的特点，合理选择生态适应性植物，建立盐碱地合理的轮作、间作、套作、混种等适应性种植技术体系。

3. 完善盐碱地资源调查评价与监测体系 一是研究盐碱土资源调查标准。总结我国不同时期关于盐碱土的分类标准以及体系特征，分析我国不同区域盐碱地治理过程中盐碱地耐盐作物特点，建立适合我国气候条件的盐碱土调查标准与规范。二是研究盐碱地适宜性评价体系。在分析耐盐植物及其特征的基础上，依托盐碱地的基础调查数据，建立适合不同气候区的盐碱地多宜性、作物适宜性和植物适宜性的区域时空精细评价体系，为盐碱地保护与开发利用提供科学决策依据。

建议专家

郭 岩 中国农业大学生物学院院长、教授
李保国 中国农业大学土地科学与技术学院院长、教授
张凤荣 中国农业大学土地科学与技术学院教授
胡树文 中国农业大学资源与环境学院教授
蒋才富 中国农业大学生物学院教授
孔祥斌 中国农业大学土地科学与技术学院教授
陈源泉 中国农业大学国家农业科技战略研究院副院长、教授
高旺盛 中国农业大学国家农业科技战略研究院院长、教授

（本文 2021 年 11 月 26 日刊于《农科智库要报》第 11 期）

专报十二

新挑战背景下农业结构调整若干战略问题

农业现代化过程是建立在农业结构不断优化调整基础上的梯次发展进程。农业结构调整是农业发展永恒的课题。全球农业结构正处于受粮食安全、气候变化、新冠疫情、国际贸易等多种不确定性因素影响的特殊时期，我国农业结构调整也面临前所未有的新形势新挑战，如何以“变”与“不变”的辩证思维角度把握农业结构调整方向，需要从国际、国内两个角度对未来农业结构调整的有关战略性问题进行讨论分析。

一、准确把握农业结构调整的战略导向

1. 厘清农业结构调整的系统理论基点 农业结构调整是一项系统工程，是在多种因素作用下，实现农业系统资源适应性、经济有效性、生态持续性与社会发展性“四性”协调统一的动态螺旋式变化的过程。①资源适应性是农业结构调整的基础性、约束性因素。农业是自然再生产过程，其产业结构与布局受气候、土壤等诸多自然资源约束，基本农牧业生物结构必须与自然资源相适应。②经济有效性是农业结构变化的内在诱导性因素。农业也是经济再生产过程，其产业结构与布局必然受到市场、劳动力、资本等经济要素的深刻影响，甚至是决定性影响。③生态持续性是农业结构与布局变化的长效性因素。农业活动对生态环境既有正面改善功能，也有局部破坏的双重特质，决定了农业发展对生态系统可持续能力的高度依赖。④社会发展性是农业结构与布局变化的目标性因素。农业发展是保障人口增长和社会进步的基础需求，农业结构调整要不断适应社会发展的变化。在农业不同发展阶段和发展环境下，这 4 个方面对农业系统结构的作用有所不同，主次矛盾也会不断发生变化。因此，讨论农业结构调整首先必须要明确是在什么样的发展水平、发展阶段、发展环境背景下的结构调整，在实践中要权衡利弊，科学施策，防止脱离实际，甚至盲目地进行农业结构调整。

2. 坚持中国特色农业结构调整道路 综观分析，新中国成立 70 多年来，我国农业结构调整在实践中形成了与其他农业大国迥然不同的独特道路，其特征主要表现为：是建立在人多地少资源不足基础上的人口大国农业结构调整之路；是以农村土地制度改革为动力，以小农户家庭联产承包制为基础的农业结构调整之路；是坚持最严格耕地保护制度基础上的农业结构调整之路；是坚持国家粮食安全独立自主战略下的农业结构调整之路。这个道路模式是适合中国国情、中国农情，并经过长期实践探索出的一条中国特色农业现代化和农业结构调整之

路，具有其合理性、适应性和稳定性，应当在持续坚持的基础上，不断在实践中创新完善。

3. 把握未来农业结构调整战略转型方向　一是，我国已经成为世界第二大经济体，2030年人口总量将达到峰值，城镇化率将达到70%，未来农业结构将从供给导向型向需求导向型战略转变。二是，我国已经全面建成小康社会，粮食安全步入常态安全型国家，口粮实现绝对安全，未来农业结构将从“吃得饱”向“吃得好、吃得健康”的高级阶段转型。三是，我国提出了“碳达峰、碳中和”的绿色发展刚性政策目标，高投入高消耗的常规式集约农业必将面临一次更加深层次的变革，未来农业结构将从集约现代农业向绿色现代农业转变。四是，我国农业国际贸易已经占有世界重要地位，农业开放度日益扩大，未来农业结构变化必然是在构建国内国际双循环的大格局下，形成更好利用国内国际两种资源、两个市场的更加开放型农业的新体系。

二、基于粮食安全目标的农业结构调整策略

1. 全球粮食安全趋势　根据统计，1961—2020年，世界总人口由31亿增加到75.8亿，增加了1.4倍；同期世界谷物总产量由8.8亿吨增加到27.7亿吨，增长了2倍，全球粮食安全形势大有改观。但全球粮食危机依然存在，仍不可掉以轻心。《2021年全球粮食危机报告》指出，2020年有55个国家/地区约1.55亿人处于粮食不安全状况，达到过去5年的最高水平。国际组织预测，到2035年全球目标上要消除“粮荒”，即不再有大规模的饥饿人口，但未来全球处于营养不良或者营养过剩以及局部饥饿人口依然有约3亿人。

2. 我国粮食安全趋势　总体上我国近年来粮食播种面积基本稳定、总产量连年增加、粮食生产能力稳步提高。全国粮食播种面积保持在1.1亿公顷左右，粮食总产由1985年的3.79亿吨上升到2020年的6.5亿吨，增长了71%，呈现出稻米口粮绝对安全、玉米国内为主、大豆依赖进口的态势。与此同时，中国居民的每日能量、脂肪、植物蛋白质和动物性蛋白质的摄入量均高于世界平均水平，国民的饮食营养水平明显提升。据农业农村部预测，到2030年，全国人口总量将达到14.47亿峰值，水稻、小麦、玉米、大豆总消费量约达7.8亿吨，需要比目前实际粮食产量多产出1.3亿吨，粮食自主供给的压力不小，特别是大豆进口量有可能超过1亿吨。我国粮食安全还面临耕地减少、自然灾害、农田污染、国际贸易竞争等综合风险，总体上处于“紧平衡、高风险、不稳定”的趋势，保障国家粮食安全任务依然艰巨。

3. 种植业结构调整策略　围绕国家粮食安全战略需求，我国种植业结构调整需要把握的基本策略：一是稻麦口粮种植面积不能下降。在常态预期下，未来10年的口粮自主绝对安全有保障。小麦、稻谷在市场规律下继续保持在可控状态，种植面积要保持现有播种面积水平，同时保障基本口粮的粮田主要向10亿亩高标准农田集中布局，严格管控。二是以北方粮食产区为中心区域的格局已成定局，不宜人为改变。经过改革开放以来40多年实践形成的粮食区域布局“北方集中南方缩小”的区域格局在相当长时期内不会有大的变化，这是经过生态适应、技术推动、经济运行等多种因素综合影响下形成的比较稳固的种植结构，不宜采取短期行为或者政府过度干预行为进行结构调整。三是未来种植业结构调整的关键是适度扩大玉米种植规模。从供给链的角度来看，未来种植业结构调整的最主要任务是满足玉米消费需求，要

从防止供给风险角度,将玉米进口量控制在500万吨以下,同时必须加大国内玉米种植结构调整力度,积极扩大玉米种植面积,提高玉米单产,加大南方玉米种植制度建设。四是大豆供给以进口为主的格局短期内难以根本性改变。大豆供给结构调整的重点首先是将播种面积稳定在1.4亿亩左右,加快东北大豆生产能力恢复性增加,积极促进黄淮海大豆以及新疆、南方短季节大豆新型种植体系发展等。

三、基于新挑战背景下的农业结构调整策略

1. 主动适应全球气候变化 国际社会一致认为,全球气候变化将持续加剧,将增加粮食安全的不确定性并影响粮食种植结构变化。此外,全球土地退化、水源污染、生物多样性衰退等环境因素也对粮食安全造成诸多不利影响。研究表明,过去50年来我国北方地区温度增加2.5℃,东北、华北、西南等地区降水量减少了10%~20%,而西北部和华南降水量增加了10%左右。一年一熟制向北推移200多千米,一年两熟制向北推移500千米。气候变暖促进农作物中、晚熟以及喜温耐旱作物种植面积扩大,种植制度多样化、多熟化。面对全球气候变化趋势,未来要加强气候变化下种植制度演变研究,主动适应气候变化带来的生态效应,建立气候智慧型耕作制度。

2. 科学推进"双碳"目标 根据报道,随着全球"碳达峰、碳中和"等战略目标对新能源的需求增长,预计到2035年全球用于制造生物能源的谷物消费量将达1.82亿吨,约占全球谷物产量的6.5%,能源作物需求将进一步加剧与人争粮、与粮争地的问题。我国是种植业大国,也是农业排放大国之一,实现碳中和对农业发展的压力很大,未来要稳步处理好保障粮食安全目标与实现"双碳"目标的矛盾统一关系,谨慎发展以粮食为原料的生物能源,重视发展农林废弃物为主的生物质能源开发。在种植制度调整方面,要研究推广低排放碳中和的种植模式,力争粮食安全与固碳减排协同,探索能够实现种植业固碳、减排、增汇、增产等多目标协同的新型种植制度,因地制宜发展间套作、秸秆还田、少免耕、绿肥牧草、休耕轮作、有机农业等低碳种植方式。

3. 积极应对国际贸易变化 根据预测,未来全球粮食贸易总量将持续扩大,预计到2035年全球谷物贸易量将达4.5亿吨,比目前增长40%,其中小麦2.2亿吨,玉米1.7亿吨,大米0.6亿吨;全球大豆贸易量将达1.7亿吨,比目前增长55%。与此同时,全球范围内的贸易保护主义抬头将导致农产品贸易摩擦加剧。面对在国际贸易中我国农产品总体竞争力不高的现实,要以提高劳动生产率和全要素生产率为核心,发展高效率农业体系,大力降低农业生产成本,同时要发挥政府在结构调整中的重要作用,在农产品价格调整、农产品贸易风险控制以及农产品补贴等方面加强政策改革。

4. 高度重视新冠疫情影响 从全球来看,由于新冠疫情的持续影响,全球粮食消费需求出现阶段性萎缩,许多国家供应链出现不少风险,特别是由于保障本国供给内在压力加大,国际粮食流通关口控制以及粮食出口国家采取的非常态阻断等,对粮食进口大国的影响较大,也将导致世界低收入国家的粮食安全状况进一步恶化。在新冠疫情影响下,中国面临农产品出口限制、进口设卡、技术壁垒等一系列新问题。农业结构调整要充分考虑后疫情时代的变

化，要以夯实国内农产品内循环的生产能力、产品供应能力以及农业可持续能力为结构调整的重点，打好国内基础，应对国际挑战，做到主要农产品国内供给自主可控。

5. 大力强化科技创新　当今世界农业已经进入新一轮技术革命引领下的产业变革时代。未来农业产业变革的主流趋势是以生物技术为核心的基因农业时代、以智能技术为核心的数字农业时代、以生态环境技术为核心的绿色农业时代以及以营养农业技术为核心的健康农业时代。我国必须加快农业科技自主创新，补齐短板，锻造长板，构建农业科技自立自强的战略体系，加快农业科技现代化，以科技为引领，适应新需求，发展现代绿色有机农业、生态保护农业、低碳循环农业、营养健康农业、智慧无人农业等，着力构建以"优质、营养、低碳、绿色、智能"为特色的新一轮现代农业产业结构体系。

建议专家

高旺盛　中国农业大学国家农业科技战略研究院院长、教授

（本文2021年12月14日刊于《农科智库要报》第12期）

第三部分　研究论文报告

为了鼓励和加强国家农业科技发展战略智库联盟的战略研究，根据国家“十四五”发展重大任务以及农业农村现代化发展重大需求，2021 年，智库联盟秘书处面向联盟理事单位征集发布了 46 个重点研究选题，旨在鼓励各理事单位和研究人员共同参与、多方联合开展重点战略研究。各理事单位高度重视，认真组织专项研究，形成了高质量的研究报告和论文。

报告一

我国农业科技自立自强战略路径与政策取向研究

高旺盛
(中国农业大学农学院/国家农业科技战略研究院)

近年来，世界科技进入了快速发展的时代，科技创新已经成为世界各国综合实力的竞争核心。创新驱动发展已经成为中国国家战略，党的十九届五中全会确定了科技自立自强作为国家战略支撑的新定位。科技创新是中国进入发展新阶段，加快构建发展新格局的战略核心。全球范围内，2030 年实现零饥饿目标变得更具挑战性，根据 FAO 等机构(2021)最新研究报告显示，到 2030 年可能仍有约 6.6 亿人面临饥饿，技术和创新对促进全球农业转型发展具有关键作用。

当今世界正处于新一轮科技革命和产业变革加速演变的新时代，农业科技创新日新月异，生物、信息、新材料和新能源等领域颠覆性技术不断涌现并与传统农业科技交叉融合，不断拓展农业属性和功能，颠覆传统生产模式，催生现代农业多种新业态、新产业和新模式，对我国农业科技提出前所未有的挑战。世界各国纷纷布局未来农业科技发展战略，比如 2019 年美国国家科学院、工程院和医学院联合发布研究报告提出未来 10 年需要系统认知分析、精准动态感知、数据科学、基因编辑和微生物组五大关键技术寻求农业领域科技突破的建议。农业科技现代化是农业现代化的关键，农业农村现代化是中国现代化必不可少的一部分。给农业现代化插上科技的翅膀，牢牢掌握我国农业科技发展主动权，才能为我国由农业大国走向农业强国提供坚实科技支撑。目前，我国农业领域的总体研发水平与发达国家相比还有一定差距，如何在新阶段加快农业科技自立自强，需要从战略背景、战略路径等多角度进行研究讨论。

一、新时代农业现代化的内涵特征再认识

农业现代化是一个动态的历史进程，不同时代具有不同含义，随着认识的深入，社会的发展，内涵不断丰富。刘巽浩(1994)认为，农业现代化主要有“四化”：物质装备、技术、经营管理三者的现代化和资源环境优良化。田魁祥等(1998)对于农业现代化的认识，除了“四化”之外，还强调了农业服务体系。梅方权(1999)提出中国农业现代化道路与发达国家不同，强调要综合考虑农民生活消费和农业资源环境。叶和平等(2000)认为，农业现代化概念的外延和内涵

是随科学技术的发展而不断扩展和深化的过程,一般是表示某个时期一些国家农业发展达到了某个阶段的世界先进水平。柯炳生(2000)认为,农业现代化要实现农业生产、农村收入和农村环境三大总目标。黄祖辉等(2003)认为,农业现代化不仅要有科学技术支撑,还要有工业和现代要素投入以及完善的市场机制和服务体系,是某一时期世界农业达到先进水平的农业形态。高旺盛(2007)认为,现代农业有 4 个方面特点:一是高效益多功能,不仅具有较高的产业效益,也要发挥除生产之外的生态和文化价值等功能;二是高度科技依存型,强调了科技的核心支撑作用;三是生态环境友好,要注重农业的可持续发展;四是高投入高保护,要重视制度创新,强化农业的政策支持。

从技术层面看,强调现代农业技术要重视生物化、信息化、安全化、环保化、循环化和标准化。张淑英等(2012)强调了农业现代化需要现代化的工业装备、科技、管理和社会化服务体系做支撑,需要实现科技与社会和环境三者的融合。2014 年中央一号文件《关于全面深化农村改革加快推进农业现代化的若干意见》进一步提出要努力走出一条生产技术先进、经营规模适度、市场竞争力强、生态环境可持续的中国特色新型农业现代化道路。2017 年中央一号文件《中共中央　国务院关于积极发展现代农业扎实推进社会主义新农村建设的若干意见》指出:要用现代物质条件装备农业,用现代科学技术改造农业,用现代产业体系提升农业,用现代经营形式推进农业,用现代发展理念引领农业,用培养新型农民发展农业,提高农业水利化、机械化和信息化水平,提高土地产出率、资源利用率和农业劳动生产率,提高农业素质、效益和竞争力。

尽管以上各种表述不尽相同,但可以看出,我国对于农业现代化的基本内涵的认识可以说是一致的。在前期认识的基础上,本文结合对新时代农业农村发展形势与需求分析认为,新时代的农业现代化新内涵可以概括为:用现代发展理念引领农业、用现代物质条件装备农业、用现代科学技术支撑农业、用现代产业体系提升农业、用现代组织形式经营农业、用现代社会化服务体系服务农业、用新型职业农民经营农业。在已有认识的基础上,进一步强调了现代产业体系作用发挥,强调了发挥新型职业农民的作用。在新一轮的现代化进程中,农业科技要发挥核心支撑作用,农业科技要支撑实现农业良种化、水利化、机械化、信息化、智能化和绿色化水平(新六化),要不断提高土地产出率、资源利用率和农业劳动生产率(三个率),要不断提高农业综合生产能力、产业质量竞争力和可持续发展能力(三个能力)。

到 2050 年,我国要同步实现农业现代化、农村现代化和国家现代化。从理论逻辑和实践逻辑上来看,国家现代化必须同步实现农村现代化,而农村现代化必须以农业现代化为前提,但农业现代化不一定必然实现农村现代化,而实现农业现代化关键在于实现农业科技现代化。由此表明,农业科技现代化处于农业现代化和农村现代化的战略核心地位。

二、农业科技自立自强的发展挑战再认识

(一)同步实现农业农村现代化目标任务的挑战

据有关研究预测,到 2030 人口即将达顶峰约 14.5 亿人(倪坤晓等,2021),人均 GDP 即将

达到中等收入2万美元台阶以上，对农产品消费需求刚性增长趋势不可逆转，其中粮食消费总需求量近8.5亿吨。到2030年城镇化率将达68%以上(林火灿，2020)，农业产值比重持续下降(预计占GDP比重下降到6%左右)(王亚华等，2020)，农业劳动力持续减少的趋势不可逆转(农业从业人员将减少约7 000万人)(谢玲红等，2020)。到2050年农业农村现代化必须要与国家现代化同步实现的发展目标不可动摇，2050年农业科技强国与世界科技强国必须同步实现的发展目标不可动摇。

基本判断：要实现农业农村现代化目标必须稳住农业基本盘、守好“三农”是“压舱石”。必须将依靠拼耕地、拼资源和拼劳动力数量的要素驱动发展方式转向依靠创新驱动发展方式上来，迫切需要将农业农村科技创新摆在国家农业农村现代化建设的优先位置。

(二)后疫情时期保障粮食安全的重大挑战

我国粮食生产能力依然低于世界农业强国水平。中国人口占世界22%，人均耕地不足世界平均的1/2，人均水资源不足世界平均的1/3。2030年人均水资源还要下降到1 760 $米^3$/人(中国工程院“21世纪中国可持续发展水资源战略研究”项目组，2000)。2019年中国人均粮食产量475千克/人，超过世界390千克/人水平，但依然低于农业发达国家平均600千克/人以上的水平①。据《2019全球食物安全指数报告》，全球粮食安全指数中国排在35位，西方发达国家均在前20位。《中国粮食安全》白皮书指出，中国粮食生产量稳定达到6.5亿吨“高水平台阶”，接近自然资源潜力约束上限。《国家统计局关于2019年粮食产量数据的公告》指出，我国粮食单产6.075吨/公顷，但单产年增长难度持续加大，单产年增长率下降到0.9%。中国成为世界粮食进口大国，必须承担国际粮食平衡的大国责任。联合国粮农组织统计数据表明，2018年我国粮食进口量突破1亿吨，约占全球贸易量(5亿吨)的20%，大豆对外依存度高达80%。国际贸易竞争风险持续加大，而全球仍有8.2亿人口食物短缺(Alexandratos et al.，2012)。

基本判断：我国建立在人多地少、缺水多灾基础上的国家粮食安全必将长期处于紧平衡、高风险、不稳定的态势，粮食安全始终是中国永恒的课题。中国粮食安全根本战略是藏粮于地、藏粮于技，根本出路在于科技创新，必须走以技术创新替代资源约束的可持续发展的粮食安全之路。

(三)缓解生态环境安全的压力日益增大的挑战

我国农业生态环境安全问题突出。一是病虫害加剧趋势。2020年农作物重大病虫害累计发生面积约3亿亩②，其中草地贪夜蛾危害更大。二是动物传染病形势严峻。20世纪70年代以来，全球范围内新发的动物疫病约60种，以病毒病为主，约50%的传染病都是人兽共患病。根据WHO数据，全球近30年来感染人类的新发病中，有75%来源于动物源性病原体(郑雪光等，2014)。三是生物灾害损失巨大。近30年来全球发生10余起重大动物疫情，导致经济损失近1 000亿美元，我国每年因传染病引起动物死亡的直接经济损失400亿元，间接经济损失约1 000亿元(常帅等，2019)。四是生态环境安全令人担忧。据新华网报道，我国农业

① 数据来源：世界银行数据库。

② 数据来源：国家统计局。

自然灾害频繁,每年因气象灾害粮食实减少500亿千克[③]。五是农业面源污染突出。2020年第二次全国农业面源污染普查显示:我国农业源的COD、总氮和总磷分别占全国总量的49.8%、46.5%和67.2%。环保部和国土资源部数据显示:我国19.4%的耕地污染物超标。我国每年至少有1.5亿亩耕地农药污染超标,1.8亿亩耕地重金属污染超标。六是食品安全风险时有发生,全球食品安全指数发布,中国在113个国家中排名第35位。

基本判断:我国农业发展处于耕地退化、生物灾害加剧趋势、水土资源约束、农业污染加重、食品安全风险时有发生等多重生态风险聚集期,治理难度极大,迫切需要把农业生态环境保护,发展绿色农业放在未来我国农业的优先地位,农业科技由高产主导向绿色主导转变是农业科技创新的必然选择。

(四)适应构建"双循环"新格局的挑战

在构建"双循环"格局的背景下,我国农产品国际贸易加快。国际贸易组织统计资料表明,2019年全国农产品进出口总额2 300.7亿美元,占全国6.9%,中国农产品出口额占国际市场的5.7%(美国11.5%、欧盟11.4%、巴西6.0%);农产品进口额占国际市场的9.8%(美国9.7%、欧盟10.7%、巴西4.7%)。但是,我国农产品国际竞争力呈逐年下降趋势,10种主要农产品的潜在比较优势和显性竞争优势均逐步弱化,其中土地密集型农产品生产优势几乎完全丧失。2017年大部分省份的整体农产品比较优势指数减少至0.8以下,竞争优势指数降为负数,60%以上省份的整体农产品贸易竞争力指数低于0.3(郭伦,2019)。另外,我国农产品出现大规模贸易逆差,国际竞争风险加大。国际产业技术竞争持续加剧,发达国家密集发布科技战略规划,争先恐后发展生物种业、智能装备产业、生物合成产业、数字农业和未来食品等前瞻性战略性高技术产业,争夺农业产业革命控制权。反观中国,第三次全国农业普查数据公报指出,2016年底,全国2.07亿农业经营户,其中规模经营农户398万户,仅占1.9%(预计到2030年小农户经营依然占85%以上),我国小农户经营为主体的农业经营模式不会根本改变,科技如何培育小规模经营模式下的竞争力尚未完全破题。

基本判断:科技创新既要主动满足国内大循环加速农业产业链转型升级新需求,又要面对国际循环中农产品贸易进一步加快而产业技术竞争加剧的双向叠加挑战。实现我国主要农产品自主供给不受别国控制的农业安全形势不容乐观,必须走自主可控、自主创新的农业国际化发展之路。

(五)应对未来农业新技术革命带来的挑战

世界正处于第四次技术革命的浪潮之中,新一轮农业科技革命悄然兴起,呈现出四个重大趋势。①基因化农业时代。国际上以生命科学领域如基因组学、基因编辑和合成生物学等前沿领域的原始创新从0到1的不断突破,成为全球农业学科竞争力的热点标志。②绿色化农业时代。绿色发展已经成为全球人类发展观的深刻革命,绿色将对技术创新以及产业发展、技术标准等形成强制性规则倒逼机制,绿色将成为新的经济增长点引领全球提升绿色竞争力。国际抢占以动植物优质品种、绿色低碳环保、绿色制造和绿色农产品安全控制等为核心关键技术的制高点,成为国际农业技术竞争力的关键要素,也是中美等国际农产品贸易竞争的关键要

---

③ 数据来源:新华网。

素。③数字化农业时代。国际诸多国家齐头并进的态势在数字经济时代展开新一轮最广泛、最深刻、最激烈的技术竞争，全球进入数字经济背景下的新一次高层次现代农业发展阶段，以互联网、物联网、传感器等为基础的智能农业、智慧农业、无人农业等农业新业态不断涌现。④营养化农业时代。全球生命价值观正在发生深刻变革，疫情肆虐、人兽共患疾病暴发、营养不良人群剧增等，所以未来农业既要为人类健康创造高级安全的营养物质，同时要以营养供给（不是单纯的数量供给）缓解生命痛苦的巨大需求，国际上形成了休闲农业、营养农业和医疗农业等新技术趋势。

总体判断：未来我国农业科技任务比以往任何时候的任务更加艰巨，加快农业科技创新比以往任何时候更加紧迫。中国是农业大国，必须彻底改变“跟踪式、依附性”的农业技术路径，走独立自主、自立自强科技现代化之路。国家应当确立农业科技创新优先发展战略，强化农业科技自主创新，实现关键核心技术自主可控是唯一出路。

三、实施农业科技自立自强重大科技创新工程

针对我国农业现代化过程中的众多挑战，实现我国农业科技自立自强，需要重点把握、集中突破的关键技术领域主要有以下几方面（高旺盛，2021）。

1. 强化农业基础研究，提升农业原始创新能力 要加强农业基础研究项目部署，在农业生物重要性状形成重大基础研究、农业生物优异种质资源挖掘创新与利用、农业生物重大病虫害与动物疫病预防控制重大基础、农业生态系统健康调控与修复等重大农业基础理论研究实现从0到1的突破，提高农业科技原始创新水平，着力构建与科技强国建设相适应的国家农业重大基础研究设施平台体系。

2. 重点突破生物育种核心技术，打造现代种业科技强国 未来农业是基因农业时代，基因控制技术是新一轮“绿色革命”的标志性竞争技术。种子是农业“芯片”，关系国家粮食安全战略。我国虽拥有丰富的种质资源，但是由于长期农业基础研究不足，原创性新种质新材料新技术受制于人，动植物核心种源的知识产权多数受国外种业巨头把控。建议国家确立“种业强农”战略，强化基因编辑、动物干细胞、合成生物学等基础前沿技术原创性突破，发挥举国攻关体制优势，组织实施国家种业科技创新工程，培育一批具有重大战略性新品种和自主知识产权的核心种质资源，加快转基因生物育种科学有序产业化应用进程，下决心培养造就具有较强国际竞争力的龙头种业企业。

3. 突破智能农业关键技术，打造数字农业科技强国 未来农业是数字化农业时代，农业数字化高端技术装备是新一轮“绿色革命”的重大变革。国内装备技术与国外产品差距巨大，我国现有高端农机装备核心部件及其材料技术、农业传感器核心感知元器件等主要依赖进口，农业人工智能核心算法、应用系统、知识模型决策等核心技术及高端产品主要依赖国外。建议国家集中组织实施以企业为主体、产学研联合的国家数字农业科技工程，开发应用智能农业机器人、农业无人机、智慧农场、智慧牧场和智慧渔场等系统化技术体系，集中突破动植物生物智能感知与智能传感控制技术，强化新一代智能农机装备、智能新材料等关键技术研发，全面提高数字农业自主创新能力。

4. 突破绿色农业关键技术，构建生态安全农业技术体系 未来农业是绿色农业时代,绿色低碳循环技术将成为提升世界各国产业绿色竞争力的关键所在。我国在几千年农业发展中积累了用养结合、有机无机结合、间作套种和旱作农业等传统绿色农业技术,但由于长期受制于人口大国吃饱饭农业以及快速城镇化等对农业发展的压力,导致我国存在耕地质量退化、面源污染严重、水资源浪费和动植物灾害频繁等许多突出问题。近年来,随着我国逐渐从全球绿色发展的参与者转变为引领者,加速我国农业由高消耗高污染农业向绿色低碳农业转型发展,适应农业“碳达峰、碳中和”战略,对绿色农业技术形成了前所未有的新需求。建议国家组织实施耕地保育科技工程,构建不同区域、不同类型耕地保育系统化技术体系,系统部署重点农业区域保护性耕作、地力培育、休耕轮作和污染防治等关键技术研究。形成我国自主可控的农业生物安全防控关键技术体系与战略性产品,重点突破植物病虫害快速监测预警技术、动物疫病病原快速诊断等领域的技术研究。构建适合我国国情的区域化、场景化绿色农业技术体系,加强节水农业、旱作农业、循环农业和水土保持农业等领域关键技术研发。

5. 突破食品产业技术，构建营养健康农业技术体系 未来农业是健康营养农业时代,从“吃得饱”到“吃得好、再到吃出健康”的梯次升级是现代农业产业发展重要趋势。国际现代农业是发达的一二三产业融合型农业,发达农业强国都是食品产业强国。近年来,随着我国人民生活水平不断提高,以健康营养为导向的新兴农业不断发展,拥有巨大市场潜力,需要加快科技创新支撑。建议国家统筹部署食品产业科技工程,支持数字技术＋医疗健康＋康养农业等新业态新领域研究,延伸农业产业链,集中开发高附加值的精深产品、健康食品、绿色制造和未来食品等,促进现代食品产业发展,实现农业一二三产业深度融合,全面提升现代农业产业链水平。

四、完善农业科技创新政策保障体系

高水平自立自强必须依靠制度创新,只有高效开放畅通的创新制度和创新生态,才能实现技术创新的自立自强,实现农业科技高水平自立自强。

1. 大力提高农业科技创新投入强度 遵循农业科技创新规律,在项目安排、立项机制和经费投入等方面给予农业科技差异化强有力支持,为农业科技自立自强创造更加强有力的政策支持,发挥政府公共财政在农业科技投入中的主导作用,切实把农业科技工作摆在更加突出地位,优化农业补贴政策,研究制定农业科技创新补贴政策,提高“绿箱”政策总体支出强度和创新补贴的支出比例,稳步提高国家财政农业科技创新投入增量。拓展农业科技金融改革力度,逐步提高政策性银行农业科技贷款总体规模及其占比。鼓励商业银行加大对农业科技成果转化的支持,开展绿色信贷专营机构试点,助力绿色农业发展。

2. 大力培育支持农业创新型企业 建立农业创新型企业培育制度,研究制定认定标准,构建农业创新型企业培育库,支持设立农业创新型企业孵化基金,加快培育一批具有核心竞争力的农业创新型企业。大力倾斜支持农业高新技术企业和农业科技型企业。制定涉农企业自主创新的差别化优惠支持政策,完善将涉农企业研发费用税前加计扣除政策、科技平台建设和企业人才培养方式等,推进科企深度融合、社会资本深度参与、科技人才向企业流动、创新要素向企业集聚，激发企业自主研发活力。组织实施农业产业链创新链融合对接工程，加快构建一批现代农业产业链企业领衔创新联合体。

3. 强化农业科技人才队伍建设 加大各类人才支持计划对农业高层次人才的差别化倾斜支持力度，扩大农业领域高层次人才规模，着力培养一批战略科技人才和青年创新人才。加大部署农业领域国家重点引智平台基地，引进和培养农业领域高端人才和紧缺人才。深化涉农高等院校乡村振兴人才教育培养制度改革，加快发展农业职业技术教育，培养高素质农业农村专业人才。深化改革农业高校科研院所人才绩效分类考核机制，强化贡献导向、基层导向的人才评价体系改革，推动农业高层次人才主动走向基层、走向农业和走向农村。

4. 加快农业科技成果转化应用 推行"定向研发、定向转化、定向服务"的一体化科企融合组织模式，培育一批高质量科技成果。完善农业科技成果市场化评价体系，构建全国农业科技成果交易转化网络平台，建立一批市场化的农业科技成果转移转化中心，培养职业化农业科技成果转化团队。提高农业知识产权质量，完善监管保护体系。设立国家农业科技成果转化子基金，推进农业技术成果市场化转化机制改革。

5. 加大部署建设国家农业战略科技力量 建议国家要优先规划布局"生物种业国家实验室"，整合优势单位，集中最精干的创新力量，集聚最优质的科技资源，打好种业翻身仗。统筹部署，在以合成生物学为主导的新一代农业生物技术体系、农业资源高效利用为手段的绿色农业、智能装备为核心的数字农业、农业一二三产业深度融合为枢纽的营养健康农业，以及农业生物安全与公共卫生等领域新增部署一批国家技术创新中心和国家重点实验室。加强国家农业种质资源库、农业大数据平台、农业野外科学观测站网络体系等科技基础设施建设，形成一批有影响力的农业科研"百年老店"。加快部署一批国家农业高新技术产业示范区和国家农业科技园区，辐射带动区域农业农村现代化。

6. 重组构建国家现代农业科技创新体系 建议由国家有关部门牵头组织制定规划，改变目前农业创新布局混乱、创新资源分散、创新项目重复和创新效能不高等长期困扰农业科技发展的痛点难点问题。规划、重组、构建与农业科技创新特色相适应、科技与经济紧密结合的产学研用一体化、产业链与创新链融合的国家农业技术创新体系。深化涉农高等教育改革，强化农业战略型、领军型和专业型等各类人才培养与支持力度，加强专业硕士学位培养以及增设农学专业博士学位等，夯实多元化、基础研究与实用技术相结合的人才培养储备体系，打造面向乡村振兴的主体多元、服务多样和能力互补的农业科技社会化服务体系。构建新时期农业科技创新治理体系，改革农业科技创新项目组织方式和研发投入机制，完善农业科技人才评价、农业科研机构评估和农业科研项目评审制度。

五、结语

面向中华民族伟大复兴战略全局和应对国际百年未有之大变局，实现中国农业科技自立自强，不仅是保障粮食安全、缓解生态环境安全，全面推进乡村振兴，加快农业农村现代化建设的重要战略核心支撑，也是应对全球化和多元化的多元挑战，构建"双循环"新格局和适应未来农业新技术革命的唯一出路。实现我国农业科技自立自强，需要集中突破农业基础研究、生物育种核心技术、智能农业和绿色农业以及食品产业关键技术等科技创新领域;需要从大力提高农业科技创新投入强度、大力培育支持农业创新型企业、强化农业科技人才队伍建设、加快农业科技成果转化应用、加大部署建设国家农业战略科技力量和重组构建国家现代农业科技创新体系等几个方面完善农业科技创新政策保障体系,从而实现我国农业科技的变革性发展,提升我国农业科技核心国际竞争力,推动我国农业农村现代化建设。

(本文发表于《农业现代化研究》2022 年 43 卷第 1 期)

报告二

农业科技强国评价指标体系与中国实现度分析

高旺盛[1,2]　王小龙[3]　杨富裕[2]　雷薪玉[1]　陈源泉[1,2]
(1. 中国农业大学农学院;2. 中国农业大学国家农业科技战略研究院;3. 华南农业大学农学院)

党的十八大以来,以习近平同志为核心的党中央把科技创新摆在更加重要的位置,提出大力实施创新驱动发展战略,开启了建设世界科技强国的新征程。目前,全球进入创新驱动时代,我国正逐步进入创新型国家行列。科技已成为世界农业发展的核心动力,农业竞争的实质是科技竞争,世界新一轮农业科技革命正孕育兴起,掌握全球农业科技竞争先机愈加关键。发达国家长期高度重视农业科技创新,并且在政策导向、组织体系、管理体制等方面表现出了共性特征(郑小玉,2020;钟大森等,2020)。习近平总书记指出,中国现代化离不开农业农村现代化。农业现代化关键是农业科技现代化,要牢牢掌握我国农业科技发展主动权,为我国由农业大国走向农业强国提供坚实科技支撑。习近平总书记的重要论述为农业科技自立自强指明了方向,是农业科技发展的根本遵循。科学技术部王志刚部长提出,判断一个国家是否成为科技强国有3个重要标志:具有引领世界的科技创新能力、建成高水平的创新型经济、建成富有活力的创新型社会(王志刚,2019)。关于如何认识和量化评价农业科技强国,尽管学术界已有一些相关研究,但目前还没有公认的评价指标体系,亟须进一步深入研究。

一、国内外研究进展

(一)关于科技强国评价相关指标研究进展

目前,与科技强国有关的评价主要是世界各国/地区的创新能力和竞争力评价。诸多国际组织、学术机构等已相继开发出相关评价指标体系,并发布了一系列关于国家创新能力或竞争力的评价报告。其中,与"科技研发"密切相关的指标有:研发投入强度、研发人员比例、科技论文数量及其影响力、国际专利申请(PCT)数量、知识产权支付与收入、高技术进口与出口等(张志强等,2018)。关于竞争力的研究,国内则始于20世纪90年代初。1996年,原国家体改委经济体制改革研究院、中国人民大学和深圳综合开发研究院联合组成中国国际竞争力课题组,对我国国际竞争力进行了研究,并出版了《中国国际竞争力发展报告》。目前,国内关于科技竞争力的评价,最具影响、被大家公认的是科技部《中国科技发展研究报告》(2000 年)中提出的科技竞争力评价指标体系,该体系包括科技投入水平、科技产出水平、科技与经济和社会协调发展程度和科技潜力以及制度因素等 4 大类共 41 项指标。国内现有研究大多依据此评价指标体系对省市或地区之间的科技竞争力进行评价。也有部分研究给出了自主设计,如杨大成(2008)对中西部地区科技竞争力发展水平进行了综合评价,马敏娜(2006)对城市的科技竞争力进行了评价分析等。国内关于科技强国评价指标的研究,比较有代表性的研究有中国科学院张志强等(2018)、中国科学技术发展战略研究院玄兆辉等(2018)提出的评价指标。近年来,国际上也有很多研究开始采用数据包络分析方法(DEA 法)(Nasierowsk et al. ,1999)、熵权法(Duan et al. ,2016)、层次分析法(Coad et al. ,2008)等方法开展科技创新评价。但是,目前关于农业科技强国评价尚没有专门的评价研究,现有相关研究主要是借鉴科技竞争力的指标体系开展了一些关于农业科技竞争力的评价。

(二)关于农业科技强国评价相关指标研究进展

目前关于农业科技强国评价相关指标研究中,比较有代表性主要有:丁华(2006)从农业科技队伍、科技供给系统与应用系统、科技管理体制、科技投入 4 个方面对我国县域农业科技竞争力进行了探讨;臧春荣(2007)构建了包括科技投入、科技产出、科技促进社会经济协调发展等 3 个 2 级指标,科技人力、科技财力、专利、发表论文、经济增长、生活质量、环境保护等 7 个 3 级指标,共 28 个细化指标的农业科技竞争力评价指标体系;陈丽佳等(2008)将农业科技竞争力划分为核心竞争力、持续竞争力、价值竞争力 3 大类,以科技投入能力(6 个指标)、科技产出能力(5 个指标)、科技创新能力(5 个指标)、成果推广能力(10 个指标)、科技贡献能力(11 个指标)、科技发展潜力(7 个指标)、科技发展环境(6 个指标)7 大要素构建了农业科技竞争力的评价指标体系;党玉国(2012)把农业科技竞争力分为科技投入水平、科技产出水平、科技转化水平、科技贡献水平 4 个层面,并分别设计 34 个评价指标;刘莹(2013)参考了前人有关研究构建了农业科技竞争力综合评价指标体系;金莹(2016)在评价甘肃省农业科技竞争力时主要从农业科技投入能力、农业科技产出能力、科技成果推广能力、农业科技促进经济社会发展能力 4 方面建立指标体系。总体来看,目前国内学术界对农业科技竞争力的研究主要涉及农业科技竞争力的内涵、作用、评价指标等方面。但是,与城市科技竞争力、工业科技竞争力等方面的研究相比,农业科技竞争力方面的研究非常缺乏。因此,在国家农业科技高水平自立自强的战略背景下,本研究拟在对农业科技强国的内涵进行理论梳理的基础上,研究设计一套农业科技强国的评价指标体系,以对中国农业科技水平与世界发达国家的整体差距进行量化评估,以期为国家促进农业科技高水平自立自强的决策提供参考。

二、农业科技强国内涵与评价指标体系设计

(一)农业科技强国内涵

本研究认为,世界经济强国必然是世界农业强国,世界农业强国必然是世界农业科技强国。要成为世界农业科技强国,需要具备良好的农业科技创新环境与条件,具有能够引领世界科技发展潮流和重大影响力的农业科研成果,在农业重大原创基础理论与核心关键技术方面研发处于世界领先水平,农业科技能够为本国粮食安全与农产品有效供给提供强有力科技支撑,为本国农业产业发展与升级不断提供动力支撑。

本研究认为,农业科技强国的评价,最重要的是要体现"科技"的作用。评价一个国家是不是农业科技强国,需要依据其科技支撑能力、农业技术水平、农业科技效率、农业科技条件以及农业科技产出 5 个方面是否处于世界发达国家的前列。其具体内涵如下。

1. 科技支撑能力 世界农业科技强国,首先要保障本国的粮食安全以及重要农产品有效供给,其次是不仅要保障粮食及重要农产品的数量安全,更要保障食品的质量与安全。这是一个国家的立国之本,是发展农业科技的首要任务。要不断通过提高农业科技贡献率,为保障国家的粮食安全与食品安全提供强有力的科技支撑。

2. 农业技术水平 农业技术水平的高低,表现在农业生产实际中就是动物植物生产能力的提升、农业产业链的延伸增值以及农业现代装备水平的提高。最能体现这方面的指标主要是农作物及动物单产水平、食品工业产值与农业产值的比值以及农业机械化程度。

3. 农业科技效率 农业科技不仅要能够促进农业总产以及单产水平的提升,更要重视科技对农业生产效率的提升,而不是单纯追求"不计成本"的"高产",这也是一国农业产业竞争力的关键体现。我国农业竞争力低,遇到了"天花板"与"地板"的双重挤压,核心问题是效率的问题。从经济效率的角度可以通过土地产出率、劳动生产率反映,从动物植物生产效率,主要考虑肥料利用率、水分利用效率以及饲料利用(转化率)。

4. 农业科技条件 良好的科技创新环境不仅要为农业科技创新提供"燃油",也要提供良好的"润滑剂"和"催化剂"。从发达国家的经验来看,一是要建立研发与应用多层次、参与主体多元化的农业科技创新体系,二是产学研合作密切,三是政府的资金投入与法律保障有力起到举足轻重作用。良好的科技创新环境需要重点考虑一个国家的农业科技人力资源、农业投入强度以及企业研发投入 3 方面。

5. 农业科技产出 对于农业科技创新本身来说,论文、专利、品种、产品、标准等是主要的产出。本研究重点考虑便于国际对比的论文和专利。但是农业科技创新活动的主要成果体现不仅是论文和专利,更要促进农业科技成果对农业产业的精准供给,提高农业科技成果转化利用率。农业科技强,最重要的是要在田间地头、在产业一线能够看到科技的存在。因此,农业科技成果转化利用情况需要在评价中给予考虑。

(二)农业科技强国的评价指标体系

基于目前国内外研究以及中国的实际情况,本研究根据对农业科技强国的内涵认识,以科

学性、全面性、可比性、简便性、易操性为原则，经过多学科、多群体、多轮次的研讨，设计了农业科技强国评价指标体系，从科技支撑能力、农业技术水平、农业科技效率、农业科技条件以及农业科技产出5个维度，设计了19个指标，并确定了各级指标的评估权重，具体每个指标的内涵及计算选取的方法见表3-1。

表3-1 农业科技强国评价指标体系及权重

一级指标		二级指标		指标内涵及说明
指标	权重	指标	权重	
1. 科技支撑能力	0.2	1.1 粮食安全指数	0.40	反映国家总体粮食安全情况
		1.2 食品安全指数	0.30	反映食品安全情况
		1.3 农业科技贡献率/%	0.30	评价农业科技进步对农业总产值增长率的贡献份额
2. 农业技术水平	0.2	2.1 粮食单产/(千克/公顷)	0.25	重点对比谷物单产
		2.2 畜产品单产/(千克/头)	0.25	选取我国最有代表性的生猪，根据每头猪平均出栏胴体重来对比
		2.3 农产品增值强度	0.25	根据各国政府公布的食品工业产值与农业产值之比来评价
		2.4 农业机械化率/%	0.25	采用农作物综合机械化率
3. 农业科技效率	0.2	3.1 劳动生产率/(美元/人)	0.20	采用每个农业劳动力创造的农业增加值来评价
		3.2 土地产出率/(美元/公顷)	0.20	采用单位面积农用地产生的农业GDP计算
		3.3 肥料利用率/%	0.20	重点考虑主要作物的氮肥利用率
		3.4 饲料转化率/%	0.20	重点考虑我国最有代表性的生猪养殖，以猪的肉料比来评价
		3.5 水分利用效率/(千克/米^3)	0.20	重点考虑学术界常用的粮食作物水分利用效率来评价
4. 农业科技条件	0.2	4.1 农业科技人员数/(人/万人)	0.30	根据每万名农业从业人员拥有的农业科技人员数来评价
		4.2 农业科技投入强度/%	0.40	根据经合组织(OECD)的评价标准，以政府农业R&D投入占农业GDP的比值来评价
		4.3 企业研发投入/%	0.30	根据企业研发投入占农业R&D投入的比例来评价

续表3-1

一级指标		二级指标		指标内涵及说明
指标	权重	指标	权重	
5. 农业科技产出	0.2	5.1 学科规范化引文影响力/CNCI	0.25	反映学术论文的影响力
		5.2 发明专利认可度/%	0.25	采用发明专利的授权率来反
		5.3 国家农业科技专利竞争力指数	0.25	反映专利的综合质量
		5.4 农业科技成果转化率/%	0.25	反映农业科技成果的应用

具体的计算思路如下：按照层次分析法，确定权重，然后根据每个2级指标，以世界发达国家先进水平(100分)为参照，根据中国目前的实际数值给予打分，根据2级指标的权重计算得到1级指标的评估值；最后根据5个1级指标的权重，计算得出中国农业科技强国实现度。

指标的设计主要以对标世界发达国家为主，试图对我国农业科技与国际先进水平的整体差距做出一个粗略的量化评价。因此，每个指标的评价标准都选择该指标世界领先国家的平均值作为标准，相当于理论上假设现有世界领先国家的平均值为进入强国的“门槛”阈值。

三、中国农业科技强国评价指标数据来源与计算

(一)科技支撑能力

1. 粮食安全指数 粮食安全指数采用英国《经济学人》杂志旗下智库(The Economist Intelligence Unit)的全球食物安全指数(Global Food Security Index)，该指数是一个动态的定量和定性基准模型，由34个独特的指标构建而成，可衡量发展中国家和发达国家的食品安全驱动因素。据《2019年全球食物安全指数报告》报道，中国综合得分71分，排名35。中国整体水平相当于发达国家前10名的85%(表3-1)。

2. 食品安全指数 采用《2019年全球食物安全指数报告》的2级指标(quality & safety)的得分判断。2019年中国得分72.6，世界前10名国家的平均得分86.2。中国整体水平相当于发达国家前10名的84%。

3. 农业科技贡献 我国农业科技进步贡献率由2011年的52%提高到2019的59.2%，但是与世界发达国家的80%～90%仍有不少的差距(李响等，2012)。本研究以世界发达国家的中间值85%为基础，中国目前的农业科技贡献率相当于发达国家的70%。

(二)农业技术水平

1. 粮食单产水平 根据联合国粮农组织(FAO)的数据,2018 年中国粮食(谷物)单产水平为 6 081.4 千克/公顷,高于世界平均水平的 4 069.4 千克/公顷,为世界平均的 1.5 倍,仅为世界发达国家前 5 名(美国 8 692 千克/公顷、新西兰 8 064 千克/公顷、法国 6 885 千克/公顷、英国 6 789 千克/公顷、德国 6 220 千克/公顷)平均的 83%。

2. 畜产品单产水平 根据目前的数据,中国每头猪平均出栏胴体重 77 千克,发达国家 87 千克,中国相当于发达国家水平的 89%。

3. 农产品增值强度 以食品行业 GDP 与农业 GDP 的比值为指标,根据目前世界主要国家公布的数据计算,中国的数据为 1.95[④],英国(11.3)[⑤]、加拿大(5.7)[⑥]、美国(6.93)[⑦]、日本(4.36)[⑧]、新西兰(3.17)[⑨]、澳大利亚(3.0)[⑩]的平均值为 5.74,中国相当于这几个国家平均水平的 34%。

4. 农业机械化率 2018 年,我国综合机械化率 69%[⑪]。世界上主要发达国家在 20 世纪 50—80 年代相继实现了全面机械化。美国于 1946 年基本实现了农业机械化,1954 年全面实现了农业机械化;加拿大和原西德在 20 世纪 60 年代末期全面实现了农业机械化;与我国农业生产情况相似的日本和韩国也分别于 1982 年和 1996 年全面实现了农业机械化(罗锡文,2019)。本研究按照发达国家综合机械化率 95%为基准,中国相当于此水平的 73%。

(三)农业科技效率

1. 土地产出率[⑫] 世界银行统计数据表明,2016 年中国的土地生产率(农业 GDP/农用地面积)1 805.03 美元/公顷,世界平均为 529.30 美元/公顷,中国为世界平均的 3.4 倍,比美国、英国、加拿大、澳大利亚高,低于德国、以色列和日本。中国水平仅为世界发达国家前 5 名(以色

---

④ 中国根据《中国农业发展报告 2019》数据估算:2017 年全国农业增加值占 GDP 的比重仅为 7.9%,农业—食物系统增加值占 GDP 的比重达 23.3%,食物系统增加值占 GDP 比重 15.4%,与农业增加值的比值为 1.95 : 1。http://news.foodmate.net/2019/05/519087.html

⑤ 英国数据根据英国政府数据估算 https://www.gov.uk/government/publications/food-statistics-pocketbook-2017/food-statistics-in-your-pocket-2017-food-chain

⑥ 加拿大数据根据加拿大政府数据估算 https://www.canada.ca/en/agriculture-agri-food/news/2017/11/canada_s_agricultural sector continues to see economic growth.html

⑦ 美国数据根据 USDA 数据估算 https://www.ers.usda.gov/data-products/ag-and-food-statistics-charting-the-essentials/ag-and-food-sectors-and-the-economy.aspx

⑧ 日本数据根据报告《Japan Food Processing Sector》数据和世界银行公开数据库中农业 GDP 数据估算:https://apps.fas.usda.gov/newgainapi/api/report/downloadreportbyfilename? filename=Food%20Processing%20Ingredients_Tokyo%20ATO_Japan_3-28-2019.pdf

⑨ 新西兰数据根据报告《The New Zealand Agri-food Sector》估算 https://thepolicyobservatory.aut.ac.nz/__data/assets/pdf_file/0019/75106/Dalziel-et-al-The-NZ-Agri-food-Sector-v3.pdf

⑩ 澳大利亚数据根据报道数据估算 https://www.worldatlas.com/articles/what-are-the-biggest-industries-in-australia.html

⑪ 在由中国农业机械工业协会主办的"2019 年全国农机工业工作会议"上,农业农村部农业机械化管理司范学民处长做了关于《我国农业机械化发展情况》的报告。

⑫ 计算公式为:农业用地土地产出率=农业 GDP/农用地面积;农业 GDP 根据世界银行公开数据计算(2018 年数据)(农业 GDP=GDP×农业占比);农用地面积根据世界银行公开数据 https://data.worldbank.org.cn/(2016 年数据)

列 11 118 美元/公顷、新西兰 6 949 美元/公顷、德国 2 399 美元/公顷、法国 1 934 美元/公顷、英国 1 628 美元/公顷)平均值的 38%。

2. 劳动生产率　根据世界银行数据[13]，中国农业劳动生产率(每个农业劳动力创造的农业增加值)为 3 442.2 美元/人，稍高于世界平均(3 229.6 美元/人)，但与世界主要发达国家差距巨大，仅为美国的 4.0%、英国的 7.0%、法国的 6.8%、以色列的 3.7%。中国数据仅为世界发达国家前 5 名(新西兰 99 221 美元/人、以色列 92 402 美元/人、美国 84 251 美元/人、加拿大 75 144 美元/人、法国 50 931 美元/人)平均值的 4%。

3. 肥料利用率　根据目前多数研究学者的研究，我国 3 大作物的氮肥利用率平均为 32%，低于同期世界平均水平 20%~30%(闫湘等，2017)。按照低于世界平均 25%计算，中国肥料利用率仅为世界平均水平的 56%。

4. 饲料利用率　根据 FAO 公布的生猪养殖料肉比数据，2016 年中国为 3.2，欧盟、美国分别为 2.85 和 2.8。中国该指标相当于这两者的 88%。

5. 水分生产效率　根据康绍忠院士团队提供的数据[14]，我国作物水分生产率(WUE)在 1.0～2.0 千克/米^3，发达国家一般在 2.0～2.5 千克/米^3。粮食水分生产率我国一般不足 1.5 千克/米^3，远低于国际先进水平(2.0 以上)。以中国平均 1.5 除以世界发达国家平均 2.25 计算，中国相当于世界发达国家水平的 67%。

(四)农业科技条件

1. 农业科技人员比重　根据《中国科技人才发展报告(2018)》，2017 年，全国专业技术人才总数 3 148.5 万人，其中农业专业技术人才 67.9 万人。根据《中国劳动统计年鉴(2018)》数据，2017 年我国农业从业人员数为 20 944 万人，以此计算，中国 2017 年每万人农业从业人员拥有的农业专业技术人员数仅为 32.4 人。目前，美国有 9 600 名农业科学家、1.7 万人左右的农技推广人员，以此合计农业科技人员为 2.66 万人。美国农业部(USDA)的农业普查主要数据公报(Census of agriculture)显示，2017 年美国农业生产从业人数约 340 万人。据此计算，美国每万人的农业从业人员拥有的农业科技人员为 78.2 人。中国的 32.4 人相当于美国 78.2 人的 41%。

2. 农业科技投入强度　根据经合组织(OECD)数据[15]，2017 年中国政府公共农业研发投入占农业 GDP 比例仅为 0.62%左右，世界前 5 名平均值为 1.98%(瑞士 3.06%、加拿大 1.90%、巴西 1.82%、日本 1.73%、美国 1.40%)。中国农业科技投入强度仅为世界排名前 5 国家平均值的 31%。

3. 企业研发投入　综合目前多数研究文献的数据，我国企业研发投入约占农业 R&D 投入的 30%，而发达国家占 70%。

---

⑬ 世界银行公开数据 https://data.worldbank.org.cn/(2016 年数据)；具体指标，Agricultural productivity-Agriculture value added per worker。

⑭ 2018 年中国工程院《国外农业科技发展、创新前沿与支持政策分析研究报告》(非正式出版物)。

⑮ Government budget allocations for R&D(GBARD) for R&D on agricultural sciences as a percentage of agricultural value added，OECD(2019)。

(五)农业科技产出

1. 学科规范化引文影响力(CNCI)指标 中国农业科学院基于Web of Science™论文数据库的研究报告表明,2014—2016年22国农业类论文学科规范化的引文影响力中,中国CNCI值为1.06,世界排名第16位。世界前10名(瑞士1.46、丹麦1.44、荷兰1.43、英国1.39、澳大利亚和德国并列1.36、瑞典1.34、挪威1.32、法国1.29、比利时和西班牙并列1.22、意大利和美国并列1.19)的平均值为1.367。中国CNCI值为世界前10名平均值的78%。

2. 发明专利认可度(授权率) 根据中国农业科学院相关研究报告的计算,中国发明专利的授权率为21.7%,世界发达国家前5名平均为37.74%(韩国44.4%、日本39.5%、意大利35.6%、法国34.9%、瑞典34.3%)。

3. 国家农业科技专利竞争力指数 根据中国农业科学院相关研究报告的计算,国家农业科技专利竞争力指数中国为2.93,世界排名前5的其他国家为:美国3.21(排名第1)、瑞士1.3、德国1.05、日本1.04。该项指标目前中国世界排名第2,打分100分。

4. 农业科技成果转化率 综合目前多数研究文献的数据,中国农业科技成果转化率40%,发达国家平均80%以上(信军等,2019)。

四、中国农业科技强国实现度评估结果

(一)评估结果

结果显示,目前中国农业科技强国的实现度为62%。与世界农业科技强国还有不小的差距,在迈向世界农业科技强国的路上,中国刚刚走完2/3的路程,正处于“爬坡过坎”的阶段。

如图3-1所示,我国农业科技支撑能力实现度为80%,农业技术水平和科技产出的实现度为70%和71%,均表现较好,客观反映了我国农业科技进步对国家农业发展的有力支撑。我国在世界上保持较高的粮食生产能力、较高的粮食单产以及位居世界前列的论文专利数量产出等都是其具体体现。农业科技效率实现度为50%,资源利用效率差距较大,不适应解决我国农业资源紧缺矛盾的技术需求,也说明提高科技效率的潜力很大。最大的短板是农业科技条件,仅为38%,这是制约农业自主创新的关键要素,也是补齐短板政策创新的突破口。

依表3-2可做出如下评估。

从科技支撑能力来看,中国粮食安全指数目前综合得分71分,世界排名35;在食品安全与质量(quality & safety)方面,中国得分72.6,世界前10名国家的平均得分86.2。农业科技进步贡献率中国由2011年的52%提高到目前的59.2%,但是与世界发达国家的80%~90%仍有不少的差距。

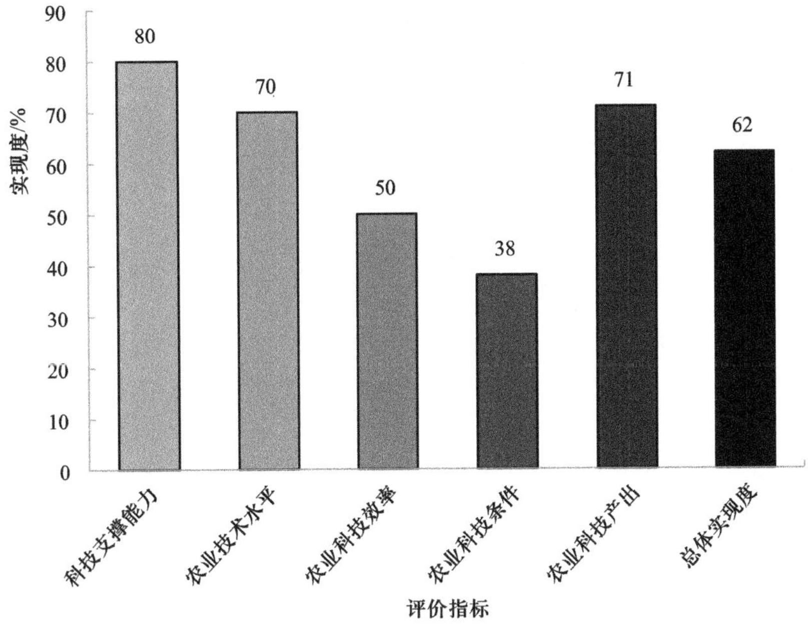

图 3-1　中国农业科技强国实现度

表 3-2　中国农业科技强国实现度评价表

一级指标	二级指标	中国	发达国家平均	中国得分
1. 科技支撑能力	1.1　粮食安全指数	71	83.3	85
	1.2　食品安全指数	72.6	86.3	84
	1.3　农业科技贡献率/%	59.2	85	70
	科技支撑能力得分			80
2. 农业技术水平	2.1　粮食单产/(千克/公顷)	6 081.4	7 330	83
	2.2　畜产品单产/(千克/头)	77	87	89
	2.3　农产品增值强度	1.95	5.74	34
	2.4　农业机械化率/%	69	95	73
	农业技术水平得分			70
3. 农业科技效率	3.1　土地产出率/(美元/公顷)	1 805.03	4 805.6	38
	3.2　劳动生产率/(美元/人)	3 442.2	80 389.8	4
	3.3　肥料利用率/%	32	57	56
	3.4　饲料转化率	3	2.75	86
	3.5　水分利用效率/(千克/米^3)	1.5	2.25	67
	农业科技效率得分			50
4. 农业科技条件	4.1　农业科技人员数/(人/万人)	32.4	78.2	41
	4.2　农业科技投入强度/%	0.62	1.98	31
	4.3　企业研发投入/%	30	70	43
	农业科技条件得分			38

续表3-2

一级指标	二级指标	中国	发达国家平均	中国得分
5. 农业科技产出	5.1 学科规范化引文影响力/CNCI	1.06	1.367	78
	5.2 发明专利认可度/%	21.7	37.74	57
	5.3 国家农业科技专利竞争力指数	2.93	1.91	100
	5.4 农业科技成果转化率/%	40	80	50
	农业科技产出得分			71
中国农业科技强国实现度				62

从农业技术水平来看,中国谷物单产水平为6 081.4千克/公顷,为世界平均的1.5倍,仅为前5名世界发达国家的83%;每头猪平均出栏胴体重77千克,发达国家87千克,相当于发达国家的89%;食品行业GDP与农业GDP的比值,中国为1.95,仅为发达国家前几位的34%;我国综合机械化率69%,世界上主要发达国家则在20世纪50—80年代相继实现了全面机械化,综合机械化率普遍在95%以上。

从农业科技效率来看,每个农业劳动力创造的农业增加值,中国为3 442.2美元/人,稍高于世界平均(3 229.6美元/人),但与世界上主要发达国家的差距巨大,仅为世界发达国家前5名平均的4%;单位农地面积的农业GDP,中国为1 805.03美元/公顷,世界平均为529.30美元/公顷,为世界平均的3.4倍,但仅为世界发达国家前5名平均的38%。三大作物的氮肥利用率平均为32%,低于同期世界平均水平20%~30%;中国的猪料肉比3.2,低于世界发达国家(组织)(欧盟2.85,美国2.8);作物水分生产率(WUE)在1.0~2.0千克/米^3,发达国家一般在2.0~2.5千克/米^3。

从农业科技条件来看,中国农业科技人力资源依然不足,每万人农业从业人员拥有的农业科技人员数为32.4人,仅为美国78.2人的41%;农业科技投入低于世界平均水平,中国政府公共农业研发投入占农业GDP比例仅为0.62%左右,世界前5名平均1.98%;企业尚未成为农业科技投入的主体,中国目前企业研发投入约占农业R&D投入的30%,发达国家占70%以上。

从农业科技产出来看,中国农业领域学科规范化引文影响力CNCI值为1.06,世界排名第16,仅为世界前10平均值的78%;农业科技发明专利的授权率为21.7%,低于世界发达国家前5名的平均值(37.74%),中国国家农业科技专利竞争力指数为2.93,世界排名第2,仅低于美国。但农业科技成果转化应用力度依然不够,中国农业科技成果转化率40%,发达国家平均80%以上。

(二)结论与不足

综合来看,我国与世界农业科技强国还有较大差距,亟须下更大力气、花更多功夫,在农业科技投入强度、农业科技人力资源、企业研发投入等方面加强力量、加快步伐、加大投入,大幅提升农业劳动生产率、农产品加工增值、土地产出率,优先补齐农业农村科技创新短板。因此,本研究建议:①进一步建立健全农业科技创新体系,深化农业科技管理机制改革;②建立多元化科技投入体系与持续稳定支持机制,提高农业科技财政投入强度,加大农业科技金融支持力度;③完善农业创新型企业激励政策,鼓励企业加大研发投入;④加强农业基础前沿与核心关键研究，强化农业科技产业支撑应用；⑤建设高水平的农业科技平台，打造国家农业领域战略科技力量；⑥创新农业科技成果转化机制，提升农业技术推广服务效能；⑦强化农业科技人才队伍建设；⑧主动谋划世界农业科技格局。通过以上措施，以确保2050年中国建成世界农业科技强国，支撑引领乡村全面振兴，促进农业高质高效、乡村宜居宜业、农民富裕富足，全面实现农业农村现代化。

尽管本研究结合国内外相关智库研究报告，提出了农业科技强国评价指标体系，但本研究目前仍存在以下不足之处。一方面，由于目前关于农业科技创新评价方法学及其指标体系尚没有国际公认的最优标准，因此，本研究主要以对标世界发达国家为基本评价思路，试图初步对我国农业科技与国际先进水平的整体差距做出一个粗略的量化评价。换句话说，每个指标的评价标准都选择该指标世界领先国家的平均值作为标准，相当于理论上假设现有世界领先国家的平均值为进入农业科技强国的"门槛"阈值。尽管研究结果具有一定的决策参考意义，但相关方法学体系仍需要在未来的研究中进一步深化。另一方面，本研究计算中国农业科技强国实现度中所采用的数据主要来源于各类权威报告、数据库、文献，尽管本研究已经遵循"从新、从近和从权威"的原则进行数据筛选，但不同数据来源难免在统计口径、标准方面仍然会存在不一致性，因此，未来围绕我国农业科技战略发展目标，主动构建国家相关指标数据库原始数据的收集汇编工作，对于我国农业科技创新战略的顶层设计工作具有重要意义。

（本文发表于《中国农业大学学报》2021年26卷第12期）

报告三

扛起“两军”建设重任　涉农高校需处理好“三个关系”

高旺盛
（中国农业大学农学院/国家农业科技战略研究院）

2021年5月28日，在中国科学院第二十次院士大会、中国工程院第十五次院士大会和中国科学技术协会第十次全国代表大会上，习近平总书记强调，国家实验室、国家科研机构、高水平研究型大学、科技领军企业都是国家战略科技力量的重要组成部分，要自觉履行高水平科技自立自强的使命担当。高水平研究型大学要把发展科技第一生产力、培养人才第一资源、增强创新第一动力更好结合起来，发挥基础研究深厚、学科交叉融合的优势，成为基础研究的主力军和重大科技突破的生力军。

习近平总书记的讲话确立了高水平研究型大学在国家科技创新中的战略地位，为大学科技创新指明了方向。涉农高校要扛起农业基础研究主力军和农业关键技术突破生力军“两军”建设重任，为实现农业科技高水平自立自强做出应有贡献。

一、发挥大学基础研究深厚优势，强化农业基础研究主力军的前沿引领能力

习近平总书记指出：加强基础研究是科技自立自强的必然要求。与世界发达农业科技强国相比，我国农业基础研究薄弱，强化基础前沿研究，实现原创性从0到1的重大突破是我国农业科技自立自强的关键路径。应采取措施，进一步强化涉农高校基础前沿研究能力，打造一支具有强大战斗力的主力军。

1. 集中突破涉农领域重大基础前沿研究重点热点　着力在基因农业、动植物优异种质资源创制、农业重大病虫害及动物疫病防控机理、耕地土壤保护与修复机理、食物营养与人类健康、未来细胞农业等领域开展长期性、稳定性的基础研究，力争获得原创性重大突破成果，抢占未来农业基础前沿高地，为把我国建设成为世界农业主要科学中心发挥好涉农高校主力军的先锋作用。

2. 切实加大涉农领域基础研究国家投入支持力度　长期以来，由于体制机制和管

理理念偏差等原因，在国家科技计划体系中农业相关基础研究始终被边缘化，导致我国农业领域基础研究投入不足。建议在国家基础研究计划体系中加大涉农领域国家基础研究项目支持力度，重点支持涉农高校集中优势力量开展重大基础研究。同时要扩大国家重点实验室、重大科学工程设施等基础研究平台在涉农高校的布局，改善基础研究条件。

3. 应统筹协调涉农高校主力军队伍建设　我国涉农高校达37所，由于各自学科基础与研究优势不同，基础研究领域存在缺乏统筹布局，各自为战，重复研究，甚至相互抢夺人才团队等不良现象，建议组建涉农高校基础研究主力军协作联盟，协作开展基础前沿国际战略趋势分析，统筹重大基础研究任务，协同作战，共同突破前沿高地，更快更好发挥涉农大学基础研究深厚的优势，加速提升基础研究水平。

二、发挥大学学科交叉融合优势，强化农业重大科技突破生力军的技术支撑能力

与世界发达农业科技强国相比，我国农业关键核心技术自主创新供给能力不足，许多核心技术受制于人。根据国家第六次技术预测表明，我国农业科技中国际领跑型技术仅占10%，并跑型技术占39%，跟跑型技术占51%。涉农高校作为农业重大科技突破的生力军，必须勇于担当，无愧于生力军的光荣使命，坚持有所为有所不为原则，发挥多学科齐备和交叉融合优势，在涉及农业农村最紧迫最急需的重大关键技术领域上发力突破。

1. 突破动植物育种核心技术，打好种业翻身仗　农业高校要发挥优势，构建国家生物种业协作网络，加强农业生物种质挖掘创制、分子育种、干细胞育种、基因组学等前沿技术突破，培育一批具有自主知识产权的核心种质资源和重大战略性新品种。

2. 突破耕地质量保育关键技术，保护好宝贵耕地　农业高校要协作实施"藏粮于地"科技工程，加强耕地保护、地力培育、土壤健康修复、休耕轮作、耕地智慧管理等关键技术突破研究，构建不同区域、不同类型耕地保育系统化技术体系。

3. 突破农业生物防控技术，提升农业生物安全保障能力　农业高校要加强植物病虫害快速监测预警、动物疫病病原快速诊断、人兽共患传染病防控等关键技术突破，形成我国自主可控的农业生物防控关键技术与战略性产品。

4. 突破智慧农业关键技术，提高我国农业数字化水平　涉农高校要重点加强新一代智能农机装备、农业传感器、智慧农场、智慧牧场等关键技术突破，发展智慧农业，促进农业数字化。

5. 突破农产品加工与食品制造关键技术，提升农业产业链现代化水平　涉农高校要发挥农工融合的学科优势，重点加强农产品新型加工、精深制造、智能控制、绿色制造和低碳生产等关键技术突破，开发高附加值的精深产品、健康食品、绿色制造、未来食品等新型产品，延伸农业产业链，促进现代食品产业发展。

三、把科技创新摆在更加突出地位,推进科学研究、人才培养和创新动力有机结合

我们要树立学校发展的系统思维和创新思维,充分领会"三结合"的逻辑关系,即发展科技第一生产力是高水平研究型大学的核心标志和国家目标要求,培养人才第一资源是自立自强的根本基础和大学职责所在,而增强创新第一动力是自立自强的制度保障和治理体系现代化所需。在具体工作中,要把科技自立自强战略作为研究型大学总体发展战略的核心任务来抓,要下决心补齐目前大学发展中科学研究、人才培养、创新能力三者结合不够紧密、体制机制不够灵活的短板,重点要处理好以下 3 个关系。

1. 处理好科技创新与人才培养的关系 当今世界的竞争说到底是人才竞争、教育竞争。人才队伍是决定科技自立自强的最关键、最活跃的要素。因此,要把培育具有创新意识、创新思维、创新能力的各类创新型人才摆在涉农高校人才教育更加突出地位。要立足立德树人的根本任务,大力弘扬中华民族的守正创新精神,倡导"择业为农、无上光荣"的人才教育理念,着力培养一大批懂农业、爱农村、爱农民的新型技术人才,扭转我国目前严重缺乏能够走向农村走入农户开展专业化全程化科技服务型乡村技术人才的被动局面。要坚持教学育才与科研育才的有机统一,实践开展创新型教育改革,以高水平科学研究带动高质量教育教学,改变目前涉农高校总体上教学教育与科技创新"两张皮"的现状。要大力弘扬中华民族科学精神、工匠精神,集中培养一批战略型创新人才和未来农业科技领军人才,筑起涉农大学"人才高峰",尽快改变目前我国涉农大学高层次战略型人才严重不足的局面。

2. 处理好科技创新与双一流建设的关系 综观全球大学发展趋势,世界一流大学必然是具有一流的学科水平,而一流的学科必须以一流的科技创新能力为支撑,拥有国际公认的原创性、引领性重大科技成果,在世界具有若干领域的话语权和主动权。建设世界一流大学和世界一流农业大学,都离不开形成一流的科技创新能力。涉农大学应当把科技创新水平摆在评估一流学科、一流大学的优先地位予以重视,要以实现农业科技高水平自立自强为导向,强化重大基础前沿研究,组织重大关键技术攻关,以科技创新引领一流学科建设,全面提升涉农大学自主创新能力,着力构建中国特色、中国气派、中国风格的现代农业学科体系、学术体系、话语体系。

3. 处理好科技创新与制度创新的关系 科技创新与制度创新呈现出"双螺旋"互动发展规律,正如习近平总书记指出的"科技创新、制度创新要协同发挥作用,两个轮子一起转",涉农高校要持续增强创新第一动力,其要义就在建立与科技创新自立自强相适应的大学创新体制机制,从制度上改变高校学术评价不够科学、人才评价体系不够完善、科技研究评价不适应新要求、成果转化政策不健全等制约科技创新的制度藩篱,深化内部创新制度改革,特别是人才评价政策、职称改革、科研绩效、企业合作、成果转化、国际合作等重大政策创新,构建新型的大学创新驱动发展制度体系,激发创新活力,增强创新动力,提升创新竞争力。

(本文发表于《科技日报》2021 年 07 月 26 日)

报告四

双轮驱动　走出中国农业自立自强之路

高旺盛
（中国农业大学农学院/国家农业科技战略研究院）

在开启全面建设社会主义国家新征程、向第二个百年奋斗目标进军的第一个五年，农业科技创新迎来了千载难逢的机遇，也面临前所未有的挑战。农业科技要深入贯彻落实习近平总书记关于创新驱动发展重要论述，面向未来，大力强化技术创新，深度推进制度创新，走出一条中国特色的农业科技自立自强发展之路。

一、瞄准未来农业科技制高点

高水平自立自强必须着眼于未来农业科技制高点和新兴产业高地，着眼于强化国际引领性技术和颠覆性技术竞争力，把握重点，集中突破。

1. 集中突破生物育种核心技术，打造现代种业科技强国　种子是农业的“芯片”，关系国家粮食安全。我们应确立“种业强农”战略，发挥举国体制优势，组织实施国家种业科技创新工程，强化合成生物学等基础前沿技术原创性突破，培育一批具有自主知识产权的核心种质资源和重大战略性新品种。实施现代种业企业再造工程，下决心培养造就具有较强国际竞争力的龙头种业企业。

2. 集中突破智能农业关键技术，打造数字农业科技强国　未来农业是数字化农业时代，农业数字化高端技术装备是新一轮“绿色革命”的重大变革性趋势。应集中组织实施以企业为主体、产学研联合的国家数字农业科技工程，集中突破动植物生物智能感知与智能传感控制技术，强化新一代智能农机装备、智能新材料等关键技术研发，开发应用智能农业机器人、农业无人机、智慧农场、智慧牧场、智慧渔场等系统化技术体系，全面提高数字农业自主创新能力。

3. 集中突破绿色农业关键技术，构建生态安全农业技术体系　未来农业是绿色农业时代，绿色低碳循环技术将成为提升世界各国产业绿色竞争力的关键所在。应组织实施耕地保育科技工程，系统部署重点农业区域保护性耕作、地力培育、休耕轮作、污染防治等关键技术研究，构建不同区域、不同类型耕地保育系统化技术体系；加强植物病虫害快速监测预警、动物疫病病原快速诊断等技术研究，形成我国自主可控的农业生物安全防控关键技术体系与战略性产品;加强节水农业、旱作农业、循环农业、水土保持农业等领域关键技术研发,构建适合我国国情的区域化、场景化绿色农业技术体系。

4. 集中突破食品产业技术,构建营养健康农业技术体系 应统筹部署食品产业科技工程,集中开发高附加值的精深产品、健康食品、绿色食品、未来食品等。支持数字技术+医疗健康+康养农业等新业态新领域研究,延伸农业产业链,促进现代食品产业发展,实现农业一二三产业深度融合,全面提升现代农业产业链水平。

二、加快推进农业科技制度创新

制度创新是实现高水平自立自强的必然要求。从创新驱动发展理论关于技术创新与制度创新双螺旋动力结构来看,高水平自立自强必须依靠深化改革和制度创新,没有高效、开放、畅通的创新制度和创新生态,就不可能实现技术创新。我国整体上农业科技发展的制度创新滞后于技术创新内生需求,必须下大力气推动农业科技制度创新改革。具体而言,应从以下几个方面发力。

1. 切实把农业科技工作摆在更加突出的地位 在国家科技总体布局中存在不重视农业基础研究,农业高新技术、农业科技周期长和风险大的特殊规律等问题,从而导致在国家各类科技计划中迄今为止没有农业领域重大基础研究计划、国家科技主体计划中农业领域项目财政投入比例连续下降、涉农高新技术企业发展缓慢等突出短板。因此,迫切需要切实转变观念,把农业科技创新摆在整个科技工作更加突出的地位,遵循农业科技创新规律,在项目安排、经费投入、立项机制等方面给予农业科技差异化强有力的政策支持。

2. 重点打造国家农业战略科技力量 整合优势单位,集中最精干的创新力量,集聚最优质的科技资源,优先布局生物种业国家实验室,在新一代农业生物技术与合成生物学、农业资源高效利用与绿色发展、数字农业与智能装备、营养与健康、农业生物安全与公共卫生等领域新增部署一批国家重点实验室和国家技术创新中心。布局建设国家农业种质资源库、农业大数据平台、野外科学观测站网络体系和科技重大设施等。

3. 培育壮大农业创新型领军企业 加快培育一批具有核心竞争力的农业创新型企业,建立农业创新型企业培育制度,支持涉农企业承担国家重大科技项目,支持发展农业高新技术企业;制定鼓励涉农企业自主创新的差别化优惠支持政策,推进科企深度融合、社会资本深度参与,推动科技人才向企业流动,创新要素向企业集聚。

4. 重组构建国家现代农业科技创新体系 要重组构建与农业科技创新特色相适应、产学研用一体化、产业链与创新链融合的国家农业技术创新体系。强化农业战略型、领军型和专业型等各类人才培养与支持力度,夯实高水平自立自强的人才培养储备体系;打造面向乡村振兴的主体多元、服务多样、能力互补的农业科技社会化服务体系;改革农业科技项目组织方式、投入机制及评估制度,构建新时期农业科技创新治理体系。

(本文发表于《科技日报》2021年03月25日)

报告五

我国耕地“非粮化”发展态势与对策研究

袁承程　李荣欣　刘黎明

（中国农业大学土地科学与技术学院）

实施耕地保护、确保国家粮食安全始终是我国发展的大事之一。随着人口不断增多和耕地逐渐减少，保证粮食安全不仅要确保耕地的数量和质量，也要确保有限的耕地资源用于粮食生产。近年来，我国农业结构不断优化，区域布局趋于合理，粮食生产连年丰收，有力保障了国家粮食安全。与此同时，部分地区也出现耕地“非粮化”倾向。农业农村部（原农业部）在关于政协十二届全国委员会第四次会议第 2454 号（农业水利类 219 号）提案答复的函中指出，耕地“非粮化”可以理解为农业生产结构调整，由原来种粮食作物调整为种经济作物和发展林果、养殖业等。2020 年 11 月，国务院办公厅印发《国务院办公厅关于防止耕地“非粮化”稳定粮食生产的意见》（国办发〔2020〕44 号）要求各地区要充分认识防止耕地“非粮化”稳定粮食生产的重要性紧迫性，采取有力举措防止耕地“非粮化”，切实稳定粮食生产，牢牢守住国家粮食安全的生命线。2021 年 11 月，《自然资源部办公厅关于开展 2021 年违法违规占用耕地重点问题整治的通知》（自然资办函〔2021〕2206 号）指出目前耕地“非农化”“非粮化”问题依然突出，把违法违规占用耕地绿化造林或将耕地转为园地等其他类型农用地问题作为重点整治问题之一。由此可见，我国耕地“非粮化”问题依然比较严重，现阶段防止耕地过度“非粮化”必须准确把握我国耕地“非粮化”的变化趋势、成因，采取有针对性的措施，才能切实解决问题。

一、我国耕地“非粮化”发展态势

（一）近十年耕地面积总体稳定但区域变化差异较大

根据《第三次全国国土调查主要数据公报》显示，截至 2019 年底，我国耕地面积已减少至 19.179 亿亩。相比“二调”，10 年间，我国耕地面积减少了 1.13 亿亩，主要转变为林地和园地。从耕地变化幅度分析，2009—2018 年，31 个省（自治区、直辖市）中有 22 个省（自治区、直辖市）耕地面积在减少，共减少 70.91 万公顷，是全国耕地净减少面积的 1.8 倍；其余 9 个省（自治区、直辖市）耕地面积在增加，共增加 31.54 万公顷，这说明总量动态平衡的政策目标基本实现,但存在区域性差异的客观现实。从各省耕地变化幅度分析,辽宁、吉林、山东、河北、河南、湖北、贵州、甘肃、云南、广西等省(自治区)耕地减少幅度均大于 2 万公顷。新疆、内蒙古、广东和湖南等省(自治区)耕地增加幅度均大于 2.0 万公顷,其中尤其以新疆最为突出,其耕地面积增幅为 12.05 万公顷。这说明中国耕地在空间变化上出现了新特征,不再是此前的“西增东减”,而是“东南与西北”增,而“中部”减的新现象。

从 2009－2018 年市域尺度耕地数量变化结果总体来看,中国市域尺度耕地面积呈现以“哈尔滨—郑州—昆明”带为中心,中心带以东地区耕地面积净减少,而中心带以西地区面积净增加,并且耕地净减少面积的总量(－16.74 万公顷)与西部地区耕地净增加面积的总和(17.11 万公顷)相接近。从 2009—2018 年市域尺度耕地变化平均动态度来看,中国耕地流失平均变化动态度值较高地区主要是中国的省会城市和重点城市,中国新增耕地平均动态度值较大的地区主要位于中国南方沿海丘陵地区的广东和浙江。从耕地变化热点区域识别结果来看,黄淮海平原区(北京、天津、河北、河南、山东)、长江中下游地区(上海、江苏、浙江、安徽、江西、湖北、湖南)和四川盆地及周边地区(四川、重庆)是耕地流失的重点区域。中国耕地减少发生在离主要城市中心距离 30 千米以内地区,而耕地增加主要发生在离城市中心 40 千米以外地区,这进一步说明城市化发展仍然是当前耕地减少的主导因子。

(二)全国耕地“非农化”现象并不突出,但是近年来农作物播种面积下滑明显

以农作物播种面积变化来反映耕地“非农化”变化趋势。从总体来看,1991—2019 年我国农作物播种面积呈现一个波动上升的趋势(图 3-2)。1991—1999 年全国农作物播种面积总体呈上升趋势,由 149 586 千公顷上升到 156 373 千公顷,上升了 4.55%。1999—2003 年,由于粮食价格的低迷和退耕还林政策的实施,农作物播种面积呈现下降趋势,从 156 373 千公顷下降到 152 415 千公顷,下降了 2.53%。2003—2016 年,我国农作物播种面积总体呈现上升趋势,从 2003 年的 152 415 千公顷上升到 166 939 千公顷,上升了 9.53%。但是值得注意的是 2016—2019 年,全国农作物播种面积呈现下降趋势,到 2019 年农作物播种面积为 165 931 千公顷,比 2016 年减少 1 008 千公顷,但仍比 1991 年全国农作物播种面积高 18 190 千公顷。这说明全国农作物播种面积稳定,耕地“非农化”现象并不突出,但是此下降的趋势需要引起重视。

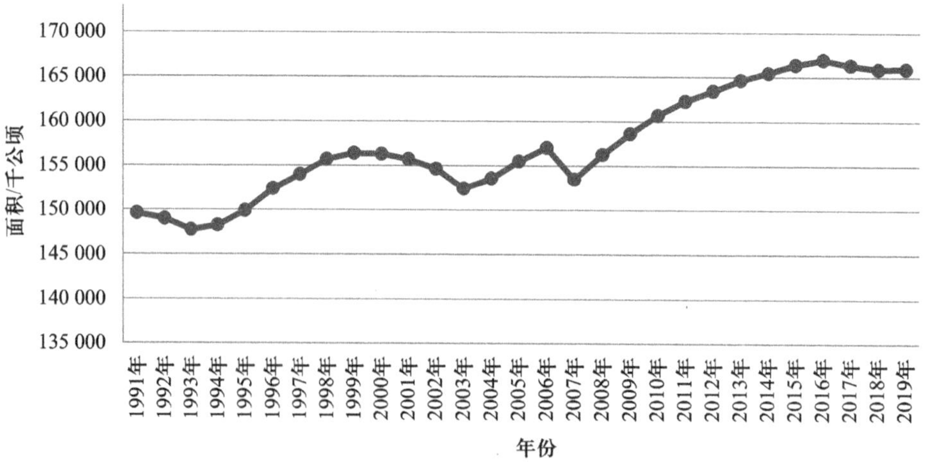

图 3-2　1991—2019 年全国农作物播种面积

(三)全国耕地"非粮化"现象并不明显,但是近几年粮食播种面积持续下降

以粮食播种面积变化来反映耕地"非粮化"发展趋势。从总体来看,1991—2019 年我国粮食播种面积经历了一个先下降再增长的变化过程（图 3-3）。1991—2003 年,全国粮食播种面积呈波动下降趋势,由 112 314 千公顷下降到 99 410 千公顷,下降了 11.49%,2003 年也是 1991—2019 年近 30 年中我国粮食播种面积最少的一年。2004 年以来,"中央一号文件"连续出台了有关稳定粮食生产的重要内容,并通过免除农业税、建立和完善农业补贴制度等多项措施,有效地调动了地方政府和农民扩大粮食生产的积极性。同时,国家也大幅增加了农业基础设施建设的投入,改善了生产条件。2003—2016 年,全国粮食播种面积稳步提高,由 99 410 千公顷提高到 119 230 千公顷,提高了 19.99%,2016 年也是 1991—2019 年近 30 年中我国粮食播种面积最多的一年。2016—2019 年,全国粮食播种面积在经历"十三连升"之后再次呈现下降趋势,由 119 230 千公顷下降到 116 064 千公顷,下降了 2.66%,但是,其粮食播种面积仍比 2003 年的 99 410 千公顷高 16 654 千公顷。说明全国粮食播种面积基本稳定,耕地"非粮化"现象并不明显,但是最近几年粮食播种面积在持续下降,需引起重视。

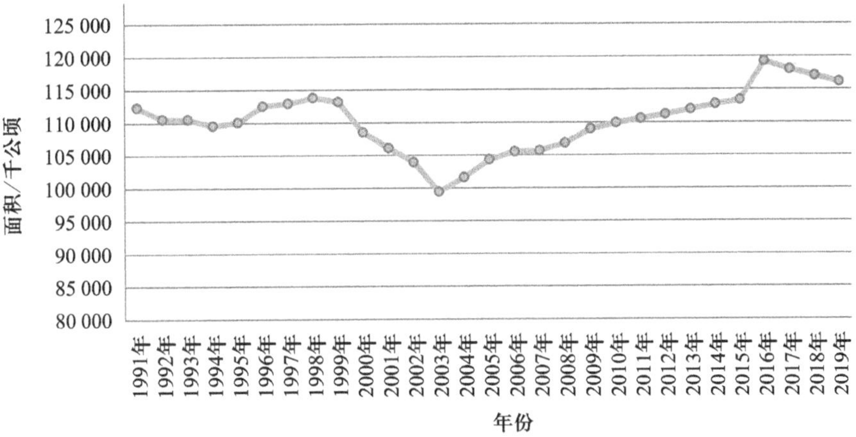

图 3-3　1991—2019 年全国粮食播种面积

(四)耕地"非粮化"区域特征差异明显

粮作比例,即粮食作物播种面积与农作物播种面积的比值,是反映耕地"非粮化"的重要标志,粮作比例越小,从横向对比说明耕地"非粮化"越严重。利用 2019 年全国各省份粮食播种面积与农作物播种面积数据,计算出各省份 2019 年粮作比例（图 3-4）。从各地区来看,2019 年华南区(广东、福建和海南)平均粮作比最低,为 0.471,其次,是云贵高原区(云南、贵州、广西),为 0.518,这说明这些区域耕地"非粮化"较为严重。而东北三省(黑龙江、吉林、辽宁)的平均粮作比最高(0.907),黄土高原(山西、陕西)的平均粮作比次之(0.806);黄淮海平原区(北京、天津、河北、河南、山东)的平均粮作比再次之,为 0.727,说明这些区域"非粮化"现象总体处于正常水平。但是,北京的粮作比为 0.525,在黄淮海平原区是最低的,需要特别注意。此外,还有一部分地区的粮作比处于中间水平,主要有长江中下游区(上海、江苏、浙江、安徽、江西、湖北、湖南)平均粮作比为 0.616,北方干旱半干旱区(内蒙古、宁夏、甘肃、新疆)平均粮作

比为 0.597,四川盆地及周边地区(四川、重庆)平均粮作比为 0.623,青藏高原区(青海、西藏)平均粮作比为 0.594,这些地区也同样要重视耕地“非粮化”现象。

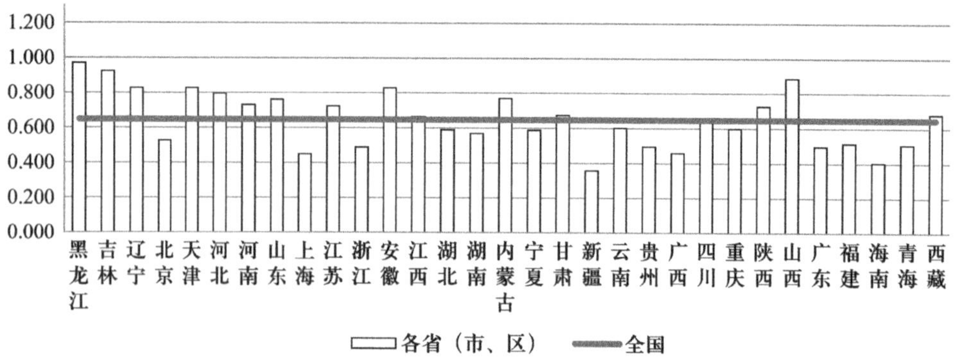

图 3-4　2019 年各省(市、区)粮食与农作物播种面积比值

应用粮作比例变化强度来反映 2019 年粮作比例与 1991 年以来最高粮作比例的变化幅度(图 3-5),该值越大,从纵向对比说明其“非粮化”程度也越大。经过分析,北京、海南、青海、福建、新疆、浙江、广西、上海等省份粮作比例变化强度变化较大,减少幅度均在 30%以上,其中海南粮作比例变化强度最大,为 41.24%。其他省份,如广东、重庆、贵州、云南、宁夏、西藏等地区粮作比例减少幅度均在 20%以上,这也间接可以反映这些区域的“非粮化”现象较为严重。江苏、湖北、湖南、内蒙古、甘肃、四川以及陕西等省份的粮作比例变化强度在 5%～20%。河北、山东、安徽、江西、山西、辽宁、河南的粮作比例变化强度都在 5%以下,黑龙江、吉林以及天津粮作比例变化强度为 0,说明这些地区耕地“非粮化”程度相对较轻。

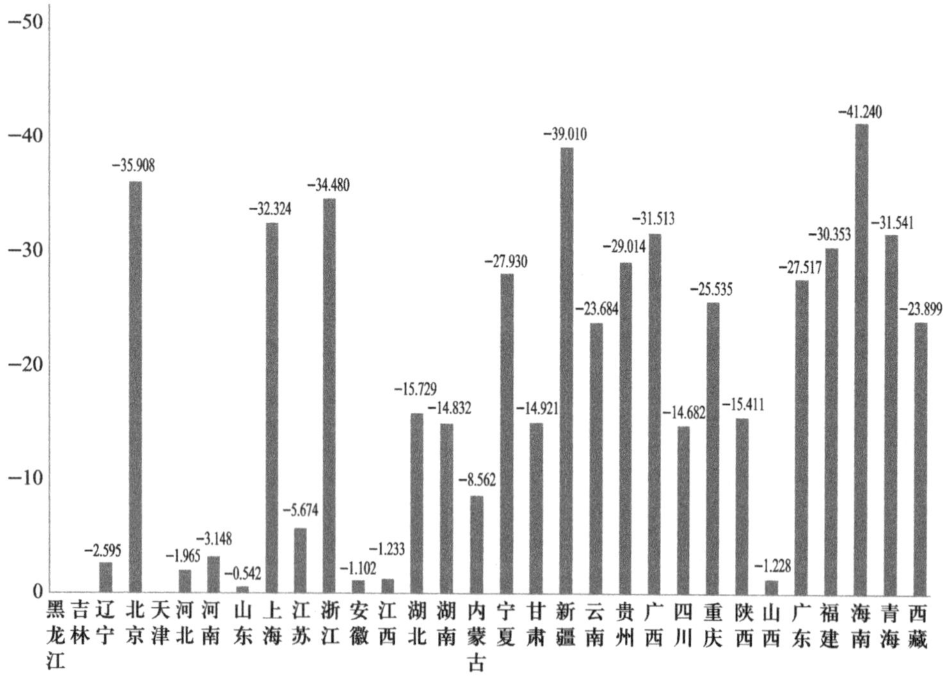

图 3-5　1991—2019 年各省(自治区、直辖市)粮作比例变化强度

二、我国耕地“非粮化”原因分析

在文献梳理总结的基础之上，本研究选取了我国东部、中部、西部地区4个区域实地调研耕地“非粮化”问题，通过上海青浦区、河南鲁山县、湖南桃江县和宁夏彭阳县实地调研，获得了531份农户调研问卷，认为耕地“非粮化”原因主要有以下几方面。

（一）种粮经济效益低是耕地“非粮化”根本原因

彭阳县和桃江县分别有94%和96%的被调研农户反映种子、农药、化肥、薄膜、机械等农业生产资料和劳动力价格的连年上升，农户种植粮食作物的成本越来越高，这一点也和历年《中国农村统计年鉴》中各地区农业生产资料价格分类指数相对应，而粮食收购价格仍相对较低，加之农户小规模分散经营，导致种粮收益下降甚至出现种粮亏损的情况。相反，种植经济作物，虽然投入成本较高，但收益也高，尤其是种植林业作物，不需要投入大量劳动进行打理，还能够解放劳动力外出务工获得额外收入。因此，农民会理性选择种植经济效益更高的经济作物或林木。

（二）耕地自然禀赋差是耕地“非粮化”直接原因

桃江县和鲁山县被调研的村庄普遍存在耕地面积普遍小、地块数量多、分布较为分散的现象，其中桃江县部分耕地重金属超标，且较难治理。彭阳县被调研村庄农民种粮面临的主要问题是水资源严重匮乏，是真正的“靠天吃饭”。桃江县有72%的被调研农户认为耕地质量较差或一般，鲁山县有78%的被调研农户认为耕地的基础条件较差或一般。据桃江县农民所述，部分耕地确实无法种植粮食作物，地中有较深的淤泥，脚踏进去后寸步难行，更不能用机械去种植和收割，因此这部分耕地不是被抛荒就是被挖塘养鱼。还有一部分地由于缺少灌溉设施而导致地里没有水，所以农户就会选择在这一部分地上种植树木。耕地自然禀赋差很大程度上会降低农民种粮积极性，因此各地应针对地区特点采取措施提高耕地质量。

（三）农业机械化水平低是耕地“非粮化”重要原因

农业机械化可以有效促进农民增收，降低劳动力投入。目前我国农业科技创新依然不足，农业科技发展相对缓慢，机械化普及率较低。由于我国不同地区地理和气候条件存在差异，加上农村人均投入水平较低，存在地域间的差别因素，决定了我国农业机械化在不同区域体现出不同的发展特点。有研究显示我国农业机械化空间区域差异明显，东部地区耕地占全国耕地总面积的32.1%，而农机动力拥有量占全国农机总动力的50.2%；西部地区耕地占23.7%，农机动力却只有15.3%。从实地调研结果来看，河南鲁山县、宁夏彭阳县和湖南桃江县都表现出农户农机拥有率偏低，许多农户目前是花钱请人帮忙耕种和收割或仍采用传统耕作方式，每亩地的成本也因此相对较高，所以在综合考量下农民就会放弃地势或者资源条件不好的耕地。我国农业机械结构也不合理，表现为运输的农机多，下田的农机少，适用于丘陵山地的农机少，能适应农业结构调整的新型农机少。

(四)制度不完善是耕地“非粮化”推动力

相关制度不完善进一步推动了耕地“非粮化”。一是农业补贴制度不完善,农业补贴依据不应是农户承包面积而应是实际耕种面积,目前也缺少对种粮大户的补贴激励机制。二是地方监测监管制度不完善,不能及时发现耕地“非粮化”问题,有些地方干部不能清楚认识到耕地“非粮化”的危害,为推动当地经济发展,甚至会鼓励农民种植经济效益高的农作物。耕地流转尤其是工商资本介入的存在不规范问题,政府对流转后的耕地缺少监管手段,农民或者农业企业可能就会种植适合的经济作物。三是农村劳动力短缺、老龄化、妇女化问题突出,越来越多农民选择外出务工,留在村里的老人、孩童无力承担繁重的农活,可能就会导致耕地抛荒。

三、防止耕地“非粮化”政策建议

(一)坚持惠农政策,增加农民种粮收益

耕地“非粮化”的根本原因是种粮食经济效益低,农户在经济利益驱使下选择种植经济作物或林木,因此提高农户种粮收入尤为重要。一是要提高粮食收购价格,避免“谷贱伤农”。二是加大粮食收购力度,保证粮食能够及时收购,不能让粮食坏在农户家里。三是要稳定化肥等粮食生产资料价格,不能让价格持续上涨。四是要增加各类农业补贴,提高粮食、粮种以及农业器械的补贴,增加补贴透明度。继续实施稻谷补贴和玉米大豆生产者补贴,继续推进三大粮食作物完全成本保险和收入保险试点。各类农业补贴要倾向种植粮食的农户,增强农业补贴的精准性和目标性。此外,相关部门要加强对惠农补贴政策执行的监管,保证补贴可以及时足额发放给农户。五是加强对种粮主体的政策激励,支持家庭农场、农民合作社发展粮食适度规模经营,大力推进代耕代种、统防统治、土地托管等农业生产社会化服务,提高种粮规模效益。

(二)坚持防微杜渐,加强常态化监测

耕地“非粮化”的防控首先从监测预防开始,各地应根据耕地“非粮化”实际情况建立“非粮化”常态化监测机制。利用先进的卫星遥感技术定期对辖区内耕地利用情况进行全方位检查,特别是对容易发生“非粮化”区域。自然资源督察巡查部门应加强巡查力度,发现耕地“非粮化”倾向及时制止,发现“非粮化”严重的情况要及时查处,对存在耕地“非粮化”问题的区域及承包经营户建立档案,定期进行检查,确保“非粮化”不再发生,做到防微杜渐。对耕地流转尤其是工商资本介入的实施跟踪监管,了解耕地种植情况,对私自改变耕地用途的行为进行严惩,确保永久基本农田被用于粮食生产。

(三)坚持藏粮于地,加强高标准农田建设

各地要严格执行耕地保护制度,细化耕地保护工作,构建数量、质量和生态“三位一体”的耕地保护格局。要根据实际情况尽量把具备耕种条件的耕地归入高标准农田建设中,组织开展全域土地综合整治,把灌排沟渠、土地平整、田间道路和生态环境保护等基础设施建设纳入

高标准农田建设项目中。通过各项整治措施提升耕地的质量，提高耕地产出率，把农民不能种、不想种的耕地利用起来。

（四）坚持藏粮于技，加强科技创新

科技降成本，科技提产量，科技增效益，农业现代化的发展离不开科技创新，粮食生产出路在科技进步。一是要育良种，选良方，培育和推广粮食作物新品种。二是要根据地区特点选择合适的节水灌溉技术，既要保证农田的有效灌溉，又能做到节约水资源。三是积极开展粮食生产薄弱环节机械化技术试验示范，着力解决水稻机插、玉米籽粒机收等瓶颈问题。四是在地势平坦的地区，加快推广农业科技成果，提高农业机械化率，推进规模化、产业化农业发展；在丘陵山地多的地区要加强农业科技创新，研发和推广适合山地的小型农机。

（五）坚持藏粮于民，发展新型高素质农民

耕地“非粮化”主要是农民的行为导致的，因此农民本身在解决耕地“非粮化”问题中扮演着重要的角色。事实证明，与高素质职业农民相伴的往往是高效率农业，农民自身转型为新型职业农民，是解决耕地“非粮化”问题重要途径。对此，要重视农村的教育、医疗条件，加强对农户的技术培训，并且保证农户在农业实践中用到新技术、新知识，实现农业的现代化和科学化发展。

报告六

关于强化农业企业创新主体地位的建议

李耕
（中国农业大学人文与发展学院）

党的十八大以来，党中央、国务院高度重视企业技术创新，相继出台了一系列激励企业技术创新的政策文件。为深入了解我国现有企业激励政策对涉农企业的适用性以及我国涉农企业的创新能力与现存问题，中国农业大学国家农业科技战略研究院设立了课题开展专题研究。课题组基于文献资料分析以及全国 198 份企业问卷调查，对我国农业企业自主创新能力进行整体评价，形成了专题研究报告。

一、我国农业企业技术创新现状

1. 农业产业化龙头企业已成为乡村产业振兴的生力军 截至 2020 年底，全国县级以上农业产业化龙头企业超过 9 万家，其中国家重点龙头企业 1 547 家，发展农业产业化联合体 7 000 多个，初步形成了国家、省、市、县四级联动的乡村产业“新雁阵”。2021 年，农业农村部启动第七批国家重点龙头企业申报工作，新认定 413 家企业为农业产业化国家重点龙头企业。2020 年省级以上龙头企业科技研发投入达 850 多亿元，极大地推动了乡村产业的转型升级发展，在助力农业农村现代化和乡村产业振兴中发挥着重要的引领作用。

2. 涉农企业研发经费支出不断增加但强度不够 随着近年涉农企业利润快速增长，企业研发经费支出也在逐年增加。从涉农企业的研发投入来看，2010 年中国规模以上涉农企业研发投入资金占利润比为 5.34%，2014 年投入比例为 4.98%。2019 年，我国 5.8 万个农业产业化龙头企业中，科技研发总投入约 991 亿元，但研发经费投入强度（企业 R&D 经费支出/主营业收入）仅为 0.72%，远低于国际平均水平（1%）和发达国家一般水平（3%～5%）。

3. 涉农企业自主创新能力弱仍然是我国农业现代化的短板 从农业企业自主创新投入来看，当前我国农业企业技术改造经费支出总额和技术引进经费支出总额占创新经费的 90%以上，这表明当前我国农业企业仍然停留在技术引进和技术改造的初级阶段，自主创新投入严重不足。从农业企业的研发成果占比来看，我国农业企业的发明专利数占专利申请数比例仅仅约 18%，远低于全国各行业的平均值。从科技创新的主体来看，大专院校与科研机构依然是我国农业科技创新的主力军，当前超过80%的农业科技创新成果由大专院校和科研机构完成。

二、我国农业企业发展与国际的差距

1. 企业规模总体偏小，集团化发展程度较低 与国外大型农业企业集团相比，我国农业企业在规模和数量上都有很大差距，企业档次总体较低、规模总体偏小，仍以中小型企业为主。相关数据显示，我国营业收入过百亿的农业企业仅有49家。我国共有企业集团2 627家，其中农业企业集团33家，而在国务院确定的116家国家试点大型企业集团中，农业企业集团只有6家。可见，现阶段我国农业领域中企业集团数量尚少，农业企业化正处于由起步转向快速发展的历史时期。

2. 农业技术水平较低，企业经营和发展水平相对落后 以荷兰、德国和美国等为代表的发达国家持续推动本国的农业科技创新，荷兰的农业科技创新贡献率达97%，德国、美国均超过了90%。然而截至2020年，我国农业科技进步贡献率刚迈上60%的台阶。由于国内农业企业长期以来对技术创新重视度不够，多数农业企业产品技术水平普遍较低，缺乏具有自主知识产权的核心技术，使得我国农业企业长期在中低水平技术层面上徘徊。

3. 农业融资体系建设不健全，企业难以获得信贷支持 国内农业企业面临融资难度大、融资成本高的问题。一方面，由于农业企业自身抵押资金不足、银行放款"从紧"、收款"从快"的信贷政策，导致大部分农业企业的资金需求无法得到满足；另一方面，由于银行等金融机构考虑放贷资金的安全性和收益性，农业企业在申请贷款时普遍存在审查时间长、要求多、利率高的现象，一些发展潜力较好的农业企业却难以得到信贷支持。

三、影响我国涉农企业技术创新的瓶颈问题

1. 农业企业整体技术创新基础条件不健全且内部差异较大 问卷调查显示，在研究机构设置方面，66.67%的大型企业已经拥有省级以上研发机构，或已建立独立研发机构但尚未获得省级以上认证。而在中小微企业中，未建立研发独立研发机构的比例分别为46.24%、44%和42.86%，甚至有13.33%和14.29%的小微型企业认为不需要建立独立研发机构。这表明，目前规模较大的涉农企业已经具备较好的技术创新条件，在技术创新中的地位和作用越来越凸显。而中小微企业的技术创新基础条件则明显弱之，一般不设立独立的研发机构，创新能力亟待提升。

2. 缺乏技术研发经费是农业企业面临的主要技术创新障碍 问卷结果显示，技术研发经费不足是调研企业反映最多的问题，41.08%的企业认为缺乏技术研发经费是企业开展技术创新活动的主要障碍，且普遍存在于不同规模企业中，尤其是中小微企业。一方面，由于中小微企业盈利能力较弱，且融资渠道单一，难以从日常经营利润中划拨技术研发经费；另一

方面，由于“卡脖子”技术研发投入大、周期长，而国家项目经费对民营企业支持较少，企业亟须政府的支持和引导。

3. 民营企业对科技创新人才吸引力不足 研发人员数量是衡量一个企业技术创新能力的基础指标，但分析发现，约 39.2%的农业企业面临科技人才短缺问题，且被调研企业中专科及以上科技人员总数仅为 0.9%，学历水平较低、研发人员投入不足等问题亟待解决。究其原因有二：一是与科研院校相比，民营企业(尤其是农业企业)在工资福利、职业发展规划和政策方面都缺乏吸引力，技术人才特别是应届大学毕业生不愿到农业民营企业就业；二是农业企业工作场所往往涉及条件相对落后的乡村，无法满足人才的生活需求及娱乐需求，因而难以吸引专业人才长期进驻到农业企业，难以形成高质量的技术研发团队。

4. 不同规模企业间技术创新意愿差距较大，小微企业缺乏自主开展创新活动的主动性 在被调研的 198 家样本企业中，大型企业中自主创新意识最强，88.9%的大型农业企业认为有必要投入农业科技研发，且对本企业有帮助。中型企业同样拥有较强的技术创新意识，认为有必要投入技术创新研发的企业占 81.72%。小微型企业的自主创新意识则明显不足，分别有 69.33%和 57.14%的小微企业支持科技研发投入，另有 21.33%和 28.57%的小微企业认为其缺乏研发经费，更倾向于直接引进和购买技术。说明受创新成本和经营规模的限制，小微企业“技术拿来主义”较为严重。

四、对策建议

从发展实践可以看出，涉农企业的技术创新水平除了受制于自身先天条件的不足，也受制于外部环境，政府在政策激励和直接扶持上仍有很大的改进空间。

1. 大力培育农业产业化龙头企业，提升涉农企业国际竞争力 作为现代农业经营体系中最重要的经营主体，农业产业化龙头企业是建设现代农业产业体系、提高我国农业的国际竞争力的关键。因此应选取一批经济实力强、科技含量高、发展潜力大、带动能力强的农业企业予以重点培育，引导龙头企业采取兼并、重组、参股、收购等方式，组建大型农业企业集团。一方面，加强对龙头企业发展的财税倾斜和要素支持政策。如设立创新种子基金，加大龙头企业融资扶持力度；通过贷款贴息、融资担保、股权交易、农业项目申报等方式，增加科技创新项目立项，支持龙头企业开展新品种、新技术和新工艺研究，推动科技成果转化；另一方面，制定龙头企业人才培训工程，培养一批具有全球视野和战略眼光的企业家，造就一批技术过硬、具备一定发展潜力的实干家。

2. 完善企业技术创新科研资金保障制度，激发企业研发投入积极性 首先，要构建以政府政策性扶持资金为引导、以企业资金投入为基础和以银行贷款作补充的研发经费保障制度，为农业企业科技创新提供更加多样化的金融支持。其次，要进一步推广设立农业科技成果转化风险投资基金，吸收社会资金进入农业科技创新创业投资领域，从而降低农业企业的科技成果转化风险，并为科技成果转化提供一定数量的资金。最后，根据不同规模企业特点给予适宜的经费扶持政策：对于大规模企业，应积极宣传落实研发费用加计扣除、高新技术企业所得税减免等各项科技创新政策措施；对于中小规模企业，由于还难以做到完全依靠自身实力建立技术开发中心，重点应更多放在设备引进上，将促进合作创新作为支持中小企业技术创新的主要手段。

3. 优化产学研合作模式，提升协同创新效果 一是加快建立农业中小企业公共技术平台，通过整合各部门的资源优势，弥补中小企业研发能力不足的问题。二是鼓励企业在高等院校、科研院所建立企业技术研发机构，根据自身发展需求适时调整合作方式，包括技术转让、技术开发、技术服务，以及人才培养、项目设计策划、共建研发平台等全面协作。三是引导建立利益与风险和谐共担的产学研合作机制，鼓励和支持企业与高校院所建立以技术入股、利润分成、销售额提成为主的利益分配模式，形成良性互动、利益共享和风险共担的长效合作机制。

4. 完善人才资源高效配置及合理流动机制，释放民营企业人才“虹吸效应” 首先要提升在企科技人员的福利待遇，破除民营企业在户籍、社保和子女就学等方面的政策壁垒，适当加大对民营企业的政策倾斜力度，实行“入职奖补”等政策措施鼓励毕业生到民营企业工作。其次是要破除科技创新人才向民营企业流动的体制障碍，探索建立长期性、合同制、弹性化的人才引进模式，通过保留岗位、为在企业兼职的科技人员设置单独的考核体系和待遇政策，从而保证驻企业科技人员能专心工作。最后是要赋予科研人员更大的人财物自主支配权，切实减轻科研人员在争取科研项目、找经费、应对各种考核和报销方面的负担，让科研工作者能支配更多经费、腾出更多时间投入到科研工作中。

报告七

长三角生态绿色一体化发展示范区碳达峰、碳中和战略研究

张亚雷　沈峥　石惠娴　杨顾坤　张中华　沈昊文
（同济大学新农村发展研究院）

一、研究背景和意义

习近平总书记在第七十五届联合国大会一般性辩论和气候峰会上提出，中国二氧化碳排放力争于2030年前达到峰值，努力争取2060年前实现碳中和。中央经济工作会议把碳达峰、碳中和工作作为2021年的八大重点任务之一。主动应对全球气候变化既是中国实现社会主义现代化的关键挑战，也是实现工业绿色化、城镇绿色化、农业农村绿色化和现代化的重大机遇。农业农村如何实现碳达峰、碳中和成为影响全局的重要环节。

农业领域存在温室气体的主要排放源，经测算，农业领域温室气体排放占比约为全国温室气体排放总量的15%。在保障粮食安全、推动社会经济持续发展、积极应对全球气候变化的前提下，要想实现农业农村碳达峰与碳中和，仍存在落实难度大，缺少专门政策、系列化标准和专业化持续研究平台等问题。

在国家自主贡献目标的框架下，中国农业农村部印发了《农业绿色发展技术导则(2018—2030)》，明确提出在2030年前，单位农业增加值对应的 CO_2 排放量降低30%以上的减排目标。研究机构通过模拟高速增长情景、政策规制情景和绿色低碳情景，预测在绿色低碳情景下，2020—2022年全国农业部门 CO_2 排放峰值水平在14亿吨左右，2030年会稳定在12.8亿吨左右。2021年8月23日，农业农村部、国家发展和改革委员会、科学技术部、自然资源部、生态环境部和国家林业和草原局联合制定下发的《"十四五"全国农业绿色发展规划》提出对标基本实现美丽中国建设目标，落实中央碳达峰、碳中和重大战略决策，科学谋划农业绿色发展目标任务，加快农业全面绿色转型升级。

农业一方面是重要的温室气体排放源，另一方面是温室气体的重要碳汇终端。推进农业农村领域减排固碳，降低农业农村生产生活温室气体排放强度，是全国碳达峰、碳中和的重要举措，也是潜力所在。农业农村是实现碳达峰、碳中和的重要领域，推进农业农村领域碳达峰、碳中和，是加快农业生态文明建设的重要内容，是落实乡村振兴战略的重要举措，是实现宏观

碳循环、碳中和的重要环节，是平衡国家工业、能源、交通及建筑等领域碳排放的重要手段，是全面应对气候变化的重要途径。

二、国内外案例

(一)日本生态循环农业稻作-畜产-水产三位一体模式

日本生态循环农业采取稻作-畜产-水产三位一体模式，即在水田种植稻米、养鸭、养鱼和繁殖固氮蓝藻的同时，形成稻作、畜产和水产的水田生态循环可持续发展模式。这种模式的做法是在种植水稻的早期开始养鸭，禾苗长大后，田中出现的昆虫、杂草等为鸭提供饲料，鸭的粪便作禾苗的肥料，又可为水田中的红线虫、蚯蚓、水蚤及浮游生物提供食物来源，同时又给鱼等提供饵料，从而实现生态循环。

(二)菲律宾玛雅农场以沼气工程为枢纽的产业集群模式

玛雅农场的前身是一个面粉厂，经营者为了充分利用面粉厂产生的大量麸皮，建立了养畜场和鱼塘；为了增加农场的收入，建立了肉食加工和罐头制造厂。随着农场的发展，经营主开拓了一块 24 公顷的丘陵地，扩大了生产规模，取名为玛雅农场。为了控制粪肥污染和循环利用各种废弃物，玛雅农场陆续建立起十几个沼气生产车间，规模从 8 英尺^3(1 英尺^3＝0.028 3 米^3)发展到 1 012 英尺^3，每天产生沼气十几万立方米，提供了农场生产和家庭生活所需要的能源。另外，从产气后的沼渣中，还可回收一些牲畜饲料，其余用作有机肥料。产气后的沼液经藻类氧化塘处理后，送入水塘养鱼养鸭，最后再取塘水、塘泥去肥田。农田生产的粮食又送面粉厂加工，进入又一次循环。一个大规模农工联合生产企业，不用从外部购买原料、燃料、肥料，却能保持高额利润，而且没有废气、废水和废渣的污染。这样的生产过程由于符合生态学原理，合理地利用资源，实现了生物物质的充分循环利用。

(三)英国海格洛夫庄园有机农产品品牌化系列化模式

英国海格洛夫庄园在伦敦以西 100 英里的格洛斯特郡，始建于 1796—1798 年。1980 年被查尔斯王子购买，1984 年开始有机农业试验，并创建自己的有机品牌“Duchy Originals”(公爵原味)。1992 年，庄园推出首个产品“Duchy Original Oaten Biscuit”(公爵原味燕麦饼干)，并不断发展生产出系列品牌产品——面包、熏肉、香肠、果酱、奶酪、新鲜牛奶、有机蔬菜脆片。产品从最初的燕麦饼干发展到多系列食品以及园艺用具、个人护理用品。如今，海格洛夫庄园几乎成为有机农业的圣地，源源不断地产出纯天然、非基因改造的有机农产品。

(四)德国生物动力农场种养加农工贸一体化模式

德国生物动力农场种养加农工贸一体化模式特色鲜明。飞燕农场以 68 公顷的牧草地，养着 70 头牛，其中 33 头为奶牛。牛粪是另外 53 公顷庄稼的重要肥源。牛奶、肉牛、黑麦、小麦、土豆及洋葱是农场的主打产品，卖给有机批发收购商。此外，农场种有蔬菜、香草，还养了 10

多头猪、一群鸡鸭和几十箱蜜蜂。农场把部分牛奶加工成酸奶和奶酪,并用传统木柴火面包炉烤面包。一部分农产品通过农场商店出售,附近居民都知道飞燕农场产出的东西好,驱车前来购买;另一部分通过周末市区的摊档售出。

(五)美国加州有机农场低碳绿色发展模式

美国加州有机农场种植大蒜、花椰菜、包心菜、青红辣椒、番茄等作物,该农场不使用化肥、化学农药而使用有机肥料生产农产品。有机肥堆肥及病虫害防治技术是其亮点:(1)有机肥料使用青草、木材加工厂木屑、小麦秸秆、畜牧场废物为原料,与黏土混合,用机器推出一个基床,上面铺一层秸秆、一层黏土、一层畜牧场废物堆埋,盖上塑料布,进行密封堆沤,当堆沤温度高达 66 摄氏度时,进行翻土降温,降低堆肥中的含氮量,当平均气温高于 15 摄氏度,时间达到 12 个星期后,有机肥即可使用。(2)防虫的方法为:叶背通常是害虫栖息的地方,用反光地膜将阳光反射到叶背面,使害虫失去容身之所;种植草和树吸引害虫的天敌,利用害虫的天敌捕杀害虫,可以减少农药的使用;使用真空吸虫机在作物上面转动,形成负压,吸出叶片上的害虫,亦可将害虫作为肥料的来源。

(六)中国留民营农业生态系统综合循环利用模式

中国留民营模式以农业生态系统综合循环为核心,通过农田菜园形成的蔬菜和玉米秸秆糠麸等废弃物形成饲料环供给养鸡场、奶牛场、养猪场和鱼塘,鸡粪、牛粪、猪粪及农户粪尿入沼气站发酵生产沼气、沼渣、沼液,沼气供给餐厅及工厂生活用能,沼渣、沼液和水形成的沼渣水作为有机肥灌溉农田、菜园、果园和苗圃等,农业废弃物在农业生态系统中循环利用,整个农业生态系统可以源源不断地生产肉、蛋、奶、鱼、粮、菜、果、苗、木等供应市场,还可以进行食品加工,生产出烧鸡、烤鸭、肉制品和酸奶等产品用以销售。

三、示范区现状与形势分析

(一)农业领域二氧化碳排放历史与现状

2015—2020 年,示范区农业活动温室气体排放以稻田 CH_4 和农用地 N_2O 为主,整体呈现下降趋势。如图 3-6 所示,示范区 2020 年温室气体排放量约 46.5 万吨 CO_2 当量,其中吴江区、青浦区和嘉善县温室气体排放量占比分别为 38%、32%和 30%。

(二)农业领域二氧化碳排放驱动因素分析

农业领域温室气体排放的驱动因素主要有稻田甲烷排放(占比有时可达 50.3%)和农用地氧化亚氮(占比达 47.2%以上);动物肠道发酵和动物粪便管理排放为次要因素,可占 5%以内。另外影响农业领域温室气体排放的驱动因素主要有品种选择、纬度、全生育期平均温度(移栽-抽穗期平均温度)、土壤 C/N 比、pH、颗(沙)粒含量、水分管理方式、土壤淹水时间、有机肥、化肥氮施用量、耕作制度、秸秆还田和综合利用等。

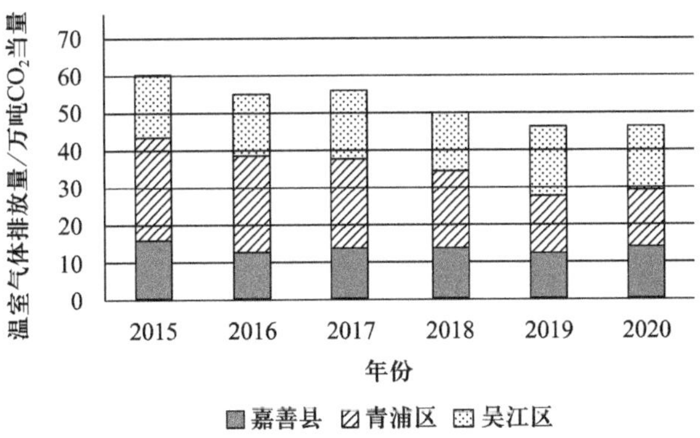

图 3-6　示范区农业活动温室气体排放情况

分析农业领域二氧化碳排放驱动因素，可知农业领域二氧化碳减排路径，一是应用合理农业管理措施（包括秸秆、生物炭或有机肥还田、茶果园生草覆盖等）和减少土壤侵蚀，提高农业土壤的固碳量；二是优化养殖结构，大力推广种养结合和生态健康养殖技术，不断改进和提升畜禽粪便等废弃物资源处理水平和还田率；三是合理发展农村生物质能源产业，利用秸秆、粪便、农村有机垃圾等废弃资源开发生物质能源，抵消农业生产的部分能源消耗；四是因地制宜发展有机农业，满足日益多样化市场需求的同时，实现农田生态系统从“源”向“汇”转变。

（三）农业领域二氧化碳排放发展趋势

应当采用循环生产模式来实现农业碳中和。作为碳源，农业温室气体排放主要来自化肥施用、大田种植、畜禽养殖和农业设施化石能源供能系统等。

据有关部门对中国生态环境部和农业农村部相关数据预测，全国农业CO_2排放峰值在14亿吨左右，至2030年稳定在12.8亿吨左右。农业带来的碳排放量占全国排放量的7%～8%，加上生产生活消费化石能源排放，农业农村温室气体排放量约占全国排放总量的15%。在稳粮增产促增收的大背景下，嘉善县稻田甲烷排放量整体不会有太大变化，农业机械化导致CO_2当量排放占比将超过10%；循环农业科技支撑元素沼气工程、种养平衡等技术的使用将带来变数。

农业已成为温室气体重要排放源之一，通过碳中和技术和区域协同作用加速农业农村碳达峰进程，势在必行。作为碳汇，农村绿色发展潜力无限，但受粮食用地的红线和人民对种类丰富的农副产品需求日益增长的双重约束，使得农业农村碳达峰、碳中和行动落实难度大、探索进程慢。

目前，存在影响碳中和技术研发与规模化产业化经济运行落实因素复杂，存在农庄分散现状与规模化减排效应相制约的矛盾，存在单位畜产品温室气体排放量高等问题，使得农业领域温室气体碳达峰和碳中和研究政策化、专业化和交叉化非常必要。应对气候变化是中国农业可持续发展的内在要求，也是中国乡村振兴的战略重点。

四、情景设置与结果分析

(一)农业领域情景设置、情景参数及结果

在图 3-6 基础上设置 4 个情景,即基准情景、情景 1、情景 2 和最优情景。

基准情景:在现状趋势基准上减排,农田氧化亚氮排放减少 20%,稻田甲烷排放减少 20%,2050 年化肥氮减少 40%,产量有所下降,2024 年实现碳达峰。基准情景二区一县碳达峰趋势预测结果如图 3-7 所示。

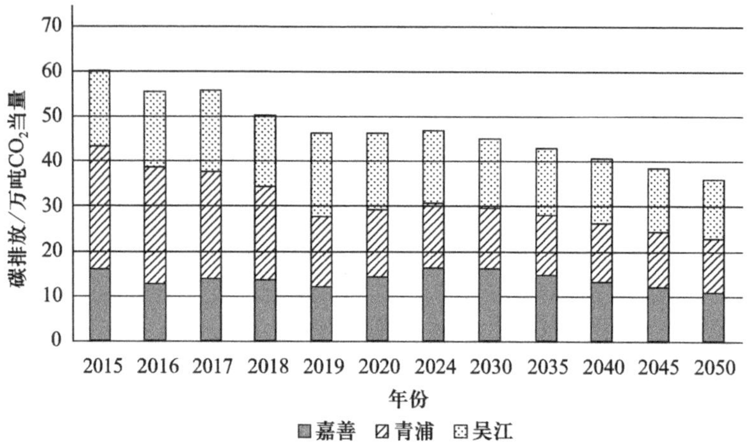

图 3-7 基准情景二区一县碳达峰趋势预测结果

情景 1:在现状趋势基准上减排,农田氧化亚氮排放减少 30%,稻田甲烷排放减少 30%,至 2050 年化肥氮减少 60%,调节土壤碳氮比,产量有所下降。情景 1 时二区一县碳达峰趋势预测结果如图 3-8 所示。

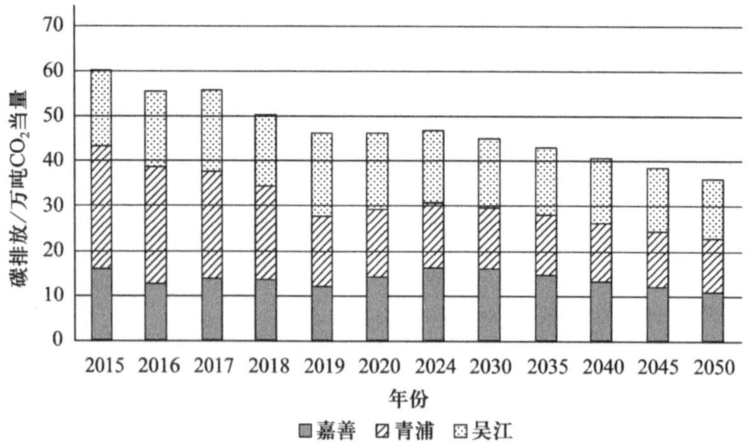

图 3-8 情景 1 二区一县碳达峰趋势预测结果

情景 2：在现状趋势基准上减排，农田氧化亚氮排放减少 40%，稻田甲烷排放减少 40%，至 2050 年化肥氮减少 80%，调节土壤碳氮比，产量有所下降。情景 2 时二区一县碳达峰趋势预测结果如图 3-9 所示。

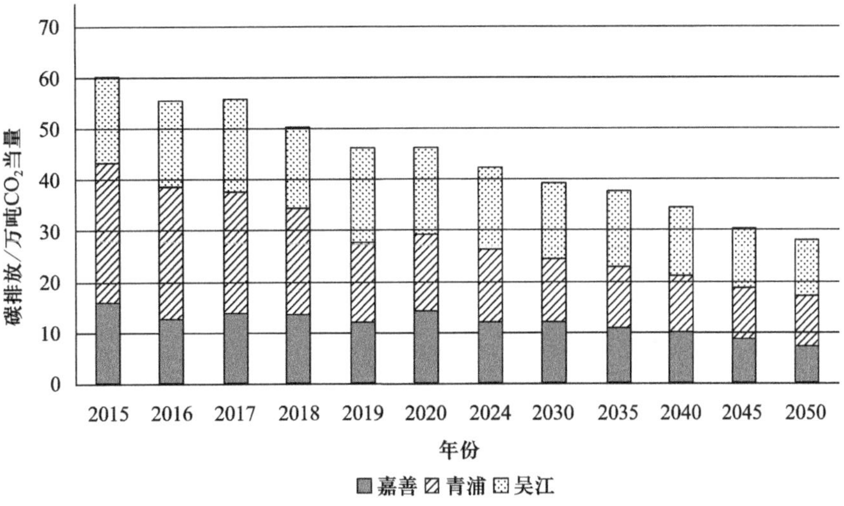

图 3-9　情景 2 二区一县碳达峰趋势预测结果

最优情景：在现状趋势基准上减排，农田氧化亚氮排放减少 50%，稻田甲烷排放减少 50%，调节土壤碳氮比最优化，至 2050 年化肥氮减少为 0，产量有所下降，2050 年实现碳中和。最优情景时二区一县碳达峰趋势预测结果如图 3-10 所示。

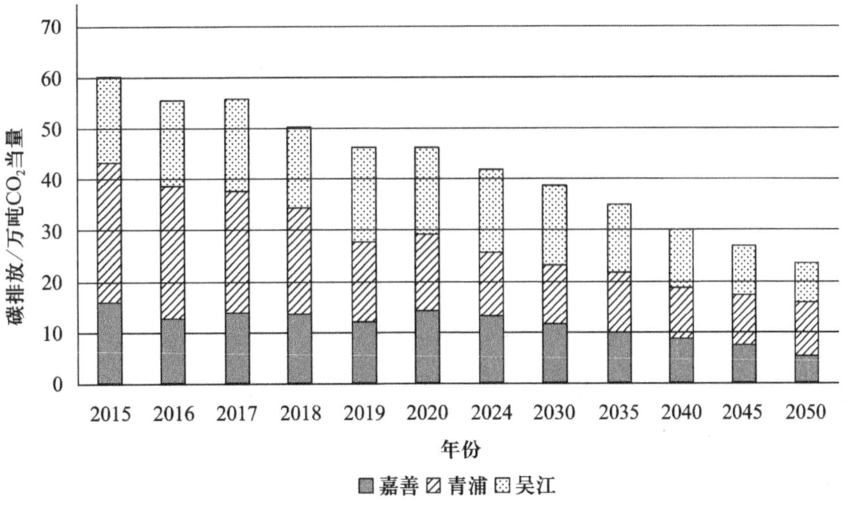

图 3-10　最优情景二区一县碳达峰趋势预测结果

(二)农业领域情景结果分析

由于二区一县政府及农业农村部门采取有力措施，二区一县 2015 年农业领域温室气体排放量总和为 60 万吨 CO_2 当量，2019—2020 年，农业领域温室气体排放量总和降为 46 万～47 万吨 CO_2 当量。

但农业有其自身特殊性,人口的刚性发展决定粮食产量直接影响国家粮食安全。在降低农业领域温室气体排放的同时要兼顾粮食产量的安全。二区一县农田作物产量历史趋势及未来最优情景预测如图 3-11 所示。

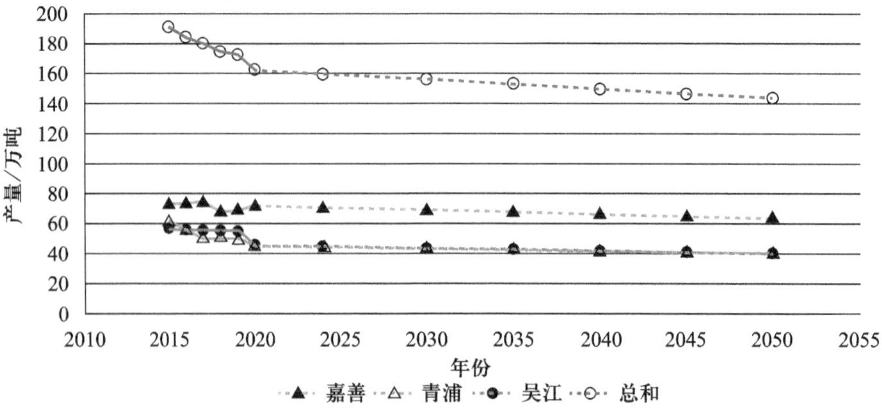

图 3-11 二区一县农田作物产量历史趋势及未来最优情景预测

因此二区一县未来农业发展和完成碳达峰和碳中和任务,必须在确保粮食产量安全的前提下进行。在现状趋势基准上减排,2050 年农田氧化亚氮排放减少 20%,稻田甲烷排放减少 20%,化肥氮减少 40%,作物产量有所下降,2024 年实现碳达峰。在最优情景下,在现状趋势基准上减排,2050 年农田氧化亚氮排放减少 50%,稻田甲烷排放减少 50%,调节土壤碳氮比最优化,化肥氮减少为 0,作物产量有所下降,加上农业土壤碳汇,2050 年实现碳中和。

(三)农业领域达峰目标和时间

农业领域影响因素复杂,存在碳源碳汇的双重作用,温室气体来源多样,难度大。情景分析表明,在保障农业绿色发展、农产品产量安全和农业生产经济高效前提下,示范地区二氧化碳排放可争取于 2025 年前达到峰值,努力争取 2050 年前实现碳中和。

五、农业领域技术路径与行动方案

(一)农业领域存在的突出问题

新中国成立之初,全国粮食总产量 2 000 多亿斤(1 斤=0.5 公斤)。2012 年,全国粮食总产量突破 12 000 亿斤大关。2015 年,全国粮食总产量突破 13 000 亿斤大关。2020 年,全国粮食总产量突破 14 000 亿斤大关。1980 年以来粮食产量年均增长速率 1.92%。

粮食刚性需求下的种植业问题突出,粮食刚性需求下化肥施用过量。我国是氮磷生产和消耗最大的国家之一。磷肥消耗量居世界第二位,钾肥的消耗量居世界第 4 位。自 1980 年以来我国化肥使用量由 1 200 万吨增长到现在的近 6 000 万吨,年均增长率近 5%,化肥的增速是粮食增速的 2.5 倍,12%的地区使用化肥都是过量的。秸秆综合利用产业化不足,存在秸秆遗弃、焚烧现象。土壤肥力逐年下降。化肥利用率低，流失严重。化肥利用率40%，集约化蔬菜和花卉种植区域，化肥利用率不足10%（国际上化肥利用率在45%～60%）。氮磷流失根源，是由于碳元素缺乏。健康土壤的标志是有机质含量至少在5%左右，一般土壤碳氮比在13左右比较好，我国目前土壤碳氮比在7～8。

针对示范区二区一县实际，二区一县也存在化肥使用量是粮食产量的支撑和化肥氮导致的温室气体排放占比较大的问题，也即种养不平衡及土壤碳氮比比例不平衡问题。另外，还存在秸秆多种形式利用途径较少，“五化”（肥料化、饲料化、基料化、能源化、工业原料化）利用率低，秸秆综合利用政策激励效果弱，秸秆还田方式和还田量控制较为粗放，秸秆总量较多和全量还田的压力问题。

（二）农业领域技术路径及行动方案

针对以上提出的突出问题，按不同农作物在不同生长期所需氮磷钾肥量进行配方施肥，按农作物生命周期实施全程综合管理。

1. 供需精准平衡　根据农作物单位产量氮磷钾养分需求总量精准化测算，摸清地力，估算农田废弃物消纳量及粪肥养分需求总量，测算畜禽粪污土地承载力，确定化肥和畜禽粪肥的精准化供给量。

2. 低碳梯次循环　发展各种适合当地资源特点的生物质废弃物梯次利用生态循环农业模式。发展以沼气工程为纽带的生态循环农业模式，农业废弃物用来养殖，养殖废弃物用来发酵，生产沼气低碳能源，沼渣消化液固液分离后生产有机肥循环还补农田。

3. 种养有机平衡　种养平衡和循环，种养结合——系统内资源化循环利用，用地和养地结合，形成种养物质循环，秸秆还田。有机碳重新回归到土壤，消纳有机废弃物的同时增加土壤有机质的含量，以碳调节氮，实现生物质小循环。增加土壤有机碳，可以减少化肥的用量，平衡养分的供应，提高土壤的保水保肥以及缓冲性能，提升土壤地力，提高肥料的利用率，防止养分的流失，通过种养结合方式实现物质和能量循环。通过畜禽粪便还田，促进有机碳的固定和储备，同时能够促进土壤孔隙的发育和土壤团聚体的稳定。畜禽粪便中含有一定量的氮量和磷量，相当于同期化肥使用量的79%和57%，可以打通种植业和养殖业循环链条。

开展农业相关领域创新行动，进行农业领域环境绿色低碳长期监测研究，构建与之相应的管理体系，加强源头控制，促进农业废弃物减量、无害化处理，促进碳减排目标实现。开展农业生物质废弃物与城市有机废弃物循环利用协同增效行动，构建区域固废减量与农业绿化有机废弃物循环利用协同增效机制。

开展农业有机化、农业相关环境治理与生态碳库建设协同增效行动，构建农业有机化、环境治理与生态修复协同工作机制，从顶层设计、系统架构、机制建设、战略布局、规划统筹、政策保障等方面，支撑双碳战略背景下农业、环境、碳汇等相关领域协同共建行动。

4. 三产融和发展　针对当地资源特点，示范种养碳源—碳汇循环一体化模式和技术，打造系列化品牌化绿色产品，促进一二三产业融合，打通从土地到餐桌绿色产品消费渠道，建立保障健康绿色食品供应体系，建立以生产健康食品为导向的废弃物梯次利用生态循环农业体系。

（本文被长三角生态绿色一体化示范区执委会采纳）

报告八

关于全面提升我国林草科技自主创新能力的建议

张守攻
(中国林业科学研究院)

2021年1月25日,习近平总书记向国际社会承诺中国将加强生态文明建设,确保实现2030年前二氧化碳排放达到峰值、2060年前实现碳中和的目标。习近平总书记指出,林业要为建设生态文明和美丽中国创造更好的生态条件,林业建设是事关经济社会可持续发展的根本性问题。这些重要讲话,明确了林业事业在实现"双碳"战略目标和建设美丽中国中的特殊地位和重要作用,也赋予了林业建设新的历史使命。新形势下,林业建设如何把握科技创新发展方向,提升林业科技支撑服务能力,须站在重塑林草科技创新体系战略支撑能力的重要角度进行深入研究。

一、强化林草科技自主创新的紧迫性

1. 国家生态安全面临新形势 森林是陆地生态系统的主体和重要资源,是人类生存发展的重要生态保障。当前,我国森林面积33亿亩,森林覆盖率23.04%,森林蓄积量175亿米^3。而陆地生态系统碳储量为792亿吨,年均固碳2.01亿吨,可抵同期化石燃料碳排放的14.1%,其中森林贡献约80%。经估算,到2025年和2030年,我国森林蓄积量应达到180亿米^{3}和190亿米^3。我国森林面积中有63.55%为天然林,其中,中幼龄林占53.94%,且超70%的天然林处于退化状态,森林结构稳定性低、质量差、生态脆弱等问题突出。未来我国生态安全仍面临供求矛盾、森林结构性矛盾加剧,"双碳"目标压力紧迫等挑战,需优先实施陆地生态系统碳汇功能提升战略,强化生态安全科技支撑能力。

2. 林草资源管理遇到新问题 "双碳"目标的实现,陆地生态安全的保障,源于森林资源的精准刻画和高效经营。但当前,森林、草地、荒漠、湿地等资源遥感监测,仍停在"目视解释"、按森林类型区分森林质量等级的水平;国产卫星遥感数据定量化处理、时空连续性参数产品生产、面向"双碳"目标的生态系统碳汇监测产品等,严重依赖国外卫星数据和智能分析平台。因此,迫切需要结合我国森林资源监测需求,构建基于国产遥感数据的林业资源环境参量监测和数字化分析平台,全面提升林业资源智能化科技服务水平。

3. 林草绿色发展亟待新升级　作为林产品生产大国，林草产业在国民经济和社会可持续发展中具有不可替代的作用。当前，全国林产总产值超 8 万亿元，林产品对外贸易额达 1 600 亿美元。但木材资源结构性短缺，对外依存度超 55%；林业生产方式粗放，产品国际竞争力弱。林业资源利用率的提高，林业可持续发展基础的夯实，必须依靠绿色环保生产技术创新，发展生物材料、生物能源等战略新兴产业，促进林业产业转型升级。

二、林草科技自主创新的战略重点

我国林业科技在国际上总体处于“局部领跑，跟进并行”阶段，仍需提质增效。未来林业建设应瞄准高水平自立自强，着眼发展林业科技自主创新战略重点，着力增强引领性和颠覆性技术竞争力，把握重点，力求突破。

1. 集中培育可堪大用的林木良种，打造林木种业产业化平台　林木种质资源是国家战略性、基础性资源。全球 5% 的增绿面积中至少有 25% 源于中国，其中应用良种营建人工林贡献巨大。但我国人工林良种使用率偏低，每公顷蓄积量仅为世界平均水平的 53.91%。建议统筹林草生物育种重大工程，开展林草优异种质资源形成基础与挖掘创新、精准高效育种关键技术等研究。攻克基因编辑、全基因组选择、智能设计育种等核心技术，建立现代高效生物育种体系，创制资源高效高抗战略性品种，并实现产业化，锻造种业国家战略科技力量，确保国家生态安全和木材安全。

2. 着力提升陆地生态系统碳汇功能，提供“双碳”目标林业方案　提升森林生态系统固碳增汇功能是落实国家“双碳”目标的重要举措。因缺乏统一的森林碳汇计量标准和指标体系，目前森林碳汇潜力的计算存在精度低、尺度转化难、通用性差等问题。建议实施陆地生态系统碳汇功能提升重大工程，建立森林碳汇计量监测体系，实现我国森林生态系统碳储量与碳汇潜力的精准预估，构建森林多功能经营技术体系，协同提升森林固碳增汇及多种功能。提出森林增汇减排技术途径及对策，为服务“双碳”目标提供解决方案。

3. 集中突破智慧林业关键技术，谋划林业资源数据化利用发展前景　国家和行业部门亟须的林业资源大空间、高频率的数据支持，目前无法融汇不同类型的遥感数据源，缺乏资源重要特征指标自动化提取的分析算法。建议针对林业资源特征，构建网络化全程数据管理服务平台，突破多源数据解译结果展示、智能搜索与图形化分析关键技术，发展林业资源高分辨率时空监测和智能分析系统，为重点生态功能区管理利用提供基础数据支撑，为国家和行业部门提供亟须的监测决策信息。

4. 大力发展绿色林业关键技术，构建生态安全林业技术体系　绿色发展与乡村振兴战略赋予了林业产业新的历史使命，亟须提出“绿水青山就是金山银山”的林业路径。建议加大科技创新力度，研发木质节能低碳建材制造、林木资源生物炼制与负碳高效转化、大容量生物基储能炭材料制造等关键技术，形成产业链绿色发展技术体系，增加绿色生物质产品供给，打造绿色经济增长点，支撑绿色发展和乡村振兴。

三、政策建议

(一)实施林草重大科技工程,服务国家重大战略需求

围绕生态安全、木材安全、乡村振兴和“碳中和”目标等重大战略需求,组织实施林草生物育种、陆地生态系统碳汇功能提升、林业产业绿色制造等重大科技工程,突破制约林业高质量发展的重大科学问题和技术瓶颈,创制资源高效高抗战略性品种,增强森林生态系统碳汇能力,引领林业产业转型升级,支撑绿色发展和美丽中国建设。

(二)构建现代林业产业技术体系,创新林业科技服务模式

重点选择 15 大用材树种,15 大经济林树种和 10 大林产品,以产业为主线,布局产业技术体系。针对每个树种和林产品,设置国家产业技术研发中心和首席科学家岗位,下设若干专业研究室和试验基地。研发中心主要开展基础、关键和共性技术攻关,试验基地主要开展集成技术试验示范。建立稳定的国家财政支持机制,构建长期稳定的林业产业科技投入新模式。

(三)加快林草科技平台建设,增强自主创新后劲

建设一批战略定位高端、组织运行开放、创新资源集聚的科技创新平台,打造林业科技国家战略力量。夯实林木遗传育种国家重点实验室,在森林生态、木材化学与物理等领域新建若干国家重点实验室。加强现有国家野外站能力建设,新建一批基础好、有潜力的国家野外站,着力培育野外科学数据的“百年老站”。

报告九

分子设计育种的科技问题及其展望概论

景海春[1,3]　田志喜[2,3]　种康[1,3]　李家洋[2,3]
(1. 中国科学院植物研究所;2. 中国科学院遗传与发育生物学研究所;3. 中国科学院大学)

一、国内外研究现状

(一)全球粮食安全依然面临挑战

粮食为人类提供了最根本的需求,是决定社会发展的关键因素。通过人类的不懈努力,全球粮食生产能力持续提升,尤其是工业革命以后,世界粮食总产有了质的飞跃。以中国为例,其主要粮食作物——水稻的年产量从1950年的5 700万吨(年人均约100千克)增加到现在的2亿多吨(年人均约140千克)。然而,在世界粮食总产不断提升的同时,饥饿和营养不良问题仍然持续困扰着亿万民众,粮食安全问题依旧存在。当前世界两大特征影响未来粮食安全:①人口数量增加、中高等收入群体占比上升和膳食结构变化带来的全球食物安全问题(Hickey et al.,2019)。到2050年,世界人口预计接近100亿,比2020年增加近20亿;中等收入家庭占比将由7.8%上升到9.7%,高等收入家庭占比将由3.2%上升到5.6%。与此同时,膳食结构中,动物性蛋白质需求大幅度增加,随之产生的植物类的饲料需求剧增,同时,在生产、加工、运输、存储和消费习惯方面带来的食物浪费十分严重。这些变化深刻影响着全球食物安全,据测算,食物总量需要增加1倍才能满足100亿人的吃饭问题(Ray et al.,2013)。②全球变化深刻影响着农业的发展。全球范围内,灾害气候频发、耕地资源减少、水资源变得越来越匮乏,这些都从不同的层面要求提高食物生产效率(Kalkuhl et al.,2016;National Council U.S.,2011)。

据2020年《世界粮食安全和营养状况》(FAO et al.,2020)估计,2019年饥饿人数近6.9亿人,新冠(COVID-19)疫情导致的可能饥饿人数新增超过1.3亿人。同时,人类生活方式和食物消费的改变导致了隐性饥饿现象的出现,高昂的粮食成本和低经济收入致使30亿人无法吃上健康、有营养的食物(Nair et al.,2016)。在撒哈拉以南的非洲和南亚,57%的人口无法支付健康膳食的成本(高于日均1.90美元的国际贫困线),欧洲、亚洲和北美洲也同样包括这类人群或食物不足人群。与此同时,全球有 3 800 万 5 岁以下儿童超重,肥胖已在成人中呈全球蔓延趋势。严峻的人口、资源和气候灾害问题,使全球粮食安全问题面临严峻的挑战(Foley et al.,2011;Gerland et al.,2014;Godfray et al.,2010;Tilman et al.,2001;Wallace et al.,2018)。

(二)育种技术发展

种子是农业的"芯片",良种对我国粮食增产的贡献率超过 40%(孙强等,2013)。世界生物育种技术发展已经历了 3 个主要阶段:原始驯化选育(1.0 版;通过人工选择,优中选优,将野生种驯化为栽培种并进一步选育为优良品种与种质)、常规育种(2.0 版;包括杂交育种、诱变育种、杂种优势利用等育种方法。杂交育种是通过父母本杂交并对杂交后代进一步筛选,获得具有父母本优良性状的新品种新种质;诱变育种是人为利用物理、化学等因素,诱发亲本材料产生突变,从中选育具有优良性状的新品种新种质)、分子育种(3.0 版;将分子生物学技术手段应用于育种中,通常包括分子标记辅助育种、转基因育种和分子模块育种等)。现在正在向设计育种或智能化育种(4.0 版;将基因编辑、生物育种、人工智能等技术融合发展,实现性状的精准定向改良)发展。

纵观育种技术发展历程,每一次技术的革新都与基础理论的突破密切相关。对不同作物的原始驯化选育可以追溯到数千年至上万年前,但真正意义上的科学育种并由此发展起来的农业产业始于孟德尔遗传定律的重大发现。最早的育种研究论文可以追溯到 1905 年 Biffen 发表的关于小麦育种的研究(Biffen,1905)。20 世纪 30 年代的玉米杂交育种和 20 世纪 60 年代矮秆基因的成功应用成为杂交育种的里程碑。常规育种在过去近百年中对农业的发展起到了巨大的推动作用,但常规育种存在育种周期长、遗传改良实践效率偏低的缺陷,整个育种周期一般需要 8~10 年(Gao,2021)。1953 年,DNA 双螺旋结构的解析标志着生命科学研究进入分子水平阶段。而基于分子生物学理论的分子育种发源于 20 世纪 90 年代初,得益于 DNA 分子标记技术的开发和转基因生物育种技术的发展,特别是以功能分子模块和可遗传操作为特征的分子模块育种,大大增加了育种的目标性,明显缩短了育种周期,品种培育效率得到大幅度提高。2005 年后,新一代测序、基因组编辑、单倍体制种等为代表的新技术的出现,全面改写了作物育种的理论与策略,分子设计育种应运而生。分子设计育种将生物遗传学理论与杂交育种相结合,基于对控制作物重要性状的关键基因及其调控网络的认识,利用基因组学、表型组学等多组学数据进行生物信息学的解析、整合、筛选、优化,从而获取育种目标的最佳基因型,最终高效精准地培育出目标新品种(Meyer et al.,2003)。分子设计育种彰显出比传统杂交育种更为突出的优越性,尤其是整合了基因组编辑技术,可将育种周期缩短至 2~5 年,大大提高了育种效率,已经成为作物育种新发展方向(Gao,2021)。

上述不同育种发展阶段,在理论与技术探索方面有着不同的特征。对全球 4 万篇作物育种文献的分析表明(图 3-12),在人工选择与常规育种的时代,科技论文的数目较少,仅为 91 篇,增长缓慢。随着转基因生物育种与分子标记辅助育种技术的出现带来了科技论文数量的增加,1991 年发文量突增至 355 篇并逐步增加到 2005 年的 851 篇。自 2006 年后,科技论文数量进入直线快速增长阶段,充分反映了新理论与新技术带来的全面科技创新与知识信息大爆炸。中国现代作物育种尽管起步晚于西方,但发展迅速,尤其自 2003 年,我国科学家倡导并率先发展了以水稻为模式的作物育种基础理论与技术研究,中国成为水稻等作物育种技术及其理论研究的引领者。迄今,我国作物育种科技论文已达 7 967 篇,位居第二,仅次于美国的 10 690 篇。

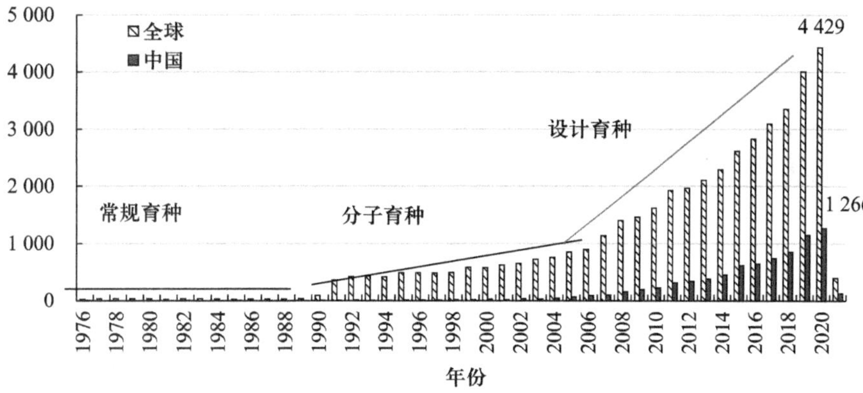

图 3-12　全球不同作物育种阶段研究发文态势

作物育种大致分为经典人工选择与常规育种、分子育种（包括转基因育种）和分子设计育种等阶段。每个阶段都蕴含着理论与技术的突破，体现在科技发文数量增长上的不同特征。

（三）我国分子设计育种最新进展

近 10 年来，我国先后启动了多个分子设计育种相关的项目，例如中国科学院启动实施的战略性先导科技专项（A 类）“分子模块设计育种创新体系”“种子精准设计与创造”项目，科学技术部启动实施的“七大农作物育种”项目。通过项目实施，我国在作物基因组、水稻理想株型、水稻杂种优势、养分高效利用、作物-微生物互作、作物基因组编辑和分子改良等方面均取得了一系列突破性成果，在部分研究领域已经处于世界引领地位（Zuo et al.，2020；Gu et al.，2021）。

我国是较早启动植物基因组研究的国家。自 1998 年参与国际水稻基因组测序计划以来，我国科学家先后主持和参与了水稻、番茄、大豆、马铃薯、油菜、棉花、黄瓜、小麦、苜蓿等主要粮食作物和经济作物的全基因组测序和功能注释，并呈现从参与到主导、从研究非主粮作物到主要作物、从研究地区性作物到全球性作物的态势，在植物基因组学研究领域已处于国际领先地位。利用基因组学分析手段，在水稻种质资源演化、重要农艺性状的全基因组关联分析方面取得了一系列重要成果。由我国科学家主持的小麦基因组测序的完成和基因组精细图谱的绘制（Ling et al.，2018；Ling et al.，2013；Luo et al.，2017；Zhao et al.，2017），为世界科学家对小麦生长发育和遗传改良的基础研究奠定了重要基础。最近，我国在泛基因组研究领域也取得一系列重要进展，如在大豆和水稻中实现了图形结构基因组的构建，使得对基因组信息的认知从一维转变为二维，将开启基因组研究的一个新方向（Liu et al.，2020；Qin et al.，2021）。

在植物激素和生长发育信号研究领域，独脚金内酯控制作物分枝和株型建成的信号途径研究取得了重大突破，分离鉴定了水稻理想株型的主效基因 IPA1（Jiao et al.，2010），揭示其调控水稻株型形成的分子机理（Song et al.，2017），是该研究领域的一项奠基性重大发现。在作物应对生物和非生物胁迫的响应机制研究领域，挖掘了水稻抗褐飞虱等抗虫基因，发现水稻感受低温的重要基因 COLD1 及其人工驯化选择的 SNP 赋予粳稻耐寒性的新机制（Ma et al.，2015）。在植物光合作用研究领域，解析了植物光系统 II、光系统 I 与捕光天线超分子复合物（LHCI）等蛋白质结构，阐明了光能吸收、传递和转化机制、揭示了叶绿体蛋白质转运新机制（Qin et al.，2015）。在植物生殖发育研究领域，我国科学家发现的植物受精过程中雌雄配子体信号识别和水稻雄性不育的调控机制。在资源利用效率研究方面，我国科学家发现决定水稻氮利用效率的氮高效基因 NRT1.1B、GRF4、NGR5、OsTCP19 等(Liu et al.,2021;Wu et al.,2020;Li et al.,2018;Zhang et al.,2019)，将有望推动氮素高效利用新品种的培育，为我国粮食安全和生态安全提供重要的基因资源。

我国科学家在世界上率先实现对水稻、小麦、玉米、大麦等农作物重要农艺性状的基因组编辑，成功实现了水稻、玉米和小麦等重要农作物的定点突变、替换、插入、单碱基点突变、精准过表达等各种基因组编辑操作。首次建立植物 CRISPR/Cas9 基因组编辑技术体系(Shan et al.,2013;Feng et al.,2013);建立了 DNA-free 转化的安全作物基因组编辑育种技术。利用基因组编辑技术创制了抗白粉病小麦(Wang et al.,2014)、香米(Xu et al.,2021)、高维生素 C 生菜(Zhang et al.,2018)、不同糖分草莓(Xing et al.,2020)等新种质;构建了作物高通量育种技术(Liu et al.,2019)、建立抗病毒育种新方法(Ji et al.,2019)，实现了四倍体水稻的快速定向驯化(Yu et al.,2021)和番茄的从头驯化(Li et al.,2018)。最近，我国科学家揭示了护卫 CRISPR-Cas 的全新毒素-抗毒素 RNA 系统(Li et al.,2021)。这些理论和技术的积累为我国未来新作物的创制打下了良好基础。

在分子设计品种培育方面，水稻重要农艺性状的分子模块理论及其育种应用上取得的成果尤为突出，走在了分子设计育种的前沿。2015 年以来，中国科学院李家洋团队与合作者利用“水稻高产优质性状形成分子机理及品种设计”理论基础和品种设计理念，成功培育出高产、优质、高抗的“中科发”系列和“嘉优中科”系列等新品种，为水稻和其他农作物的精准高效分子设计育种起到了示范与引领作用;中国农业科学院万建民研究团队利用粳稻品种 Asominori 为背景、籼稻品种 IR24 为供体的 65 个染色体片段置换系(CSSL)开展水稻粒长和粒宽性状的 QTL 分析，根据 QTL 分析结果设计出大粒目标基因型，并提出实现目标基因型的最佳育种方案，于 2008 年选育出携带籼稻基因组片段的大粒粳稻材料(Wan,2006;Wang et al.,2006)。同时，小麦、大豆等作物的分子设计育种也取得了一定的进展。中国科学院成都生物研究所小麦研究团队通过耦合抗条锈病分子模块、无芒性状分子模块和矮秆分子模块育成了抗倒、抗病、优质、无芒、适宜机械化收割的小麦新品种“川育 25”。2016 年，通过耦合大粒分子模块和抗条锈病分子模块，该研究团队培育出“科麦 138”，使得产量比对照品种提高超过 10%，被列为四川省主导小麦品种。通过导入糯性分子模块和低 PPO 分子模块培育出“中科糯麦 1 号”，实现了优质、高产、抗病等多个优良性状的有机结合。这些小麦新品种的推广，对我国西南地区小麦升级换代起到了引领作用(傅向东等,2018)。中国科学院遗传发育所田志喜团队将大豆四粒荚分子模块 *ln* 导入不含该模块的大面积主推底盘品种“中黄 13”和“科豆 1 号”中，培育出四粒荚比例和产量都明显增加的“科豆 17”等系列大豆新品种。中国科学院东北地理所刘宝辉团队结合分子模块育种理念，通过将早熟模块 *e1-as* 导入底盘品种中，选育了中早熟、高油、高光效、高产品种“东生 77”，早熟、高油、高产品种“东生 78”和高油高产品种“东生 79”(田志喜等,2018)。最近，中国农业科学院黄三文团队利用基因组学大数据进行育种决策，建立了杂交马铃薯基因组设计育种流程(Zhang et al.,2021)。

二、未来发展趋势

分子设计育种是结合多学科交叉实现的新型育种方式，是未来作物育种的不二选择，它的精准性、高效性都将带领作物育种进入一个新的时代。

(一)新型生物技术将不断颠覆育种理念

传统杂交育种技术从本质上是以染色体重组交换为基础，通过相关基因优化组合来创造优良品种的过程，但是存在重组交换频率低、重组位点分布不均、有害等位基因连锁等弊端。近年来出现的以 CRISPR/Cas9 系统为代表的基因组编辑技术极大地拓宽了动植物育种的方式方法，使“无重组育种”成为可能，从而揭开了动植物育种新的篇章。基因组编辑技术利用位点特异性核酸酶在生物基因组定点突变，科学家可以根据设计蓝图在作物基因组已有基因的特定位点上改变、添加或者删除 DNA 序列。基因组编辑技术不仅可以快速优化组合天然变异，且可以引入人工合成变异，从而拓宽了相应的作物表型变异。基因组编辑技术因其操作简便迅速在作物育种中得到应用。在美国，利用基因组编辑技术培育的抗褐变蘑菇、苹果与马铃薯均已上市。基因组编辑技术也培育出高 ω-3 不饱和脂肪酸含量的亚麻荠品种。美国政府已明确指出，将不会对基因组编辑作物实施区别于传统作物的特殊安全监管，因此大量基因组编辑改良作物将会以越来越快的速度出现。

另一项代表性的新遗传工程技术是合成生物学。合成生物学根据实际应用需求，从头或者重新设计并制造生物模块、生物系统和生物机器。目前，科学家已可以通过合成生物学技术从头合成噬菌体，从而创造生命；在细菌以及酵母中，合成生物学研究也在积极开展。在作物育种中，合成生物学可以成为基因组编辑技术的重要补充，通过人工染色体技术，有可能实现数百个基因构成的遗传网络的整体改造。虽然在植物中人工染色体尚未出现，这一领域将是未来遗传工程技术发展的重要方向。

此外，其他新型技术的发展也将改变未来分子设计育种的理念和方法。例如，基于作物与微生物互作的跨界改良是国际生物技术改良的前沿热点之一。人们已快速从根系和叶系微生物的描述迅速实现培养重组作物根系和叶系微生物群落组成，提高农作物抗病虫、逆境、营养高效的能力，从而提高作物产量的转变。

(二)大数据科学在遗传研究和育种决策的重要性不断提升

动植物遗传育种研究本质上是发现基因型和表型的关联，传统杂交育种主要依靠表型观察和育种家经验进行选择，不仅周期长，也难以形成标准化、高效的育种体系。基因组学、分子生物学、影像学、遥感信息学、大数据科学尤其是人工智能领域的迅速发展，将推动育种科学发展以高维数据收集挖掘为基础、以大数据建模预测为指导的智能化育种技术体系。近年来，大数据科学向育种领域呈现出快速渗透和融入的趋势。

在遗传变异检测方面，大数据科学提升了变异检测的效率和准确性，并在筛选功能变异中起到巨大作用。第三代单分子测序技术以及基于第二代测序技术的深测序项目产生了大量数据,植物遗传变异检测目标已从单个 SNP 转向了结构变异和插入/缺失的等位变异。在作物表型采集方面,随着基因型鉴定技术的发展,植物表型采集迅速成为遗传研究的瓶颈,因此高通量自动化表型采集技术成为未来作物科学发展的必然趋势。自动化表型采集技术主要依赖影像学以及遥感技术从田间或者温室采集数字化图像,经过人工智能技术翻译成人类所能理解的植物表型信息。图像数据的传输、存储、管理、翻译是实现这一技术的关键。

而对遗传变异和作物表型全面准确的鉴定,准确地描述两者间线性或非线性关系是绘制未来作物设计蓝图的关键。在利用基因型-表型预测模型育种方面,国际研究呈现单基因模型向多基因模型、线性模型向非线性模型、低维数据向高维数据转变的特点。农作物性状可分为单一基因控制的简单性状和多基因控制的复杂性状。前者可通过分子标记辅助育种模型(marker-assisted selection,MAS)实现高效率育种选择。然而,很多重要农艺性状都是多基因控制的复杂性状,只能通过全基因组选择技术(genomic selection)利用个体间亲缘关系矩阵进行高效的性状预测和个体选择。国际育种公司如先锋(现 Corteva Agriscience)、拜尔-孟山都已广泛采用全基因组选择技术进行育种实践。目前,国际上正在尝试在全基因组选择模型内加入其他多组学数据,并利用人工智能模型准确预测相关遗传位点,为作物精准设计提供靶位点。

整合数据信息存储管理、可视化、共享是实现智能高效遗传研究和育种决策的基础。针对未来作物,生长发育的基本规律和功能基因组学、染色体结构的认知和表观遗传学调控及编辑、作物与相关生物的互助与拮抗、作物表型组学和遗传转化体系的建立以及作物大数据算法、数据挖掘、分析管理技术,高效率基因组编辑技术和合成生物学等领域的基础性研究已经成为各国抢占的制高点。

(三)分子设计育种的底盘材料由主粮作物逐步趋于多元化

据估计,到 2050 年,主要作物的产量需要以每年 2.4%的速度增长,才能满足粮食供应需求。然而,目前玉米、水稻、小麦和大豆 4 种主要作物的增长率仅为预期增长率的一半左右(Ray et al.,2013)。为了进一步实现可持续农业,开发高农业资源利用效率(高肥料利用率和水利用率)和抗逆性(生物和非生物)的作物,改善作物营养品质是我们育种的重要方向(Tian et al.,2021)。因此,利用分子设计育种,对现有的优良作物品种进一步改良,培育出综合性状更为优良的未来作物是将来作物育种的重要方向。

主要农作物的驯化始于大约 12 000 年前。在漫长的驯化选择历程中,植物逐渐失去其野生祖先种的遗传和生理特征,形成符合人类阶段性需求的栽培品种(Diamond,2002)。据估计,超过 2 500 个物种、跨越 160 个科的作物已被驯化或半驯化(Meyer et al.,2013)。然而,只有 150 种植物在某种程度上得到了商业栽培(Mckell,1983)。随着绿色革命技术的推广,全球粮食供应的趋同性日益增加(Khoury et al.,2014)。从遗传多样性的角度来看,这种趋同性已经成为对现代农业的潜在威胁,因为它导致疾病发病率的增加,使得植物有可能无法应对未知的环境变化。从长远来看,气候变化可能是农业的达摩克利斯之剑。二氧化碳浓度增加、温室效应和气温升高不仅直接影响作物生长发育,限制作物产量,而且还带来更频繁的极端天气条件,严重影响农业生产。此外,尽管每年的气候变化似乎很小,但当达到不可预测的阈值时,这种模式可能会发生剧烈变化,主要作物可能无法适应。因此,除了利用分子设计育种改良现有良种作物外,为了应对未来全球气候变化和社会发展,我们需要培育所谓的“智能作物”,包括对野生或半野生植物的从头驯化或再驯化，除了它们的高产和优质外，还需要它们能够抵御环境极端天气条件，快速适应气候变化。

（四）分子设计育种基础研究进入战略性竞争阶段

未来植物育种的制约因素很大一部分来自如何绘制作物设计蓝图，即编辑什么位点、合成什么样的染色体等问题。因此，世界主要发达国家都在积极部署面向未来作物的基础研究。基础研究和核心关键技术是动植物遗传改良的"芯片"，是优良品种培育的核心竞争力。发达国家政府组织不断深化已有基础学科布局，同时大力拓宽基础研究的领域和方向。

美国在植物基础研究领域进行了系统性前瞻性布局，在作物功能基因组学和生长发育的基本规律研究领域推出了 iPlant、PGRP(Plant Genome Research Program)和 BREAD(Basic Research to Enable Agricultural Development)等计划，旨在农作物功能基因组学以及以作物为对象的生长发育基本规律研究上占领先机；同时推出了 CEE(Chromatin and Epigenetic Engineering)项目，希望在植物染色体微观结构认知和基于基因组编辑技术的表观遗传学编辑和作物改良上抢占制高点。美国科学院、工程院和医学院《2030 年推进粮食与农业研究的科学突破》(National Academies of Sciences，Engineering，and Medicine，2018)明确指出，美国未来 10 年的科学突破方向将集中于基因组学和精准育种。同时，美国农业部《美国农业部科学蓝图：2020—2025 年科学路线图》也提出，基因组设计是未来农业创新的重要新兴领域。

2016 年，欧盟宣布启动"地平线 2020"计划进行一个新项目 G2P-SOL，目标是组建一个全球性研究联盟来保存和复活茄科四大植物番茄、马铃薯、辣椒和茄子的基因资源。英国 JIC、EI、剑桥大学、NIAB 等联盟推出了 ISP 计划(Designing Future Wheat Institute Strategic Programme)，支持小麦新品种的开发，为未来农业提供优良的小麦品种，用以解决诸如全球粮食需求等重大问题。英国《农业与粮食安全研究战略框架》也将利用基因组学开展设计育种作为未来发展的主要目标。法国农业部与教研部《农业—创新 2025 计划》将法国未来农业育种创新的重点方向定位于作物与畜禽的全基因组选择。2019 年，俄罗斯通过了《2019—2027 年联邦基因技术发展规划》，将主要目标定位于加速发展包括基因组编辑在内的基因技术；同年，启动了耗资 17 亿美元的重大项目，用于研发新型基因组编辑作物和动物新品种的研发。

三、我国面临的瓶颈与对策

我国是世界人口大国，第七次全国人口普查结果表明全国人口已达 141 178 万人，约占世界人口的 18.6%。对一个 14 亿人口的大国来说，保障粮食充足供应始终是国家安全的头等大事，也是农业农村现代化的前提。据预测，中国人口规模将在 2030 年左右达到 14.5 亿人的峰值(National Council CHN，2017)，要想满足国人吃饱吃好的小康需求，需要进一步提高粮食单产和品质。

同时，我国耕地面积占比较少，仅为世界耕地总面积的 8%左右。由于人口多耕地少的基本国情，我国为保障粮食安全付出了巨大的生态代价。例如，农业用水占水资源消耗总量的 60%，化肥、农药、除草剂、抗生素的使用量占世界总量的 30%～50%，资源与生态环境承载能力已到极限，生态安全面临严重威胁(李文华等，2016)。加之，当今极端气象灾害频发已成常态。这些对农业生产造成极大的威胁。培育减投增效、减损促稳的作物新品种是保障我国粮食供给的重大需求。

分子设计育种的指导思想是耦合和优化优异等位变异的分子模块，最大优势发挥分子模块群对复杂性状的非线性叠加效应，有效实现复杂性状的精准改良。分子设计育种将会大幅度提高作物育种的理论和技术水平，带动传统杂交育种向高效、定向化发展。但是，目前分子设计育种还面临以下3方面的主要瓶颈。

(一)复杂性状的精细调控机理不清

育种4.0时代的标志是能够快速、合理和精确地将任何已知的优良等位基因组合到理想的组合中(Wallace et al.，2018)。为了实现育种4.0的目标，我们需要为未来的分子育种设计制定一个路线图，通过识别引起作物变异的特定优异等位基因，清除有害变异，并应用新的尖端技术，如先进的基因组测序手段、大数据深度学习、高通量表型平台、精确的基因组编辑工具和合成生物学方法来完成未来作物的分子设计育种。

一般来说，重要农艺性状是由多个数量位点控制，并且不同农艺性状之间存在一定程度的相关性，并经常发生模块化调控。这种复杂性造成了传统杂交育种的主要障碍(Klingenberg et al.，2001；Chen et al.，2010)，而未来分子设计育种的最大挑战之一是打破不同性状之间不必要的连锁，特别是作物产量和非生物或生物抗逆性相关的性状。未来育种4.0的关键方案就是合理设计具有高产、优质、高抗等综合性状优良的作物(Wollenweber et al.，2005；Pingali，2012)。为了实现这一目标，阐明农艺性状形成的枢纽基因及其调控网络是极其重要的(Kumar et al.，2015；Jansson et al.，2018)。另一方面，我国作物种质资源信息系统中，能被分子设计育种直接应用的信息还很有限。有效的生物信息学方法和工具从海量信息数据库中快速获取有用的基因和基因序列、亲本携带的等位基因、基因与环境互作信息，是利用生物信息学方法进行分子设计育种所必需的。分子设计育种需要精确的预测不同亲本杂交后代在不同生态环境下的表现以提供可靠的信息支撑。这些都需要国家资助机构和全球合作的持续支持进行不断的完善和改进。

(二)基因组编辑亟须政策支持

在生物育种技术中，基因组编辑技术是当前前沿的技术，也是全球育种业正在竞争的制高点，是现代育种技术“4.0版本”的核心。虽然广泛的科学共识已经认为转基因作物对消费者的风险并不比传统农产品更大，但在一些国家，转基因作物的推广受到严格限制(Friedrichs et al.，2019)。在我国，转基因作物释放大田需要按照《农业转基因生物安全管理条例》法规审批。现有的法规是基于产品产生过程来界定监管范围。目前多数基因组编辑技术需要通过转基因手段完成“工具”转入，但是不同于传统转基因技术产生的产品，其形成的最终产品可不含有外源DNA片段，只是编辑目标生物自身特定基因组序列。随着基因组编辑在过去10年的快速发展，基因组编辑作物是否应该同转基因作物一样受到严格管控在国际上引发争议。由于基因组编辑工具引入的DNA序列改变的精确性，有人建议基因组编辑作物应该受到基于产品的监管，而不是基于过程的监管。而美国、日本等国家已将基因编辑的农作物豁免为转基因产品。最近，英国已经声明将放宽针对基因编辑农作物和动物的法规。因此，作为一项变革性的新兴技术，基因组编辑在我国也亟须政策加持，以推动新技术产品产业化发展。

(三)健全分子设计育种知识产权体系

分子设计育种是各种多学科技术的集合，是育种的高级阶段。精准的分子设计育种可以通过对局部基因组遗传信息的精准替换或修改，实现特定性状的大幅度提升。但是，由于分子设计育种对原有底盘品种的基因组信息修改不够广泛，在品种审定中受到限制，且在知识产权保护方面还不明晰。作为未来育种的重要理论和技术，我们应建立健全分子设计育种的知识产权体系，把我国前期基础研究成果及时转化为产品，以提升我国乃至世界粮食生产水平。

四、面向 2035 战略布局

分子设计育种技术的全面发展和推广对于保障我国粮食安全生产，实现农业可持续发展具有重要的战略意义。分子设计育种面向 2035 战略布局必须要结合我国农业发展的实际国情和切实需求，围绕农业科技创新中亟须解决的问题，明确我国农业科技发展的主攻方向。

(一)核心种质资源演化规律

针对我国农业生物种质资源多样性与演化规律不清的科学问题，应用多重组学、泛组学、人工智能和系统生物学等技术方法，解析主要农业生物微核心种质的全景多维组学特征，揭示农作物从野生种到地方品种再到现代品种发展过程中重要性状形成与演化规律，挖掘优异性状形成的关键调控基因，解析其参与的调控网络，系统研究重要单倍型、结构变异、表观变异在驯化和重大品种培育过程中的演变路径，揭示重要基因在驯化和重大品种培育中的传递规律，阐明种质资源驯化和改良中的遗传调控机理。

(二)复杂农艺性状精准调控网络解析

针对我国农业生产上面临的主要问题，以主要农业生物为研究对象，利用遗传资源材料和大数据，综合运用组学、遗传学、系统生物学和计算生物学等手段，解析产量、品质、抗病耐逆、养分吸收利用等复杂性状的调控因子与分子网络，研究复杂性状的基因组变异与表观变异规律及其应对环境变异的机制，建立复杂性状的精准控制理论，获得可用于优质高产、资源高效、环境智能响应和品质健康型种子精准设计育种的分子网络。

(三)关键分子设计育种技术与品种培育

针对未来农业生物分子设计的所面临的关键技术瓶颈，研发种子精准设计与创造急需的变革性、颠覆性技术，构建种子精准设计的技术体系；同时针对我国农业农村现代化对粮食安全、绿色发展、健康生活、极端气候响应和战略新兴产业发展的重大需求，精准培育和创造增产提质、减投增效、减损促稳的新型农业生物，实现对现有品种的跨越升级，引领精准农业发展。

(四)快速驯化理论与新作物创制

针对未来对新型作物的需求,广泛收集和发掘优异野生种质资源,通过解析和比较不同作物驯化的遗传变异规律,明确不同作物驯化的共有规律,阐明新型作物驯化所必需的基本元件,针对未来作物目标性状,设计、优化、筛选靶向基因,设计作物的理想基因型,通过植物再生、遗传转化等手段方面的,实现作物从头驯化,创造新作物。

(本文作为“分子设计育种的科学技术问题及规范化发展战略研究专辑”在《中国科学:生命科学》发表)

报告十

木竹产业技术创新与发展战略研究

储富祥　张宜生　叶克林
（中国林业科学研究院）

一、木竹产业现状与问题

（一）木竹产业在国民经济中的地位与作用

木竹产业是我国林业产业的主导产业，也是提高人民生活质量不可或缺的民生产业。加快推进木竹产业高质量发展，对于保障国家木材安全、促进供给侧结构性改革、巩固脱贫攻坚成效、践行“绿水青山就是金山银山”发展理念、满足人民对美好生活需求都具有十分重要的意义。

21 世纪以来，我国木竹产业保持强劲发展势头，中国已成为全球最大的木竹产品生产、消费和贸易大国，人造板、家具、地板、木门和竹材等主要林产品产量均稳居世界第一。根据《中国林业和草原年鉴(2020)》显示，2019 年全国林业产业总产值达 7.56 万亿元，林产品进出口贸易额达 1 600 亿美元。其中，木竹产业总产值超过 3 万亿元，已成为我国现代林业产业的重要支柱。

（二）国内外产业现状

经过近 30 年持续高速发展，目前我国共有 30 余万家企业（其中规模以上企业 1.54 万家），形成了较为完善的产业链。23 家上市木竹加工企业平均年产值约 25 亿元，最高年产值达到 135 亿元（图 3-13）。随着新一代信息技术的发展和环保标准逐渐提高，大数据、物联网、人工智能、机器人、绿色制造等技术正在促进木竹产业向绿色生产、智能制造方向转型升级。产业发展更加重视产品有害物质释放，生产严格控制污染排放，以及注重数字化转型提高生产效率，技术创新和产品创制向个性化定制、结构用材和室外用材发展。

发达国家木业企业平均生产规模是我国的 3～10 倍。产品主要以结构材和室外材为主，家具和家居装饰装修产品则主要依靠进口。目前，以生产绿色化、制造智能化、产品高值化为

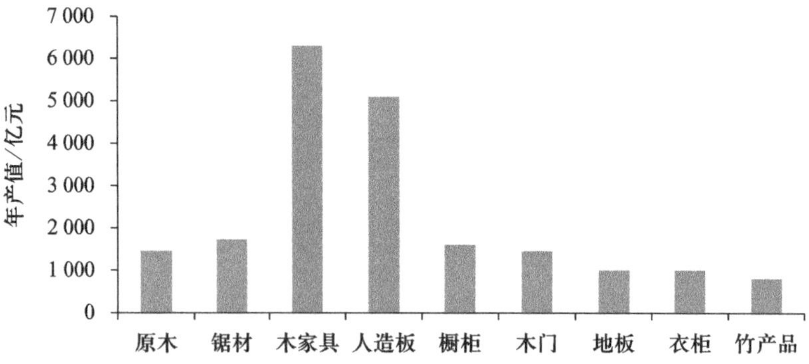

图 3-13　2018 年全国主要木竹产品年产值

主要导向，重视防火防虫、木材耐久性和有害物质释放控制，已形成能源回收、粉尘废水和废气高效处理的绿色制造技术体系。

(三)我国木竹产业发展主要问题

1. 木材资源短缺，供应链不稳定　我国木材供需结构性矛盾十分突出，近中期木材消费年需求量缺口约 2 亿米^3。木材对外依存度高达 50%以上(宋经纬，2021)，且日益受到木材生产国贸易政策和国际贸易摩擦的影响，木材资源安全保障水平严重影响着木竹产业供应链的完整和稳定。

2. 材料和制品性能不高，国际竞争力不强　我国木竹企业普遍技术创新能力不强，木竹材料和制品主要使用在室内和非承重结构中，每年出口近 400 亿美元的木竹产品，主要供应建材超市满足中低端需求，与意大利、德国等欧洲国家制造的高端家具和地板等木材制品差距较大。

3. 绿色安全制造水平不高，企业压力巨大　由于人造板制造产生 VOC(挥发性有机化合物)以及粉尘等有害物质，家具、木门、地板等木制品涂装释放苯系物、甲醛、TDI(甲苯二异氰酸酯)和臭氧等有害物质，人造板和家具制造等已被列为重点大气治理行业，部分地区的木竹产业发展面临巨大挑战。

4. 手工、机械化、自动化并存，生产效率不高　木竹产业长期处于进入门槛低、企业平均规模较小、赢利水平相对低的发展阶段，手工、机械化、自动化生产并存。胶合板、实木制品和木竹重组材料等连续生产水平不高，橱柜、墙、地板、木门窗等家居产品智能化定制制造技术仍处于发展期。

5. 应用基础研究薄弱，支撑技术创新的能力不强　木(竹)材具有独特的生物结构和材料属性，结构复杂、各向异性和变异性大，面向木(竹)材质改良、木基新材料创制、绿色生产和智能制造等产业重大技术创新需求，基础理论支撑原始技术创新的力量明显不足。

6. 科技资源整合和投入不足，产业技术创新能力有待提高　《2019 年全国科技经费投入统计公报》显示全社会对木竹产业的研发投入较低，国家财政经费投入不足产值的 0.1%，规模以上企业有科技活动的仅占 28.6%，研发经费占营业收入的投入强度为 0.74%，远低于全国 1.32%的平均水平。创新资源比较分散、共享不足、使用效率不高，跨界融合滞后。

二、木竹产业国际技术创新态势与国内技术需求

(一)产业发达国家技术创新态势

1. 木材防护技术不断发展 为确保建筑安全、延长使用寿命,发达国家长期围绕木材耐久性和防火性能等开展研究。

2. 高性能木结构材料开发方兴未艾 随着高性能木质结构材料的研发成功,以及在重型木结构、大跨度木结构和高层木结构建造应用示范方面取得突破,极大地扩宽了木材在建筑领域的应用范围。

3. 木基新材料创制与应用成为热点 超级木材、透明木材、木材海绵、木材气凝胶等木基功能性新材料已成为国际前沿技术研究热点。以木(竹)材为原料制备纳米纤维素及其复合功能材料,为产业发展开辟了新途径。

4. 信息化、智能化等先进制造技术广泛应用 以德国实施工业 4.0 和美国实施先进制造业发展战略为代表,发达国家持续推动信息化与工业化深度融合,打造信息化背景下木材工业领先优势,抢占产业竞争制高点。

(二)国内产业技术需求

1. 突破木质资源拓展和高效利用技术,保障国家木材安全 面对以国内大循环为主体、国际国内双循环互相促进的新发展格局,要开拓竹藤、非常用木材、回收木材和农作物秸秆等植物纤维资源加工利用技术,增加资源有效供给、强化产业供应链、保障国家木材安全。

2. 创制新材料和高值化产品,引领木竹产业迈向中高端 面对消费升级、住宅全装修、装配式建筑等需求侧市场导向,产业发展期待有一批具有绿色特征、高质量标准的市场引导性新材料新产品,推进木竹产业供给侧结构性改革,引领木竹产业迈向中高端。

3. 升级绿色安全生产技术,促进产业与社会环境协调发展 面向节能、降耗、减排和安全生产产业发展目标,实施木竹产业生产全过程污染减控,创新升级绿色安全生产技术,为实现国家"碳中和"目标提供技术支撑。

4. 攻克智能制造技术,推进木竹产业转型升级 未来 10 年智能制造正在成为引领木竹产业升级的新引擎。为实现全要素、全流程、全产业链智能化技术升级,通过"两化"融合提升木竹产业发展质量。

三、我国木竹产业技术创新基础分析

1. 创新积累 10 年来,通过前瞻性布局,木竹制品模数化定制敏捷制造技术为定制/

集成家居新兴产业快速发展奠定了技术基础,人造板精准控制与连续平压技术打破了大型连续平压压机核心技术的国外垄断,高强度竹基纤维复合材料制造技术为竹产业提供了升级换代技术,新型豆粕胶黏剂创制及无醛人造板制造关键技术和木质制品有毒有害挥发物检测关键技术与应用有效地引导我国木质材料与产品的绿色质量指标迈向世界前列,为木竹产业转型和产业结构调整提供了有力支撑。

2. 创新主体 我国木竹产业创新人才和科研仪器设备等资源主要集中在2家国家级林业科研机构和12所农林高校,科研机构和高校仍然是产业科技创新主体。企业则扮演着科技成果转化应用的角色,工程化创新资源主要集中在50多家国家高新技术企业。

四、技术创新目标与任务

(一)总体目标

以需求为导向,攻克资源拓展利用、材料提质增效、绿色安全生产和产品智能制造等一批产业共性关键技术,构建木竹产业技术创新链,加速传统木竹产业向"绿色木业""智能木业"转变,促进头部企业形成与壮大,为2025年木竹产业产值达到4万亿元、林业产业总产值达到10万亿元,向木竹产品创制强国迈进奠定科技基础。

至2025年,部分领域将居世界领先水平。在应用基础理论方面,以木材信息学为先导,基本阐明木(竹)材成分结构与性能关系,为资源利用、新材料创制、绿色安全生产和智能制造等技术创新提供理论基础;在资源拓展利用方面,预期开拓木质资源2 600万米^3/年,利用效率提高20%;在提质增效方面,创制适应于柔性制造的高性能生态板、引领人造板产业变革的细面大片刨花板和新型木质重组材等重大产品,产品增值20%以上;在绿色安全生产方面,节能降耗10%,减少污染排放15%,安全生产风险降低10%,形成新型木竹产业绿色安全生产技术体系;在智能制造方面,家居产品定制率提高20%,生产效率提高30%,木竹产业智能制造成为全球典范;在创新能力方面,建设国家级技术创新中心,实现高校科研机构大型科研设施与仪器开放共享,跨行业跨学科融合创新取得明显成效(图3-14)。

(二)重点任务

"十四五"期间,在应用基础理论、资源拓展利用、材料提质增效、绿色安全生产、产品智能制造和创新能力提升等六大领域,组织实施6项重点任务,全面提升我国木竹产业竞争力。

(1)木质资源拓展与高效利用关键技术研究。

(2)木竹产品提质增效技术研究。

(3)木竹产品绿色安全制造关键技术研究。

(4)木质家居材料与制品智能制造关键技术研究。

(5)木材成分结构与材料性能重大基础研究。

(6)产业技术创新能力建设。

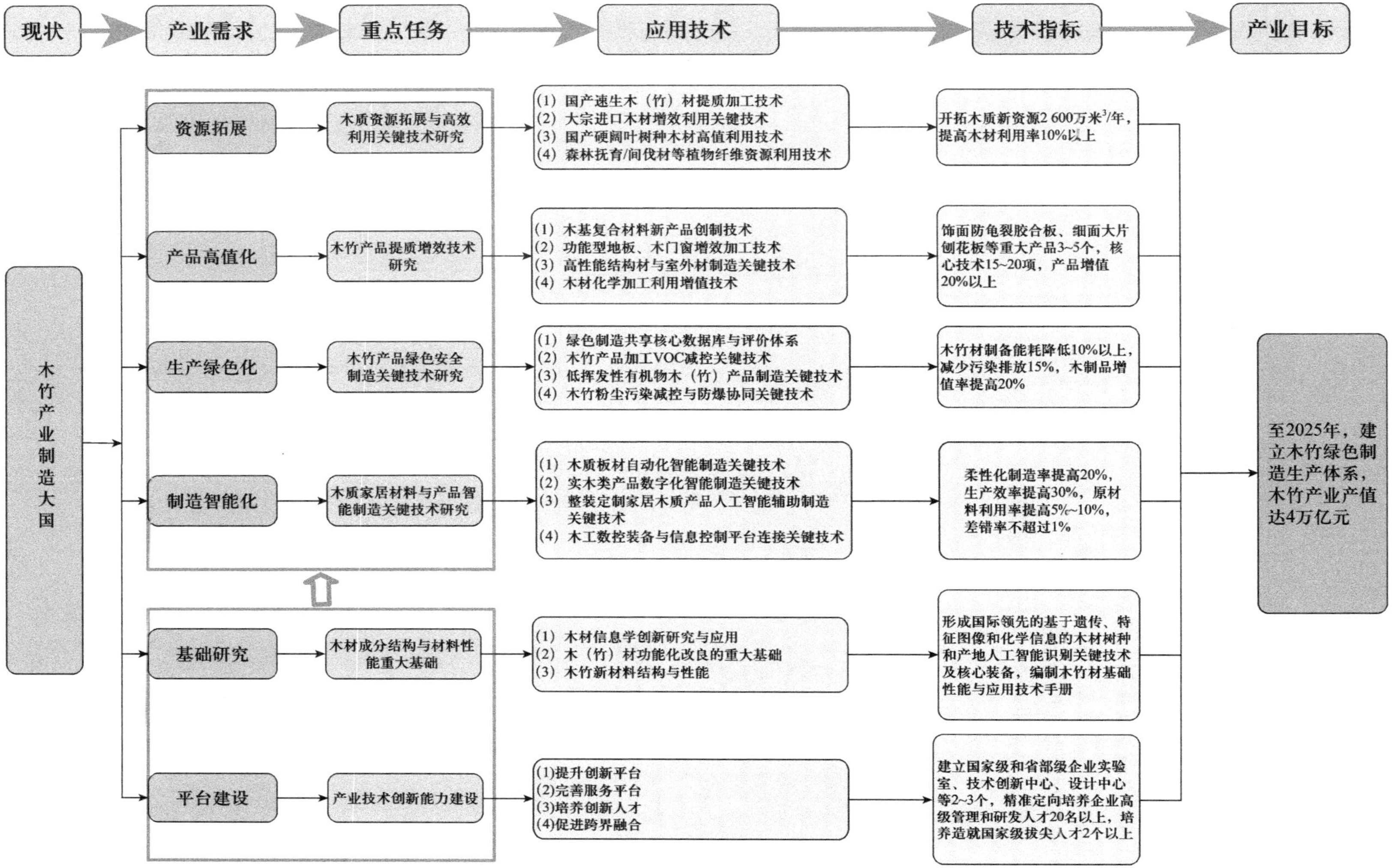

图3-14　木竹产业技术创新路线图

五、主要举措

(1)有机融入国家、部门和地方科技创新规划。
(2)建立多方投入创新资源机制。
(3)加强协同创新提高创新效率。
(4)提升木竹产业龙头企业创新能力。
(5)务实开展国际创新合作。
(6)加强宣传提升木竹产业技术创新影响。

报告十一

山东省种业科技创新发展现状及对策

张立明　刘开昌　赵海军　焦其庆　王翠萍　王传增　王宗帅
（山东省农业科学院）

为深入贯彻习近平总书记“给农业插上科技的翅膀”“下决心把民族种业搞上去”重要指示精神，山东省委、省政府聚焦粮食安全和乡村振兴等重大战略需求，以培育突破性农业新品种为目标，统筹全省高校、院所、企业等优势创新资源，协同推进种业全链条创新，不断提升种业自主创新能力和国际竞争力，探索建立种业创新支撑乡村产业振兴新模式，助力打造乡村振兴齐鲁样板，支撑山东种业创新继续走在全国前列。

一、种业创新现状

山东始终坚持把推进农业科技进步作为一项重大政治任务，省委、省政府历来高度重视种业科技创新，1995 年在全国率先实施了农业良种工程，已成为全国种业科技创新的旗舰品牌，初步形成了种质资源保护与利用、关键核心技术研发、新品种培育、良种繁育与示范推广相衔接的现代种业科技创新体系，种业基础理论与前沿技术创新取得新成绩，绿色优异种质资源保护利用与育种新材料创制取得新成效，具有自主知识产权的绿色优质品种选育取得新突破，新品种规模化产业化开发取得新进展，对保障国家粮食安全、促进农业增产和农民增收做出了重要贡献，推动我省种业科技创新持续走在全国前列。

全省累计收集保存农业种质资源 45 000 余份，培育农作物新品种 2 100 余个，其中国审 305 个，形成了“济麦”“登海”“希森”等系列品牌，小麦抗赤霉病基因 Fhb7 的克隆及其抗病遗传及分子机制的揭示为解决世界性难题找到“金钥匙”，并成功培育出我国首个携带抗赤霉病基因 Fhb7 的小麦新品种“山农 48”；创建的小麦基因转化技术，最高转化效率达到 90%，达到国际领先水平；自主选育的“济麦 22”推广种植面积连续九年蝉联全国第一，鲁单、登海等玉米品种几乎占到全国的半壁江山，设施蔬菜种子已基本改变主要依赖进口的困境；建成作物生物学国家重点实验室，国家玉米、花生、马铃薯工程技术研究中心以及 6 个国家级农作物育种改良分中心，新建潍坊现代农业山东省实验室、山东省苹果・果业产业技术创新创业共同体，转建、新建了山东省小麦、玉米、花生、马铃薯技术创新中心等协同创新平台 10 余家；涌现出赵振东、包振民、束怀瑞等专家领衔的若干高水平育种创新团队；培植出以登海种业、鲁研种业、希森马铃薯种业、天泰种业、华盛农业、好当家海洋水产等为代表的“育繁推”一体化种子龙头企业30余家，其中注册资本在1亿元以上的有7家，中国种业信誉骨干企业有8家，数量均位居全国前列。在良种工程支持下，山东省农业品种已经更新换代4～5轮，主要农作物良种覆盖率达98%以上，良种对粮食增产的贡献率达到47%，高于全国平均水平。良种支撑山东省粮食产量连续7年稳定在1 000亿斤以上，有力保障了农业增产增效和农民增收。

二、面临的问题

1. 品种同质化问题严重影响种业健康发展　主要粮食作物品种中修饰性品种比较多，一些品种繁育停留在对主推品种和核心亲本的修饰改良上，导致品种遗传基础窄，审定品种多但突破性品种少，难以适应加强植物新品种知识产权保护、激励育种原始创新、保障粮食安全的新形势。

2. 制约高质量发展的生物育种技术相对落后　缺乏颠覆性的育种技术和性状突出的优异新种质。在重要农作物的倍性育种、远缘杂交及细胞与染色体工程育种技术方面，尤其是生物育种技术领域，诸如基于CRISPR/Cas9的植物基因编辑技术体系，动植物高效、精确基因组选择等育种技术与国际先进存在较大差距。

3. 种业育种企业自主创新能力明显不足　创新机制存在不足，公益科研单位技术人才资源仍具有明显优势，但单位间紧密结合程度不够。以企业为主体、市场为导向的创新应用模式仍存在机制不完善问题，“育繁推一体化”现代种业企业数量较少，种质资源、技术的全球整合能力较低，缺乏较强的自主创新能力和国际竞争力。

三、形势分析

“国以农为本，农以种为先。”种业承载着稳粮食、安天下的重任。种业是全球农业基础性、战略性、前瞻性产业，是先进生物科技的载体，是实现农业现代化的战略制高点。建设种业强国，品种创新是关键。习近平总书记强调，农业现代化，种子是基础，必须把民族种业搞上去，把种源安全提升到关系国家安全的战略高度，集中力量破难题、补短板、强优势、控风险，实现种业科技自立自强、种源自主可控。

1. 种业创新是保障国家安全的重要举措　当今世界百年未有之大变局加速演进，国际环境错综复杂，世界经济陷入低迷期，全球产业链供应链面临重塑，不稳定性、不确定性明显增加。我国作为农业大国和人口大国，种源自主可控关乎一个国家的核心利益，是应对国际贸易谈判的利器。山东是农业大省和种业大省，在高端设施蔬菜、肉鸡、奶牛、高端果品、南美白对虾等领域的核心种源对外依存度依然较高，大部分来源于国外，因此山东亟须加大种源攻关力度，保障国家安全义不容辞。

2. 种业创新是保障国家粮食安全的核心要素　种业是保障国家粮食安全的核心所在，也是“藏粮于技”的重中之重。据预测，到2030年我国人口数量将达到14.5亿，粮食总需求量将攀升至7.2亿吨，对比2016年6.3亿吨的总产量，缺口达9000万吨。保证粮食安全必须把种子牢牢攥在自己手中，要坚持农业科技自立自强，加强良种技术攻关，靠中国种子来保障中国粮食安全。在农业资源承载能力有限的现实情况下，挖掘种子潜力是提升农业产能、保障农业生态安全的重要手段。山东省作为全国13个粮食主产省之一，面积和产量均居全国第三位，在全国粮食生产中占有着举足轻重的位置，山东有责任和义务肩负起保障国家粮食安全的重任。

3. 种业创新是抢占未来世界科技制高点的必然要求　当前世界种业新一轮科技革命突飞猛进，全球种业进入少数寡头竞争阶段，正处于以抢占科技制高点和经济增长点为目标的机遇期。加速攻破种业“卡脖子”技术，大力发展民族种业企业，加快国外种业产业布局，是提升我国农业国际竞争力、提高农业国际话语权的基础。

四、对策建议

聚焦山东种业创新优势和短板，整合省内外优势科技资源，协同推进种业全链条创新，突破关键核心育种技术，培育突破性重大新品种，为实现山东省农业高质量发展、打造乡村振兴齐鲁样板提供科技支撑。

（一）种质资源保护与创新利用

根据种业创新的实际需要，依托省农科院、省林木种质资源中心、省畜牧总站、省海洋科学研究院，建设农作物、林木、畜禽、水产4个省级种质资源保护中心，加大对省内外特有农业种质资源特别是地方特色与珍稀濒危种质资源的保护力度，为现代种业可持续发展提供支撑。开展国内外优异资源特别是同纬度、同生态地区资源的搜集和引进，实现农业种质资源的安全保存。加快种质资源产量、品质、抗性等重要农艺性状的精准鉴定评价，建立主要农作物种质资源的基因型-表型数据库，建立高通量的基因型和表型鉴定技术体系。发掘具有重要应用价值并具有自主知识产权的关键功能基因，创制目标性状突出、综合性状优良的新种质和育种材料。加快种质资源数据的标准化、规范化和信息化，建立具有鲜明区域特色、在全国具有重要影响力的省级农作物种质资源共享服务平台，为培育农业新品种提供高效的种质资源支撑。

（二）关键核心育种技术攻关

聚焦培育突破性农业新品种，支持优势科研院所、高等学校及种业企业有针对性地开展动植物功能基因组学和蛋白质组学研究，筛选出一批具有重要育种价值的功能基因和分子标记，重点突破产量、品质、抗逆、资源高效利用、动物繁殖力等重要性状遗传机理与分子调控机制。建立基于基因编辑、全基因组选择、生物信息学、大数据及分子设计等理念的生物育种新技术，开发动植物杂种优势利用新途径与新方法，有序推进生物育种产业化应用。建立常规育种与生物育种技术相融合的现代育种技术，研究作物亲本保纯、品种特性保持、强优势杂交利用、机械化制种、动物胚胎高效生产及移植等关键技术，建立高效、高质量种子生产技术体系，支撑山东省由传统经验育种向现代精准育种的跨越。

（三）重大突破性新品种培育

聚焦粮食安全和乡村振兴等重大战略需求，面向山东省传统优势和特色农作物种业创新发展需求，以绿色增产提质增效为目标，统筹全省高校、院所、种业企业等优势创新资源，协同推进种业全链条创新，开展主要粮食作物、重要经济特色作物和畜禽水产育种联合攻关，加快培育高产高效、绿色优质、节水节粮、宜机宜饲、专用特用新品种。在主要农作物、绿色果蔬、优势畜禽、生态林草、特色水产、专用微生物等领域加快培育一批具有自主知识产权的突破性优良品种。

（四）种业创新人才团队引培

依托重大科技项目、重要创新平台和重点创业基地，借助省泰山学者和泰山产业领军人才工程等人才计划，培养高层次领军人才和一流创新团队，加快中青年种业科技人才培养，鼓励具有较强科研能力的拔尖人才脱颖而出。借助柔性科技人才政策，面向海内外引进培养一批国内一流的种业领军人才和团队。落实创新人才激励政策，支持高等学校、科研院所种业骨干科技人员到企业开展合作研发，并按规定参与科研成果权益分配。支持种业企业与高等学校、科研院所合作定向培养企业种业人才，鼓励企业科技人员兼职教学和参与基础研究，促进种业创新人才双向交流。

（五）协同创新育种平台搭建

聚焦培育农业新品种核心任务，按照整合存量、优化增量、完善提升的原则，建立涵盖技术研发、示范推广、管理服务的协同育种平台支撑体系。充分发挥小麦、玉米、花生、马铃薯、贝类、藻类等国家级创新平台作用，加快省级重点实验室优化重组，加快建设现代农业山东省实验室，推动实验室开放，加强国内外科技合作，提升技术创新水平，夯实源头创新基础。转新建小麦、玉米等农业领域技术创新中心，支持争创国家技术创新中心。统筹构建分子育种技术、种业大数据信息等共享服务平台、区域创新中心。鼓励种业企业牵头建立“政产学研金服用”创新创业共同体，依托各类农业科技园区和黄河三角洲农业高新技术示范区，加强品种核心试验基地、良种展示基地建设。建设省级种业科技成果管理数据库、种业成果登记和托管中心、种权评估交易平台。

（六）种业企业创新能力提升

坚持开放、合作、双赢的理念，鼓励企业牵头承担农业良种工程、种业提升工程等项目，建立健全创新要素跟着市场走的“公司＋研发平台＋研发团队”协同创新机制。支持高校院所农业科技人才、资源、技术、平台等创新要素向企业聚集。鼓励种业企业联合高校院所组建产权明晰的产业技术创新战略联盟，联合开展种质创新、新品种创制、制种加工技术研发等全产业链育种创新。鼓励种业企业加大研发投入，增加核心种质资源保有量，选育突破性新品种，开展自主创新。培育一批具备商业化育种能力、育繁推一体化经营的现代科技型种业企业，重点在玉米、小麦、蔬菜、棉花、油料、海珍品、耐盐林木、特色农产品等优势领域，加快培育具有国内领先水平的种业产业集群，提高种业整体竞争力。服务国家“一带一路”倡议，支持种业企业实施“走出去”战略，积极开拓国外种业市场，加快山东省现代种业的国际化水平。

报告十二

中国农作物品种安全问题辨识及战略对策研究

窦学诚[1]　龚大鑫[1]　王娅[2]　付滨[3]　黄炳凯[1]　胡贺年[1]　马凤岐[1]　李丽莉[4]　贾琼[5]　王婷[6]
(1. 甘肃农业大学财经学院;2. 中国科学院西北生态环境资源研究院;3. 山东财经大学东方学院;4. 甘肃宏观经济研究院;5. 甘肃省社会科学院;6. 甘肃省农业科学院)

一、研究意义

农业的核心基础产业是种子产业。国家粮食安全的底线是种子产业。自2000年中国颁布《种子法》和《关于加快发展现代农作物种子产业的意见》实施以来,国内种子市场逐渐向外商投资企业开放,跨国公司纷纷进入中国种子市场,加大对中国种业的投资力度,这给中国种子产业带来了发展机遇,也对种业发展和国家粮食安全构成了威胁。在基于对以玉米为主体(在杂交稻品种培育及繁育上面,中国仍具有鲜明的国际竞争优势)的农作物种业体系对战略性作物生产具有的特别重要性认识和建设创新型国家的总体战略背景下,对中国农作物品种安全问题的研究可厘清中国种子产业的发展,解决当前种子产业发展的核心问题,提出中国种业的发展战略,为政府提供政策建议,为管理部门提供关于产业发展的方向,为企业发展提供相应的参考,具有重要的现实意义。

二、基本概念的界定

通过对品种、农作物品种、品种安全、种业、种业安全的概念界定、相关范畴的划分以及特征的分析,对安全辨识的概念、安全辨识与风险识别的关系、安全辨识的内容进行了界定,为研究品种安全奠定了理论基础。

三、中国种业发展现状

首先从中国种业的供需情况、种子市场规模、行业集中度、研发能力、知识产权保护、市场监管能力、生物技术发展等方面分析中国种业发展现状;然后以玉米行业为例,从投资情况、研发情况、贸易情况等方面分析外资进入中国种业的基本情况;最后从种子产业链构成(育种环节、制种环节、加工环节、营销推广环节)、种子产业链相关主体(种子企业、政府、农户)、种子产业链发展模式3方面分析了种子产业链发展现状。

四、中国农作物品种安全辨识与分析

从辨识对象、辨识项目、辨识要点、辨识主体关系4方面分析了中国农作物品种安全辨识内容分析。在以上内容分析的基础上,通过构建中国农作物品种安全逻辑树对当前中国农作物品种安全存在问题及其相互联系进行识别与分析,农作物品种安全问题辨识包括农作物品种生物学安全问题辨识、产权安全问题辨识、种植安全问题辨识、生态安全问题辨识和资源安全问题辨识。

五、中国农作物品种安全多级模糊综合评价

首先从生物学安全、产权安全、产业安全、生态安全和资源安全5方面构建了中国农作物品种安全评价指标体系,然后运用德尔菲法,按照本研究的需要与各指标的重要性、代表性与科学性及行业领域专家对本研究评价体系中所示指标的综合评价打分,综合评价比较,选取本研究所需指标,构建中国农作物品种安全核心评价指标体系,最后运用模糊综合评价法,依据本研究评价指标体系将影响因素进行分层处理,并进行综合分析,得出安全因素重要性从强到弱分别是生物学安全、产业安全、资源安全、生态安全和产权安全,农作物品种的生物学安全是品种安全的基础,资源安全是前提,产权安全是核心,产业安全是根本,生态安全是保障,若其中任何一个方面处于不安全状态,都不能得出农作物品种安全。

六、基于种子产业链的农作物品种安全风险来源及因素辨析

从种子产业链各环节中的原料种、商品种与销售种角度出发,结合农作物品种安全的内外

部安全与生物、生态、产业、产权、资源安全 5 个范畴，辨析农作物品种安全的风险来源；运用构建逻辑树的方法对种子产业链威胁农作物品种安全的风险因素进行辨析。基于上述分析认为：种子产业链对农作物品种安全造成的风险来源于产业链各主体对种子产业链各环节中不同形态农作物品种的要素投入，主要包括作为风险源头的市场要素，支撑保障的资源、环境要素，发展驱动的技术、资本、管理要素以及引导协调的政策制度要素 7 个方面。

七、外资进入对中国种业安全影响分析——以玉米为例

从外资进入动机、进入方式、外资控制力、外资控制力对种业安全产生的正面效应和负面效应等方面阐述了外资进入对中国玉米种业安全影响的机理。从外商投资动机的角度来看，无论是出于经济目的还是产业控制，都会对玉米种子产业的安全产生潜在的负面影响；从外资进入方式来看，无论是合资企业、合作研发，还是种子贸易，玉米品种对外资的依赖程度都有所增加；从外资控制的角度来看，技术、品种和股权是外资与国内玉米种子企业博弈的基础。外资通过技术、品种和股权实现了控制国内重要玉米种子企业的目标，从而获得了较高的市场控制权，威胁着玉米种子产业的安全。从外资产生的效应来看，对玉米种子产业及相关产业的安全产生负面影响的因素有市场垄断、资本挤出、人才流动、技术固化以及产业关联。同时，外资也在种质资源丰富、种子企业示范、制种农民福利改善等方面发挥了积极作用。为了进一步对外资产生的种业安全影响做出分析，本研究以中国玉米种业为研究对象，以菲德模型（Feder Model）为基础，选取 2005—2014 年中国玉米种业总产出、国内投入及外资投入等数据，进行实证分析。结果显示外资对玉米种业总产出具有明显的抑制作用，即外资进入对玉米种业具有较强的控制力，进而也能够说明外资对玉米种业安全产生了负面影响。

八、外资进入下中国种业安全评价分析——以玉米为例

通过运用 DEA 模型对中国玉米种业安全进行评价，得出当前中国玉米种业处于基本安全的状态。从规模效益和纯技术效益来看，规模效益和纯技术效益对种业安全的影响接近，说明种业投入力度的增加、种业技术的提升对于种业安全有着极大正面影响；同时，规模效益处于递增或不变状态，说明为了提升玉米种业的安全程度仍可增加种业相关的投入；从各指标对种业安全的影响程度来看，外资技术很大程度上决定了中国玉米种业安全度，过高的外资技术控制率对种业安全综合效益的提升具有极大的抑制作用。而外资股控制率虽然从数值上来看是 3 个外资控制指标中最高的一项，但对种业安全的不利影响要小于外资技术和外资品种，这也可以说明外资主要是通过技术和品种进而对玉米种业进行控制的。同时，对外贸易竞争力指数较大程度地提升了种业安全效益。由此可以说明，影响中国玉米种业安全的主要问题为核心技术缺失的竞争力不足。

九、种业安全保障战略与对策

在上述研究的基础上，本研究认为可以从以下几方面防范农作物品种安全风险，推动农作物种业发展。

1. 区域战略规划 将中国农作物分为 3 类：国家农业安全战略作物品种、社会公共安全作物品种和市场作物品种，根据此划分，提出分层次和选择性战略保障对策。

2. 风险防范战略 构建农作物品种安全风险评估与预警机制，提高种子产业链各环节专业化程度控制各环节的风险，加强制种基地管理机制与生产机制建设。

3. 技术开发战略 技术开发战略主要开展以下几方面的研究：第一，针对地域性的小宗作物，开放收集种质资源；第二，大宗战略性作物（如玉米、水稻、小麦等），通过国际合作建立世界一流种质资源库；第三，面向有经济利用潜力的野生植物，建立种质资源库，为后续开发利用提供有用的产品和基因；第四，常规育种与现代育种技术的优化组合，提升育种技术的能力基础（包括基因组技术、功能分子遗传标记技术以及生态育种表型表达与性状组合优选等）；第五，完善分级分类作物品种创新研发与知识产权保护、交易政策与制度体系。通过设施技术开发战略，提高国内种子产业的研发水平，减少对国外品种和技术的依赖，保障种业安全。

4. 实施种子品牌战略 种子市场的竞争已经从价格和质量发展到品牌竞争。因此，我们必须围绕种子品牌建设的目标，做好产品质量和产品服务。提高企业的品牌竞争力就是提高核心竞争力。

5. 种子产业可持续发展战略 建立种子繁育生产基地，完善育种引进制度；以加工包装为突破口，推动种子产业化进程；完善种子质量监督检验，完善科学管理制度；以现代工程技术为支柱，发展高科技种业；加强种子产业一体化，净化种子产业市场环境，提高种子控制能力。

报告十三

新形势下农业装备产业发展战略研究

吴海华　方宪法　杨炳南　周海燕

（中国农业机械化科学研究所）

一、“十四五”及中长期面临的新形势、新问题

（一）国际农业装备产业发展新趋势

1. 产业规模平稳发展　农机装备产业发展为保障全球农业生产、应对贫困饥饿等发挥了重要作用。相关数据显示，近年来，全球产业发展总体平稳，维持在 900 亿～1 000 亿欧元，2015 年为 910 亿欧元左右，2017 年下降到 810 亿欧元，2019 年增长到 1 070 亿欧元。欧洲、美洲和亚洲的农机产业占全球 95%左右。全球人口总量的不断增长以及中等发展或发展落后国家城市化进程的加快，人类食品结构的不断变化，新能源、智慧农业的快速发展，对粮食的需求量和品种、质量要求不断提高，将进一步促进农业装备产业发展，预期未来几年全球产业规模将维持 1%左右的年增速。

2. 全球贸易深化产业国际化　农机装备产业是高集中度的全球化产业，根据欧洲农业机械工业协会（CEMA）报告，2018 年，全球农机装备产业进口 600 亿欧元，出口 570 亿欧元，其中，欧洲、美洲占全球农机进口额 78%、占全球农机出口额 85%左右。从出口来看，主要是拖拉机、草坪装备、收获机，分别占 29%、19%、17%，主要是德国、美国、英国、日本和法国。总体上看，从全球发展角度，“十四五”期间全球贸易将进一步拓展，欧洲、美洲出口将进一步拓展，亚洲、非洲进口将逐步扩大，但上下游合作、产能合作放缓，产业链全球化将有所萎缩。

3. 跨国企业主导产业发展的格局持续　约翰迪尔、凯斯纽荷兰、爱科等欧美农机企业在全球农机产业中占据主导地位，久保田、洋马等日韩企业在中小型农机装备方面占据领先地位。美国约翰迪尔公司是全球最大农机研发制造企业，2019 年，公司收入 392 亿美元；美国凯斯纽荷兰公司、日本久保田、美国爱科、德国克拉斯、意大利塞万道依茨法尔公司、法国库恩公司分别为 280 亿美元、180 亿美元（19 200 亿日元）、90 亿美元、42 亿美元（39 亿欧元）、15 亿美元（14 亿欧元，2018 年数）、11 亿美元（10 亿欧元），占据产业前端；德国格雷莫（4.5 亿欧

元)、雷肯(3.8 亿欧元)、德国韩国大同(4 亿美元)等企业在特色领域占据高端。

4. 产业技术及资本竞争加速全球产业链变革 农机装备产业国际竞争日益加剧，产业的集中度不断提高，竞争形式由技术主导向技术引导、资本主导转变，欧美日等国家跨国企业通过以领先的技术优势占据产业价值链的高端，并通过强大的商业资本实现产业整合，推动全产业链和跨国发展。产业链竞争、创新体系和创新战略竞争成为国家竞争重点，企业竞争成为国家竞争的主要表现。

5. 新一轮科技革命推动新产业创新 全球农业发展进入由传统农业向现代农业转变的历史阶段。生物技术、信息技术、人工智能等现代农业技术发展和农业生产组织方式变革促进了现代农业科技从微观到宏观变革，未来农业由“资源依存型”向“科技依存型”的智慧农业转变。农机装备技术发展面临全球农业发展向现代农业变革，以及全球粮食安全和气候变化机遇和挑战，产业技术创新进入以智能化为引领变革发展阶段，向高效化、智能化、网联化、绿色化发展，农业传感器、智能系统、智能装备、智慧服务等引领产业发展。

(二)我国农业装备产业发展形势

1. 农业装备是现代农业发展的战略重点 农业装备是现代农业发展重要支撑，是提高现代农业生产水平、转变农业发展方式、提升农业生产效益和增强综合生产能力的关键，也是国际农业产业技术竞争焦点、重点。习近平总书记指出要大力推进农业机械化、智能化，给现代农业插上科技的翅膀，《中共中央、国务院关于实施乡村振兴战略的意见》《乡村振兴战略规划(2018—2022 年)》提出要“进一步提高大宗农作物机械国产化水平，加快研发经济作物、养殖业、丘陵山区农林机械，发展高端农机装备制造”。《国务院关于加快推进农业机械化和农机装备产业转型升级的指导意见》提出要发展新一代智能农业装备。国务院《中国制造2025》提出要重点发展粮、棉、油、糖等大宗粮食和战略性经济作物育、耕、种、管、收、运、贮等主要生产过程使用的先进农机装备。国务院《新一代人工智能发展规划》提出要加快推进产业智能化升级，发展智能农业。历年中央 1 号文件都把农业装备作为政策重点，2020 年《中共中央 国务院关于抓好“三农”领域重点工作确保如期实现全面小康的意见》提出要加快大中型、智能化、复合型农业机械研发和应用。

2. 我国将由农业装备大国向强国迈进 近年来，我国农机装备产业稳步发展，根据中国农业机械工业协会统计，2019 年，我国农机装备市场规模约占全球 27.4%，1 900 家左右规模以上企业主营业务收入为 2 465 亿元，具备 4 000 多种农机产品研发生产能力，年生产主要农机产品 500 多万台，保有量超过 8 000 多万台(套)，农机总动力超过 10 亿千瓦，满足国内 90%以上的市场需求，基本上解决了农业生产“无机可用”难题，支撑我国农业生产进入了以机械化为主导的新阶段，主要农作物耕种收综合机械化水平达到 70%，有力地保障了国家粮食安全。随着现代农业发展需求拉动、农机购置补贴的推动以及智能农机装备产业培育，预期未来几年将呈现稳定增长趋势，年增速预计达到 2%～5%。

3. 技术及产品加速智能化转型升级 形成了耕种管收及加工的技术及产品体系，形成了信息化、智能化的技术基础，走出了一条大中小结合、农机农艺融合、装备与信息的特色研发创新之路。在自动化、信息化、智能化等前沿及关键核心技术方面，信息获取、传感与控制、定位导航等技术持续迭代成熟，从实验室阶段正向中试、产业化阶段发展，部分已实现产业应用；在耕种管收田间作业、农产品产地加工及储运、设施园艺及养殖等智能农机装备方面，骨干农机企业智能制造工艺和装备逐步提高，智能农机装备制造能力、生产效率和产品质量稳步提升，已经具备了500多种智能产品研发生产能力。未来，将以农业传感器、农业机器人及大数据、人工智能、新一代信息为核心，发展新一代智能农业装备，推进智能农场、智能化植物工厂、智能牧场、智能渔场、智能果园、农产品加工智能车间、农产品绿色智能供应链等应用，实现农业智能生产。

4. 产业国际化发展步伐加快　近年来，“引进来”和“走出去”成效显著，国际农机制造巨头及产品纷纷进入中国市场，约翰迪尔、凯斯纽荷兰、爱科、久保田、马恒达、克拉斯、雷肯等国外主要20多家拖拉机、收获机械、农机具企业在国内设立了40多家工厂或代表机构，在拖拉机、收获机械、插秧机、农机具等高端装备、高性能装备市场方面具有优势，目前，已占据我国拖拉机市场份额的20%、履带式水稻联合收割机的30%、高速插秧机的95%。我国农机装备产业年进出口额130多亿美元，国际贸易量约占全球20%；年贸易顺差80多亿美元，但主要是中小型农业装备和零部件出口，对美国、欧盟发达国家(地区)出口的主要是在华的跨国企业，我国本土企业产品出口结构也从以小型产品为主向大、中、小型产品相结合转变，大中型产品所占份额逐步提高，主要出口到东南亚、非洲国家，据国家统计局统计，2019年我国农机工业出口总额为370.25亿元人民币，比上一年增长了14.82%，其中拖拉机出口33.22亿元、饲料机械出口4.61亿元、畜牧机械出口15.33亿元、农机零部件出口总额为12.97亿元。2019年，进口联合收割机36台、棉花采摘机32台、离合器及联轴器(包括万向节)1 355 718个。同时，近年来中国一拖、雷沃重工等我国骨干企业也尝试以收购、引进等方式获取新技术和优秀人才等资源，推动企业国际化发展。随着“一带一路”倡议的实施，我国农业装备产业将迎来新的发展机遇。

二、核心工业基础现状及重点短板

(一)核心工业基础及能力现状

1. 产业链协同发展的格局正在形成　随着生产能力和技术水平的提高，我国农机装备产业形成了从研发、制造、质量监督、流通销售到应用推广的产业体系，以及上中下游、大中小企业、高中低端协同发展的产业格局。从产业上游看，主要是钢材以及自磨刃与随机载荷高强复合材料、脱附减阻耐磨材料、表面强化延寿与轻质高强橡塑材料等农机专用材料，开放工况作业参数传感器及作业对象生理生态感知元件、气电液元器件等元件产业。中游主要是零部件产业，主要有低速大扭矩农用柴油机、桥架等动力驱动与传动系统、驾驶室等操控系统、轮辋与农用轮胎及橡胶履带等行走底盘系统、橡胶传动带及特殊功能作业部件机械与液压传动器、拖拉机悬挂与提升等装置零件，切割部件、开沟部件、耕翻耙碎松部件、播种排种器部件、栽植部件、农用雾化喷头等作业部件，作业监测系统、机器视觉系统、导航与操控系统、故障诊断系统等自动监控系统。目前，主要零部件企业280多家，以中小微企业为主，产值约占15%。产业下游是整个产业链主导，主要是拖拉机、联合收割机、插秧机以及播种机、植保机械、耕整地机械等农机装备主机企业，国内企业主要有山东时风、中国一拖、雷沃重工、江苏常发、山东五征、中联重科、星光农机、江苏沃得、山东巨明、现代农装等。约翰迪尔、凯斯纽荷兰、爱科、久保田、克拉斯、雷肯等国外企业拖拉机、收获机械、农机具等产品全面进入中国,在高端装备、高性能装备方面占据国内农机市场。

2. 产学研协同的产业技术创新链初步构建 布局了土壤植物机器系统技术国家重点实验室、拖拉机动力系统国家重点实验室、国家农业机械工程技术研究中心等一批国家级和农业农村部、教育部、中国机械工业联合会及江苏、山东等省部级科技创新平台,以及农业装备产业技术创新战略联盟等协同创新平台,形成市场导向、企业主体、产学研结合的产业技术创新体系,推动了重大产业技术创新,培育企业逐步成为产业创新主体,有力地支撑了产业创新发展。全国30多家省级以上农机科研院所、40多家高校在共性和基础性研究、新产品新技术开发、区域农机技术创新等方面发挥了重要作用;11家国家级企业技术中心支撑企业产品技术升级;100多个专业化农机市场、20多万个农机作业服务组织,初步形成了社会化的农机销售和服务体系,带动农机市场繁荣。农业装备产业技术创新服务平台、农业机械生产力促进中心、中国农机院国家中小企业公共服务示范平台、12个国家级农机产品质量检验检测中心、全国农业机械标准化技术委员会等从产品开发、技术标准、检测测试、应用推广等方面服务全面覆盖骨干企业到中小微型企业,提升行业整体素质。

3. 自主可控农业装备技术和产品体系逐步完善 "十五"以来,国家科技计划都将农业装备科技创新作为重点方向,部署实施了一批重大重点项目,推进了农业装备技术进步和产业发展,促进了农业生产进入以机械化为主的新阶段。"十三五"期间,在国家重点研发计划"智能农机装备"重点专项的牵引下,围绕信息感知、决策智控、试验检测等农机装备自动化、智能化关键核心技术以及重型、高性能智能农机装备等开展系统化研究和整机集成创制,取得了一批成果,突破了作物叶片、个体、群体3个尺度养分,生理生态信息检测技术,土壤水分、盐分和养分检测技术,以及基于农作物生产过程监测的水、肥、药精量控制施用技术,突破了畜禽动物体温、生长量、采食、活动、发情、疫病等生理生态监测,以及数字化表征和分类辨析、生长调控等技术,奠定农机作业与先进农艺技术协调融合理论基础;突破了作业对象信息感知与跟踪技术、环境信息实时监测、工况及作业质量智能测控、远程运维管理、基于北斗系统的农机高精度导航及定位等信息化、智能化关键核心技术及零部件,研制了全动力换挡/无级变速传动/动力高低档重型拖拉机及高效栽植、精量播种、智能施药等农田作业装备,研制了10千克/秒和12千克/秒喂入量智能化稻麦联合收获机、六行棉箱式/打包式采棉机、玉米籽粒直收/茎穗兼收联合收获机、履带式油菜联合收获机、捡拾式油菜收获机和丘陵山区、果菜茶生产、畜禽水产养殖作业装备等智能农机装备,初步构建形成自主的智能农机装备技术及产品体系,丰富了我国农业装备的品种,优化了产品结构,促进农机化和农机装备产业转型升级。

4. 我国以大市场促大产业具有坚实基础 我国是世界农业大国,也是世界农业装备最大市场,先进技术装备应用推进了我国农业机械化发展,提升了稻麦、玉米等粮食和大豆、棉花、甘蔗、油菜、花生、马铃薯等经济作物生产能力和水平,提高了农业生产效益,不断满足现代农业发展需求。2019年全国主要农作物耕种收综合机械化率达到70%,小麦生产基本实现全程机械化,水稻、玉米生产综合机械化率超过80%,花生、油菜收获机械化率超过40%;新疆兵团及北疆棉花机采率超过80%,新疆棉花机采率达到35%;丘陵山区机械化率超过30%;农机作业信息化监测技术在深松深翻整地、保护性耕作、秸秆还田作业中实现大面积应用,信息化监测率超过90%,水产、畜牧养殖机械化率超过30%。巨大的应用市场也促进产业发展,中国成为世界农机装备制造大国，有超过 8 000 家大中小企业，规模以上企业接近 2 000 家，并以山东、河南、江苏、河北、浙江等重点区域，初步形成了以苏锡常为代表的江浙产业集群，产业规模约占 22%；以洛阳和潍坊为代表的鲁豫产业集群，产业规模约占 47%；以黑龙江和吉林为代表的东北产业集群，产业规模约占 5%；河北及其他区域产业规模合计约占 26%。但总体上看，我国农业装备产业与现代农业发展需求相比仍旧有较大差距，未来，全程全面高质高效农业机械化、智能化以及智慧农业发展也将推进新产业、新业态发展，给我国农业装备产业带来新的发展机遇，实现新的发展。

5. 农业装备智能制造加速推进　标准体系逐步完善，工艺设计仿真、信息技术集成、远程运维标准、智能工厂通用集成模型及运行管理系统等方面的标准体系及相关试验验证平台初步构建，并实现示范应用服务。智能制造逐步开展，在大马力动力换挡拖拉机、高效能联合收获机械、精准变量复式作业机具等整机产品和重型节能柴油机、无级变速器、自动定位导航控制系统等关键零部件的设计生产方面取得了长足进步，部分整机产品实现智能化。在设计、生产和物流层面，国内大部分规模以上农业装备企业已经进入产品数字化设计阶段，但数字化设计生产应用能力和技术水平普遍不高，仅在部分整机产品和关键零部件方面形成较高水平的数字化设计生产能力。在销售和服务层面，国内农业装备生产企业已经开始建设线上线下相结合的销售与服务系统，但与设计生产过程的集成度不高，“信息孤岛现象”问题未能妥善解决，难以为新产品设计生产提供有效信息。从全生命周期维度来看，我国农业装备制造尚处于数字化设计制造起步阶段，整体水平不高，仅有部分重点企业通过技术引进消化和产品整合创新，逐步形成较为完善的研发、生产、销售和服务体系，实施智能制造具备了良好基础条件。智能制造装备不断提升，数控机床、数控折弯、程控激光切割、工业机器人（焊接、冲压、涂装）、物流运输系统（AGV、程控葫芦）等已经大量应用于实际生产，部分重点企业实现了核心工艺的自动化生产，基本实现了实时工况在线监测，数字切割、数控成型、自动焊接、环保涂装、精密检测，并应用 MES 生产制造执行系统，把人员、设备、物料等制造要素整合到生产管理平台之上，有效提升了生产制造的自动化程度和精益化程度。但总体上，国内农机企业自动化装备数量和智能化程度与本行业国际先进水平和国内高端制造业仍有较大差距；同时，在传感与控制、人机交互及在线检测方面，国内企业应用能力和集成水平普遍不高，尚未突破符合行业产品生产实际需求的关键技术，缺乏实施智能制造的基础装备和软件系统。国内仅有少量重点企业拥有完整的企业信息化管理系统。

（二）重点领域短板及卡脖子问题分析

1. 重要短板问题梳理　我国已经成为世界农业装备制造和使用大国，但还不是强国，在产业总体水平、关键核心技术、高端重大产品、企业国际市场竞争力方面与美国、德国等领先国家仍旧有较大差距。

（1）产业总体水平不高。我国是世界农业装备第一生产大国，但规模以上企业产值仅相当于美国约翰迪尔、凯斯纽荷兰两家公司之和，且产品增加值率和利润率仅为国际领先水平 1/10。整体上科技水平与美国、德国、日本等领先国家相差 30 年左右，如：动力换挡、电液悬挂等拖拉机节能增效技术比美国落后 40 年左右；多适应性、低损失的联合收割机纵轴脱粒技术比美国落后 35 年；高压共轨、电液控制、总线、传感等支撑智能精准作业的核心技术落后发达国家 30 年。产品质量可靠性不高，我国拖拉机、联合收割机、植保机械、播种机械等主要农机产品平均故障间隔时间(MTBF)仅为国外先进水平的50%左右,作业效率不高,能耗多,我国单位面积的动力配置是美国的6倍,导致每年多消耗180多万吨柴油、近20亿斤种子、980多亿立方水、1 000多万吨化肥和22万吨原药。国际贸易量约占全球20%,但主要是中小型农业装备和零部件出口,对美国、欧盟发达国家(地区)出口的主要是在华的跨国企业,我国企业产品主要出口到东南亚、非洲国家。

(2)关键核心技术尚未自主可控。国内农用低速大扭矩柴油发动机高压共轨技术主要采用德国博世公司,主要短板是:工况逻辑控制、高压泵、喷嘴技术。排放后处理技术我国尚处于起步阶段,特别是标定测试技术主要来自美国。国内农机传动技术以机械换挡为主,适应田间复杂工况的动力换挡、无级变速技术还未成熟,主要技术来自欧美等国家。精准作业技术方面,我国农机专用传感器、作业变量控制等技术与国外相比有较大差距,主要表现在:缺乏基础数据和模型,高速精量播种、水肥药精量施用控制精度不高。

(3)关键零部件依赖进口。我国高性能农机液压系统中泵、阀、马达的压力、传动效率和控制技术与国外有较大差距,目前主要依赖进口美国、日本和德国产品。大转角全悬浮转向驱动桥、轻量水田全密封驱动桥技术国内还没掌握,国际上欧美和日本技术领先。湿式离合器摩擦片、轮毂材料与制造工艺技术国内未掌握,全部自美国、德国、法国进口。犁体和播种机波纹圆盘等入土作业部件、植保与灌溉喷头、打捆机打结器等零部件主要进口自欧洲。

(4)重大装备自主创新能力弱。种植业装备还有短板、养殖业装备匮乏、棉糖油果蔬等经济作物生产装备空白点多,全程全面机械化仍旧有40%左右的产品空白。由于关键核心技术及高性能零部件的差距,高端装备长期依赖进口,我国200马力以上拖拉机、高速翻转犁、大型采棉机、大型甘蔗收获机等种植业装备,高效青贮饲草料收割机、机器人挤奶系统等养殖业装备,旱作高速移栽机、苗木嫁接机等果蔬园艺生产装备及农产品品质分级等高端农业装备主要进口自美国约翰迪尔、美国凯斯纽荷兰、美国爱科、日本久保田等欧美、日本企业,目前外资品牌占我国10%高端农业装备市场份额的80%以上,其中:200马力以上高端拖拉机占85%、采棉机占95%、精量播种机及液压翻转犁占90%以上、智能自动挤奶成套装备占100%。

(5)企业国际市场竞争力弱。规模小、集中度低,年收入超过50亿元企业不到5家,超过10亿元企业不到20家,总体上处于欧美、日韩之后的第三方阵,雷沃重工、中国一拖等国内排名前列的整机企业国际排名在10位以外,缺乏具有国际竞争力和品牌影响力的企业。企业创新能力弱,研发投入少,投入比率不到2%,而美国约翰迪尔公司、德国克拉斯公司研发投入比率4%以上,年研发投入相当于国内企业研发投入总和;科技研发人员少,占比不到3%;大多数企业研发、检测验证体系不健全,企业作为产业技术创新主体的地位不突出。

2. 解决短板的重要政策建议

(1)加强应用基础研究及科技基础工作。持续支持国家重点实验室、高校、科研院所围绕智能装备、智能制造、智能生产、智慧服务等趋势及需求,长期开展农业智能生产技术及系统、生物环境与机器作业系统、高效绿色种养技术装备及设施、草原畜牧业装备技术、农产品储运保鲜技术及装备等应用基础研究工作,提升基础研究能力和水平。支持高校、科研院所依托现有国家级平台构建行业研发、设计、检测、标准等基础数据平台,不断强化研发设计、科技服务、检验检测、信息服务等科技基础服务能力。

(2)构建完善农业装备产业技术创新体系。统筹创新战略、创新体系和创新能力建设,依托农业装备产业技术创新战略联盟形成的产学研合作体制机制,打造具有国际一流研发能力和水平的国家农业装备技术创新中心,培育战略性科技力量;加快培育具有国际竞争力骨干企业,发展专精特新中小企业,构建适应国情、立足产业、协同高效、支撑发展的产学研用深度融合的农业装备产业创新体系。

(3)战略性统筹谋划重大科技创新。瞄准面向2035年的产业科技变革需求以及技术发展趋势,围绕国家乡村振兴、创新驱动发展、制造强国战略需求和产业急需,结合应用基础研究和技术创新的特征,系统谋划中长期农业装备技术创新重大任务,战略性、持续性部署农业装备战略前沿、关键核心技术、"卡脖子"技术及重大智能装备创新,着力形成新一代智能农业装备技术、产品体系,掌握科技与产业竞争主动权、主导权,支撑产业转型升级高质量发展。

3. 解决短板问题的重要工程及应用基础研究建议

(1)农业机器人技术攻关工程。农业机器人代表了未来农业生产方式发展的方向和必然趋势,成为新一轮科技革命促进农业生产方式颠覆性转变的战略制高点和农业装备高新技术发展的竞争焦点。充分利用智能农业装备、传感器、智能机器人的产业基础,攻克作业对象环境及工况识别感知、路径规划和运动控制、高效能末端执行器、无人化移动平台、自主作业技术、机器人系统集成等关键核心技术,以可搭载耕种/植保作业系统的无人移动平台、球果类果品采收机器人、茄果类蔬菜采收机器人、养殖巡检及挤奶机器人等为重点,推进农业机器人关键核心技术及产品全面突破,形成自主可控的农业机器人产业链和供应链,培育形成农业机器人产业。

(2)农业装备高质量发展工程。围绕推进产业转型升级需求,针对我国农业装备发展存在的关键零部件及整机性能质量水平不高、高性能零部件依赖进口、大型智能装备自主化程度低等问题,重点推进拖拉机无级变速器、湿式离合器、耕整机犁铧、播种机精密排种器、植保机变量控制系统、打捆机打结器、采棉机采棉头、收获机智能控制系统、工况及作业质量专用传感器等关键零部件攻关,推进200马力及以上动力换挡、无级变速拖拉机、大型采棉打包一体机、10千克/秒以上喂入量智能稻麦联合收获机、切段式甘蔗收获机、大型打捆机、免耕精量播种机等攻关,提升高性能零部件及装备产业化能力和水平,保障产业链、供应链稳定,形成以国内大循环为主体、国内国际双循环相互促进的新发展格局,打造高端农业装备产业。

(3)构建农业装备应用基础研究体系。围绕高质高效农业机械化、智能化发展,重点开展土壤、植物、环境、机器系统应用基础研究,揭示农机作业过程与土壤质构形及环境的互作规律,解析农机作业与作物生长生产的调控机理,研究适应作物生产的土壤耕层与环境系统构建的方法;研究耕种管收高效作业新原理、新方法、新材料、新机构,研究粮棉油糖、果蔬、林草茶桑等种养加高效机械化生产技术;研究动植物生长与水肥种药、光热气等精准精量调控机理及技术系统。围绕夯实产业科技基础,重点开展典型区域农机化与土壤、环境、生产等影响长期监测与评估,构建农业机械化、智能化生产系统基础数据平台;构建企业、产品、标准、专利等产业数据库,实现农机设计手册等工具书数字化,建立产业研发、设计及服务平台,开展研发设计、科技服务、检验检测、信息服务等公共技术服务;开展全产业链技术标准体系研究,形成适合我国农情和产业发展阶段的机械化、智能化作业,以及农机零部件及产品等全面的技术标准体系,不断提升产业链现代化水平。

三、“十四五”农业装备发展思路与重点任务

(一)“十四五”发展思路

1. 发展思路 以习近平新时代中国特色社会主义思想为指导，深入贯彻党中央、国务院重大决策部署，牢固树立创新、协调、绿色、开放、共享的发展理念，以推进供给侧结构性改革为主线，以体制机制创新为抓手，迎难而上、勇于担当，走出一条中国特色农业机械化、智能化发展道路。围绕农业装备行业基础性、战略性、公益性的特点，充分发挥政府部门在顶层设计、公共服务、制度供给等方面，充分调动各类市场主体积极性，发挥社会主义集中力量办大事的制度优势，建设国家农机装备创新发展体系，构建产业发展的新型举国体制。围绕制造强国、乡村振兴等战略需求，以适应农业发展方式转变、提质增效需求为导向，以提升自主创新能力和产业核心竞争力为目标，聚焦弱项短板，集中力量，加强重点应用基础、关键共性、战略前沿技术联合攻关，确保关键核心技术自主可控；推动新一代人工智能、信息通信等数字化、智能化先进技术与农机装备制造技术的深度融合，加快精量播种、高效施肥、精准施药、节水灌溉和大马力、高性能农机装备，以及适应小农生产、丘陵山区的中小型农机装备和机械化技术的研发示范推广，促进我国由农机制造大国向制造强国转变，显著提高农机装备有效供给能力，促进全程全面机械化发展。

2. 发展原则

(1)战略引领。围绕创新驱动发展、乡村振兴、制造强国等国家战略，瞄准保障“三大”安全、农业农村现代化，以加快推进农业机械化和农机装备产业转型升级为主线，机械化自动化智能化并联发展、全程全面机械化同步推进，走出一条中国特色农业机械化、智能化发展道路。

(2)全面统筹。立足“智能、绿色、高效、安全”，统筹“补短板、攻核心、强智能”，统筹应用基础、共性关键技术、重大装备产品、集成示范应用等的创新链，研发、设计、制造、服务等的产业链，以及粮经饲、种养加、生产生态生活等农业农村生产全链条。

(3)突出重点。以关键核心技术、重大装备及系统为突破口和主攻方向，以农机与农艺融合、装备与信息融合、制造与服务融合、生产与生态融合为路径，推进关键核心技术自主化、主导装备产品智能化、全程全面农业机械化，形成新一代智能农业装备技术、产品、服务体系，提升产业整体创新能力和核心竞争力。

(4)示范带动。以发展服务型制造为主线，集成智能设计、智能制造、智能装备、智能服务等，形成“互联网＋制造业”为主线的新业态、新模式，形成整机与零部件、产学研协同推进机制，以骨干企业、典型产品为重点，推进智能制造标准、技术、生产验证和示范，通过服务生态化、系统化和产品智能化，提升产业整体智能制造水平。

(5)国际视野。树立坚持自主创新与引进消化吸收再创新结合，共性基础技术国内外研发合作，以实现紧跟技术前沿；关键核心技术及系统上坚持自主创新为主研发，掌握技术发展主动权；重大装备创制方面重点对标国外先进产品，坚持中国特色、中国标准、中国制造，构建关键核心部件与整机协同发展能力，提升产业制造水平和高端产能，逐步形成以国内大循环为主

体、国内国际双循环相互促进的新发展格局。

(二)“十四五”重点方向及发展策略

立足“智能、绿色、高效、安全”,统筹“补短板、攻核心、强智能”,准确把握当前农业装备与农业机械化发展面临的精细生产、装备智能、高效绿色机械化等重大科技问题,以关键核心技术、重大装备及系统为突破口和主攻方向,推进新一代智能农业装备科技创新,引领推进农机化和农机装备产业转型升级,提升自主创新能力和产业核心竞争力,发展自主可控农业装备产业。

1. 加强关键核心技术攻关,提升自主创新能力和水平　加强土壤、动植物及环境感知和调控基础理论、战略前沿和关键核心技术研究,研究动植物生理、生长、环境信息感知模型、算法、技术、材料、元器件,研究种、水、肥、药、光、热等精准精量调控及精细饲喂技术及系统,研究构建动植物全生命周期“实时感知、智能控制、精准作业、智慧服务”技术体系,推进实现农业生产由群体向个体、总量向变量调控的智能精细生产转变。

2. 发展高水平的智能农业装备,增强产业核心竞争力　深度融合新一代信息、人工智能、物联网、大数据等技术,重点发展重型智能及新能源拖拉机、耕种管收高效智能田间作业装备、工厂化种养智能装备与设施、农产品加工智能装备、农业机器人等,发展农业装备智能操作系统、农业智能生产决策系统、农业知识智能服务系统等,提升整机及零部件智能设计、验证、制造、检测、试验技术水平,实现农艺、装备与制造、生物、信息等智能融合,构建新一代智能农业装备技术、产品、服务体系。

3. 发展高效智能农业,培育产业发展新模式新业态　以高效绿色发展为核心,研发集成适合不同种植制度、种植规模的高效机械化、智能化生产技术及装备,突破薄弱环节生产技术装备瓶颈,形成可推广、可复制的高效生产模式,构建高效生态种养系统;针对山地丘陵、深泥脚水田等需求,研究轻简化机械化生产技术装备,形成区域适应性的全程机械化生产模式;系统集成智能化的水、肥、种、药施用与收获等装备,形成适合于种养生产信息化、智能化整体解决方案,发展无人农场、智慧果园、智慧渔场、植物工厂、智慧牧场等新业态农业、养殖业、渔业,推进现代农业全程全面机械化、智能化发展。

(三)“十四五”重大工程建议

1. 新一代智能农业装备科技创新工程　新一代智能农业装备是乡村振兴、创新驱动发展等重大战略重点,也是国际产业技术竞争焦点热点。发展新一代智能农业装备,补齐科技创新短板,解决关键核心技术受制于人的“卡脖子”难题,推进产业转型升级高质量发展。以提升智能农业生产技术水平和自主创新能力为目标,统筹应用基础、关键共性、重大装备、示范验证等,统筹粮经饲、农林牧渔、种养加等,以智能制造、智能装备、智能管理、智能服务为主线,重点开展动植物生长智能调控、高效智能作业装备、远程运维与管理、智能作业机器人技术系统,以及关键零部件及整机智能设计、高性能材料与制造技术研发,以及动力换挡、无级变速、动植物生长与环境信息感知传感器、农机工况及作业质量传感器、高效采收与清选部件、智能操控系统等研发,发展耕、种、管、收等智能作业农机装备,发展畜禽、水产等智能养殖装备与设施,发展农林产品、畜禽产品、水产品等贮、运、加工智能装备与设施,发展农业农村信息服务产品及设施,形成自主可控技术产品体系,为农业装备产业发展提供高水平科技供给。

2. 农机装备重大整机及零部件产业化工程 加强整机与零部件协同，组织整机企业、零部件企业与科研单位、应用示范企业(基地)用户开展联合攻关，重点开展大马力智能拖拉机、谷物智能收获机、大型智能采棉机、甘蔗收获机以及大马力发动机、柴油机高压共轨系统、液压机械无级变速器，大马力大功率电液转向驱动桥、电液提升器、高性能打结器、专用传感器等核心零部件研发及产业化，实现高端农机装备产业化、关键核心零部件国产自给、农机装备质量全面提升，实现关键技术及核心零部件对外依存度由90%降低到50%以内，国产农机装备市场满足率90%以上。

3. 全程全面农业机械化推进工程 充分发挥农机购置补贴、农机化全程示范县建设资金的引导作用，加强薄弱环节农业机械化技术研究和农机装备的研发、推广与应用，推动品种栽培装备等多学科、产前产中产后各环节协同联动，推进主要农作物生产全程机械化技术集成与示范；大力支持保护性耕作、秸秆还田离田、精量播种、精准施药、高效施肥、水肥一体化、节水灌溉、残膜回收利用、饲草料高效收获加工、病死畜禽无害化处理及畜禽粪污资源化利用等绿色高效机械装备和技术的示范推广，加快果菜茶、牧草、现代种业、畜牧水产、设施农业和农产品初加工等机械化发展，支撑农作物综合机械化率达到75%以上、畜牧业机械化率达到50%以上。

4. 智能农业示范应用工程 融合应用5G、物联网、大数据、区块链、云计算、人工智能、遥感卫星等基础设施和新技术，集成智能化的耕整、水肥种药施用、采收等智能农业装备，形成适合于不同生产规模的主要粮食和经济作物生产信息化、智能化整体解决方案，在不同规模的农场进行无人农场、智能生产示范应用。集成高效节能设施、环境调控、畜禽个体饲喂、畜产品采集等养殖设备，形成适合于不同养殖规模的畜禽、水产养殖生产信息化、智能化整体解决方案，进行智慧牧场、智慧渔场等示范应用。优化提升果蔬、畜禽水产品分选分割、清选杀菌、高效干燥、分等分级、安全包装、品质监测、溯源等智能装备，集成智能化加工成套工艺技术及装备，开展农产品智能化加工示范应用。建成适用中国农业特色、具有自主知识产权的智慧农业技术体系，支撑农业生产数字化水平由20%提高到30%以上，推进实现农业智能生产。

四、中长期(2035)发展路线图

(一)发展需求

农业装备是实现农业农村现代化和乡村振兴的物质保证和核心支撑。我国已是世界农业装备生产和使用大国，但不是强国，产业发展已进入转型升级发展阶段。构建现代化经济体系，推进农业农村现代化，实施乡村振兴战略，保障粮食、食品、生态三大安全，转变农业发展方式，实现一二三产业融合发展，要走中国特色农业机械化、智能化发展道路，要瞄准国际前沿，面向重大战略及需求，强化关键核心技术自主创新，推进高效化、智能化、网联化、绿色化发展，实现智能技术领跑、智能产业引领、农业智能生产，实现自主可控、安全高效发展。

(二)发展目标

到2025年，构建智能农业装备产业技术创新体系，攻克弱项短板，推进填平补齐，产品品类基本齐全，产品和技术供给基本满足需要，产业迈入高质量发展阶段。

到2030年，构建形成以自主创新为核心的技术创新体系，关键核心技术全面自主化，形成以新一代智能农机装备为主导的产品格局，产业规模稳居世界首位，进入世界领先水平前列。

到2035年，构建形成以自主创新为核心的技术创新体系和新一代智能农业装备技术及产品开发能力，智能装备产品品种齐全，质量水平达到世界先进水平，进入农业装备强国行列。

到2050年，构建形成全面的自主创新能力，形成智能装备、智能制造、智能作业、智能服务为核心的智能农业生产技术及装备体系，进入农业装备强国前列。

（三）发展重点产品及关键核心技术

1. 重点产品 重点发展200马力及以上动力换挡拖拉机、无级变速拖拉机，以及电动拖拉机、农用无人机动力平台等新型农用动力装备；发展粮食及经济作物精量施肥播种、高速栽植、施药及喷灌高效田间管理、智能收获等田间高效智能作业装备技术；发展种子、农产品干燥保质、分等分级、保鲜贮藏、品质检测等智能成套装备；发展畜禽养殖环境精准调控设备、行为与生长健康状况智能监测、精量饲喂、畜产品采集等智能养殖设备，构建新一代智能农业装备技术、产品体系。

2. 关键核心技术 重点发展关键部件及整机数字化建模、虚拟设计、动态仿真验证，以及数字孪生、基于模型的产品数字化定义（MBD）等农业装备智能设计及验证技术；发展电动、太阳能、氢能等独立或混合新型动力系统应用技术，以及机械和液压混合双动力、静液压闭式回路调速，电控液压换挡换向、重载大传动比行星传动及润滑冷却、静液压传动装置可靠性等无级变速传动技术；发展土壤、动植物、环境等信息感知技术，基于北斗卫星导航系统（BDS）、新一代信息通信技术的农机高精度导航及定位技术，作业工况监测与智能调控技术，以及智能农业机器人技术等；发展农机作业大数据智能分析与决策、自主作业、多机协同等智能作业技术，故障自动预警与自动诊断、远程运维等智能管理技术，构建以全链条信息感知、定量决策、智能控制、精准投入、智慧管理为核心的智能农业生产技术体系。

（四）战略支撑与保障

1. 打造国家战略性科技力量 集聚国家级创新平台及优势科技资源，推动产学研深度融合、科技与产业融通发展，构建国内领先、国际一流的农业装备关键核心技术、战略性新兴技术、前沿与交叉融合技术、重大装备技术创新及成果应用平台，成为国家战略性科技力量。

2. 培育具有国际竞争力企业 鼓励大型企业由单机制造为主向成套装备集成为主转变，支持中小企业向“专、精、特、新”方向发展，构建大中小企业协同发展的产业格局。支持企业参与“一带一路”建设、对外援助和国际合作项目，提升国际化研发、生产及经营能力，培育具有国际影响力和竞争力的农业装备企业。

3. 塑造产业发展新格局 推进新一代人工智能技术在农业装备中的应用及产业化开发，支持智能农业装备应用示范和推广，发展“互联网＋农机作业”、数字农业、智慧农场等；发展智能制造、绿色制造、服务型制造；发展农机保险、信贷、产业金融，完善和优化农机关键零部件及整机税收优惠、农机新产品购置补贴、大型农机作业补助等政策。

五、产业布局及国际化发展战略

(一)产业布局

我国农业装备产业主要分布在山东、河南、江苏、河北、浙江等省份，并初步形成了以苏锡常为代表的江浙产业集群、以洛阳和潍坊为代表的鲁豫产业集群、以黑龙江和吉林为代表的东北产业集群、以河北为代表的京津冀产业集群。总体上，我国农业装备面临转型升级重大机遇及挑战，要以产业链、创新链、供应链为核心，聚焦传统产业升级及新兴产业培育，面向京津冀、长江经济带、粤港澳大湾区等重大区域发展战略，进一步优化产业布局，提升集群化创新能力和水平，提升产业链现代化水平，打造引领产业发展的战略高地。

1. 做强鲁豫产业集群　依托龙头企业，发挥区位优势和产业集群效应，立足于中国农业发展现状及需求，以高、精、尖和节能高效为目标，整机与零部件协同，多元化发展，着力打造大中小系列拖拉机、谷物联合收获机、播种机等优势产业，实现由大变强。

2. 做优江浙产业集群　环太湖流域的苏州、无锡、常州、湖州等是我国最大的南方水田型农业装备的制造基地，依托先进的制造能力和配套优势，深化与约翰迪尔、爱科等欧美企业，以及久保田、洋马、井关、现代和大同等日韩跨国农机企业合作，着力打造以水稻插秧机、水稻收获机、油菜收获机、移栽机、中小型拖拉机等核心的农业装备产业，推动形成具有竞争力的中外融合型、外向型的产业集群，牵引长江经济带芜湖，实现由好到优。

3. 做大东北产业集群　东北地区是我国最大的商品粮生产基地，是中国的大粮仓，也是国内农机需求量最大的市场和国内农机产业高端市场，但与巨大的产业需求相比东北农业装备制造业发展缓慢，要聚焦东北规模化农业发展、黑土地保护等需求，支持本土企业发展，积极对外跨国企业、吸引区域外国内企业，发展大型耕整、免耕播种、田间管理、高效收获装备技术及产品，实现由小变大。

4. 发展特色产业集群　围绕果蔬林茶生产、丘陵山区及水田农业机械化、区域特色作物生产等需求，基于京津冀、西北、西南、中部等区域企业、产业配套特点，推动相关企业面向农业装备拓展相关产业，或者培育、引进农业装备产业，发展特色农业装备产业集群，实现从无到有。

5. 培育新兴产业集群　围绕培育农业机器人、农业传感器、农用无人机、农业大数据、智慧农业、智能控制系统等新一代智能农业装备产业，发挥大湾区、江浙等人工智能、电子信息产业、人才、配套优势，以技术创新型企业为主体，高校、院所、新型研发机构为支撑，推进社会资本与技术创新结合，科技与产业融通发展，培育新兴产业集群，打造产业新动能，实现从旧到新。

(二)国际化发展

农业装备国际化发展是产业方向，也是参与全球市场竞争的必由之路。目前，我国农业装备技术及产品、企业“走出去”步伐加快，在全球产业链、价值链中作用日益增强。未来，要坚持

“自主创新和引进技术相结合、引进来和走出去相结合、产品优化和产业调整相结合、突出重点与全面发展结合”，利用外资、引进技术和对外投资、输出技术并重，提高安全高效地利用两个市场、两种资源的能力，实现由“引进来”的发展初级阶段走向“走出去”的发展高级阶段，最终达到由农业装备制造和使用大国向世界农业装备制造强国转变的战略目标。

1. 强化研发创新国际化 通过跨国并购获得技术专利和标准等核心资源，并开展本土化研发战略，同时先进技术研发成果转移支持国内产品技术升级和产业结构优化；通过境外建立研发机构不断引进新技术，实行研发业务全球化运作，提升现有产品技术水平，同时保持国际前沿技术跟踪能力。广泛开展国际研发合作及科技交流，树立人才国际化理念，在全球范围内配置研发资源，构建全球研发网络体系，以获得长期、稳定的全球科技领先优势。

2. 深化产业链国际化 充分利用国际分工进一步细化、全球采购和供应链管理的趋势越来越明显的特点，以零部件与整机协同发展为核心，积极参与全球分工体系。积极利用国内市场优势地位，充分利用全球生产制造资源，解决国内短期无法突破，而国外技术先进成熟的零部件和总成系统，弥补高端核心部件不足，缩短研发周期，提升技术竞争力。

3. 加快产品国际化 充分发挥本土技术和市场优势，积极谋求与国外知名品牌的联合研发、生产和销售，加快实现大型高端农业装备“本土化”生产，同步跟进国外先进产品市场。发挥我国中小型农业装备产业优势，通过建立针对国际目标市场的产品技术试验，提升产品区域差异化适应性，推进先进农业装备技术及产品“走出去”。面向非洲、东南亚、拉美等地区特色作物生产，积极培育发展区域特色农业装备产品，抢抓国际市场先发优势。

4. 打造国际化品牌 立足自足打造，通过严格的管理和控制，建立起遍及全球的营销网络和维修服务网络，树立“质量高于一切”的信誉，将品牌逐步打入国际市场，营造深厚的品牌文化，将中华优秀文化融入品牌之中。瞄准国际知名品牌资源，通过资本运作和以资产为纽带，合作或者收购国际知名品牌，形成以中国企业为主导的品牌系列。

5. 深耕国际化市场 打造具有竞争力的经济型、细分领域、高性价比产品，着力开拓北美、西欧和日本等市场；发挥自身产品和技术优势，利用当地成本优势，生产制造与贸易结合，大力拓展东南亚、拉美地区市场；充分发挥我国先进的精耕细作农机技术及产品优势，积极开拓非洲市场。

六、措施建议

(一)完善产业政策体系

加强政策顶层设计和协调，形成从研发、购置补贴、保险、产业投资等全链条政策体系。促进产业链供应链各环节、各部门形成合力，加快推进国内已有新材料、高端元器件、先进制造、设计软件等高端技术跨行业、跨部门产业应用。支持农机企业特别是骨干企业生产制造、检测能力建设，提升高端装备产业化能力和水平。不断完善进出口、国内外企业并购等农机产业安全政策，优化市场布局及产业结构。建立进口农机装备智能系统信息安全审查制度，保障农业生产数据安全，确保自主可控。加大知识产权保护力度，支持企业推进知识产权国际化布局，保障国际化发展。

(二)优化财政税收政策

充分利用中央财政科技计划(专项、基金等)、中央预算内投资等资金渠道,以创新为导向,形成对基础、共性、关键技术研发和重大产品研制及应用的长期稳定支持机制。进一步优化完善农机购置补贴政策,形成以装备性能、功能为特点的补贴模式,加大对国内企业首台(套)创新产品和高性能装备的补贴激励,探索推进重大装备应用示范补助,引导企业加大投入发展高端产品。研究更大力度支持农机装备创新发展的科研开发、制造、销售税收优惠政策,研究取消与《产业结构调整指导目录》鼓励类目录相关的进口农机装备及关键零部件的税收优惠政策。

(三)积极推进产业金融发展

引导社会资本设立农业装备产业发展创新基金,为农业装备技术开发和产业化提供融资保障。鼓励金融机构向符合产业政策的农机装备产业项目提供信贷支持、融资租赁服务。鼓励和引导骨干企业发挥资本市场作用,通过兼并、收购、重组,形成产业链条,做大做强。

(四)强化产业人才支撑

加强农机相关学科建设,引导高校积极设置相关专业,支持高等院校、科研院所扩大农业工程类专业硕士、博士研究生培养规模。加大卓越农林人才、卓越工程师教育培养计划对农机人才的支持力度,引导相关高校面向农业机械化、农机装备产业转型升级开展新工科研究与实践。推动实施产教融合、校企合作,支持优势农机企业与学校共建共享工程创新基地、实践基地、实训基地。加大力度培养高端领军、企业科技人员等农机创新人才、实用人才;鼓励农机人才国际交流合作,联合培养和引进国际农机装备高端人才。

(本文被中国工程院采纳)

报告十四

高质量打造农产品　畅通市场金字招牌

——推进江苏农业品牌强省建设战略思路与对策研究

易中懿　孙小龙
（江苏省农业科学院）

品牌强省是现代农业高质量发展的时代要求。习近平总书记明确提出，要推动中国制造向中国创造转变，中国速度向中国质量转变，中国产品向中国品牌转变。江苏农业已步入质量效率型集约增长新阶段，农业市场竞争的阵地已从传统的产品价格转移到以品牌为核心的较量。加强农业品牌建设，增强品牌的溢价能力和市场竞争力，对于加快江苏农业现代化发展意义重大。

一、江苏农业品牌建设存在的突出问题

农业品牌建设的政策支持体系不够精准。一方面，顶层设计和统筹规划力度不足，缺乏省级层面的总体规划和具体实施方案。另一方面，农业品牌建设政策支持力度不大，虽然江苏各地纷纷出台相关文件强化财政扶持，但是总体规模较小。此外，省级层面直接用于农业品牌建设的扶持资金较少较分散，不适应江苏经济强省、农业大省的省情。

1. 农业品牌建设的互动发展格局尚未形成　一方面，江苏省内多数区域公用品牌的运作机制和营销机制不够完善，市区联动、企业联合的宣传机制没有形成，相应的评价监管与退出机制还没有普遍建立，出现了区域公用品牌"泛用"和"滥用"等问题。另一方面，部分企业虽注重品牌的创建，但忽视了品牌的扶持和监管，存在"创牌不用牌、创牌难用牌"情况，在市场上有"名"无"分"或无"名"无"分"。

2. 农业品牌建设的影响力有待提升　江苏农业品牌有数量优势却无市场优势。一方面，农业品牌的经营意识不强，企业普遍存在重注册、重开发、轻经营、轻保护的现象。很多农业品牌只是为了注册而注册，缺乏注册后的使用规划，使得品牌价值挖掘不够深入，效益未充分彰显。另一方面，农业品牌宣传传播渠道受限，在国家级、省级主流媒体和网络等新兴自媒体平台集中推介的力度不够。

3. 农业品牌建设的基础还不牢固　一方面，农业标准化建设体系不够健全。江苏虽注重农业标准化的制定和修订，但落地执行不够。有的只注重产前、产中标准的实施，忽视了

产后标准的实施和监管。另一方面，农产品品质不够稳定。部分生产经营者质量意识淡薄，在生产过程中过量施用农药、化肥和其他药剂，导致农产品中的有害物质超标。

二、国内外农业品牌建设的经验

(一)国外农业品牌建设的经验

1. 重视农产品质量标准认证和监管 发达国家通过一系列质量标准认证和质量监管，保障农产品质量。欧盟国家实施“欧洲统一认证”(CE)安全合格标准制度，同时积极参与国际标准化组织(ISO)、国际食品法典委员会(CAC)等国际机构的标准制定。日本要求在本国市场上销售的农林产品及其加工品(包括食品)都必须遵守 JAS 制度的管理规定并接受监督。

2. 实施精准的产品差异化战略 精准的产品差异化战略，可以创造新的供给能力，引领市场需求。新西兰 ZESPRI(佳沛)公司每年花费重金进行全球性的市场调研，研究消费者对猕猴桃的偏好，包括口味、大小、成熟度等，再依据调研信息研发适合不同偏好的新产品。

3. 创造和引领独特的品牌消费理念 农业品牌可以激发新的消费潜力、输出特有的消费理念和创造独特的消费品位。如美国新奇士橙子，其本身特色并不明显，但通过大量的广告宣传和统一的包装，树立了一个高品质、标准化的品牌形象。

4. 政府给予大力的财政支持 农业品牌建设离不开政府的财政支持。美国通过补贴和减税使涉农企业获得了资金支持，企业才有能力对农业科研注入更多经费，才能在广告宣传和营销推广等品牌建设项目上花费重金。日本对农业生产者实施税收优惠，农业生产领域税收水平大体上只有非农业税率的一半。

(二)国内农业品牌建设的经验

1. 统筹优化专项资金支持农业品牌建设 天津、河北、湖南、重庆、四川等地整合农业财政资金，用于农业品牌建设。海南、浙江、山东、广东、福建、云南、黑龙江、宁夏等地安排专项资金，集中支持农业品牌发展。

2. 积极开展农业品牌评选认定工作 天津、山东开展知名农产品评选，河北、广东、云南等地开展十大、十佳系列品牌评选，浙江、福建、广东、海南、重庆开展名牌农产品、区域名牌农产品评选。

3. 着力打造农产品区域公用品牌 北方的黑龙江、天津、河北，东部沿海的山东、福建、浙江，中部的湖南，南方的广东、海南，西部的重庆、四川、云南、宁夏，都对农产品区域公用品牌培育提出明确要求，出台举措予以大力推动。

4. 不断创新农业品牌营销推介方式 海南在大中城市设立品牌农产品直销配送中心；湖南实施“湘品出湘”工程，在大中城市建立湖南名特优农产品展销中心；宁夏在知名超市中设立品牌农产品专销区或店中店；福建开展“闽茶海丝行”活动，探索“闽货供应商＋国际物流企业＋海外华人超市”模式。

5. 主动提供农业品牌建设服务 河北组建农业品牌建设办公室、筹建品牌研究院进行统筹协调；天津利用网农对接、品牌知识培训等强化品牌培育意识；海南、湖南搭建品牌运营管理平台；重庆将农业品牌建设纳入县区政府目标考核；浙江研究制定农业品牌振兴行动计划。

三、推进江苏农业品牌强省建设的战略思路和对策措施

（一）战略思路

认真对标习近平总书记赋予江苏“两争一前列”的新使命，积极践行“创新、协调、绿色、开放、共享”的新发展理念，主动融入以国内大循环为主体、国内国际双循环相互促进的新发展格局，以市场需求为导向，着力强化农业品牌顶层设计和制度创设，选择特色鲜明、品质优良、市场潜力大的优势区域和产品，立足资源禀赋和产业基础，做好特色文章，实现差异竞争，错位发展，通过一系列措施，加快构建以区域公用品牌、知名企业品牌、特色优势产品品牌三位一体的农业品牌体系。

（二）基本原则

1. 坚持市场主导 适应市场多样化、个性化需求，加快推进农业转型升级，加大品牌创建、宣传和推广力度，打造具有江苏特色的农业品牌形象。

2. 坚持企业主体 引导农业龙头企业、农民专业合作社、家庭农场等新型农业经营主体强化品牌意识，加大品牌培育和营销推介力度，推进农业标准化生产和科技创新，努力打造以品牌价值为核心的新型农业。

3. 坚持政府引导 建立健全农业品牌发展扶持政策体系，加强质量安全监管和品牌宣传营销，强化品牌服务和保护，创造有利于品牌培育和发展的社会环境。

4. 坚持协同共建 整合资源要素，着力构建政府部门联动、行业协会组织协调、农业经营主体积极参与、媒体宣传引导的农业品牌培育机制。

（三）对策措施

1. 围绕区域优势制定农业品牌发展规划 一是开展全面调查。对江苏现有农业品牌进行分门别类的统计、梳理，建立分类明晰、档次分明的农业品牌目录。二是统筹规划产业布局。将农业品牌培育与粮食生产功能区、重要农产品保护区、特色农产品优势区以及国家级省级现代农业产业园、示范园建设等相结合，统筹制定农业品牌培育发展规划。三是加强农业品牌发展策划。借助品牌咨询策划公司对涉及农产品生产、流通、加工到消费的各个环节进行系统谋划，将农业品牌建设贯穿农业全产业链。

2. 构建政府、协会和企业协调推进机制 一是发挥政府在规划制定、政策引导、监

管保护等方面的作用,健全农业品牌化政策体系。建立健全农业品牌认证、推广、识别、延伸与评价等关键环节规则和机制,形成农业品牌全程管理体系;健全农产品在工商、税收、质检等方面的优惠政策,加大对农产品生产和流通的支持力度,强化品牌保护,形成良好政策环境。二是发挥行业协会在政府与企业之间的桥梁纽带作用,提升行业自律水平。行业协会要积极反映企业在品牌建设过程中的共同诉求,创新服务方式,为企业提供品牌推介、品牌评估和诚信评价等服务。三是发挥企业的品牌创建主体作用,培育和壮大农业品牌。企业自身要将品牌纳入发展战略,通过规范生产过程、采用先进技术、提升产品质量、加强营销推介等手段提升品牌的影响力。

3. 以大品牌和知名品牌创建为主攻方向 一是着力创建农产品区域公用品牌。借助农产品原产地保护、地理标志保护等手段,通过"公用品牌+行业协会+农户(企业、基地)"等形式,发展推广"母子"品牌、品牌联盟等,不断提升区域公用品牌实力。结合开展产业兴村强县示范行动,引导各地围绕"一县一业""一镇一特""一村一品",依托农业产业化联合体、行业组织等,积极创建、培育、提升农产品区域公用品牌。二是切实提升农业企业品牌。鼓励企业加强自主创新、质量管理、市场营销,充分发挥组织化、产业化优势,与原料基地建设相结合,打造具有较强竞争力的企业品牌。引导企业依托已有自主品牌,利用资金、技术、设备和市场营销等优势,采取参股、控股、兼并、收购等方式,开展跨品类、跨区域、跨行业整合,打造一批产品竞争力强、市场占有率高、社会影响力大的知名品牌。三是积极培育农业产品品牌。以农民合作社、家庭农场、专业大户等新型农业经营主体为主要载体,创建地域特色鲜明"小而美"的特色农产品品牌。加大挖掘、培育、登记和知识产权保护力度,将有一定资源优势、产业规模和市场知名度的农产品,注册农产品地理标志、地理标志证明商标、地理标志集体商标。

4. 不断夯实农业品牌建设基础 一是提升农产品标准化生产水平。推行标准化生产技术集成应用,开展农产品营养品质的检测、质量评价等标准研究,集成一批生产、收贮运、加工环节质量控制管理为一体的品牌农产品标准。二是强化农产品质量安全监管。加强监管名录和信用档案建设,压实农产品质量安全监管责任,实现农产品源头可追溯、流向可跟踪、信息可查询、责任可追究。三是推行农业绿色生产方式。推行全产业链的绿色生产技术,开展畜牧生态健康养殖、标准化养殖、绿色发展示范创建,促进种养有机结合、农牧循环发展。

5. 持续加强农业品牌精准营销 一是明确品牌定位。遵循农业品牌发展规律,注重市场调研与预测,搞好市场细分与定位,瞄准目标市场与主体消费群体开展精准营销。二是讲好品牌故事。发挥江苏媒体融合传播优势,以故事沉淀品牌精神,以故事树立品牌形象,把"苏字号"故事讲得娓娓动听,引人入胜。三是挖掘传统文化内涵。加强老工艺、老字号、老品种的保护与传承,培育具有文化底蕴的农业品牌。四是构筑品牌推介阵地。借助节日庆典、农产品博览会、展示展销会评奖评优活动等平台,利用大数据、云计算、移动互联等新兴技术手段,强化"短视频+直播带货"的营销模式,持续不断进行广告宣传和品牌推介,精准提升消费者认可度和忠诚度。

(本文发表于江苏省人民政府研究室内刊《参考专报》2021 年第 13 期)

报告十五

一流大学科技创新团队建设实践与建议

曹阳　吴迪　杨波　陈昆松

（浙江大学）

十九大报告指出，“要瞄准世界科技前沿，强化基础研究，实现前瞻性基础研究、引领原创性成果重大突破”。我国已进入技术创新成为主要经济社会发展要素的阶段，但关键技术仍受制于人，缺乏原始创新突破，重大创新瓶颈依然存在。当前，全球新一轮科技革命和产业变革迅猛发展，世界创新版图正在加速重构，是我国成为世界主要科学中心和创新高地的重要机遇。“加快一流大学和一流学科建设”是中国特色社会主义进入新时代后对高校办学提出的新要求。在我国建设好一批世界一流大学，对提升经济实力、国际竞争力和国民素质都具有重大意义（何东昌，2003）。纵观世界一流大学，均处于科技创新的“领跑”方阵。西方大学的科技创新形式多以 PI 制为主。我国一流大学的主要任务是聚焦国家目标，将人才培养、科学研究和社会服务融为一体，实现科技创新和人才培养，推动社会经济发展。因此，不同于西方大学，科技创新团队建设已成为我国一流大学有组织科技创新的重要模式，也是实现科技核心竞争力的重要载体。可见，有组织的科技创新既是中国特色世界一流大学建设的需求，也是高校自身发展的使命所驱。本文在分析高校科技创新团队建设及存在的问题的基础上，针对一流大学的科技创新团队建设，结合浙江大学建设一流大学科技创新团队的实践和成效，提出了一流大学科技创新团队建设的一些对策建议。

一、高校科技创新团队建设及存在的问题

（一）高校科技创新团队内涵

1. 高校科技创新团队的概念和特点　现代科学研究已变成系统性研究工程，单兵作战的研究模式已难以适应新时代创新驱动发展的需求。据统计，诺贝尔奖设立的前 3 个 25 年中，获奖者为合作研究的比例分别为 41%、65%和 79%（秦军等，2019）。高校具有多学科和多层次人才的优势，是国家科技创新体系的重要组成部分。不同学者对于高校科技创新团队给出了不同的定义（袁春蕾，2016；尹洁，2016；彭建华等，2016）。我们认为高校科技创新团队，应

有明晰的共同目标和独特的研究方向，是由多个相同领域或交叉学科的科研人员组成，相互协作、相互依赖、相互补充，并按照一定形式组合开展科学技术研究与创新的组织。一个优秀的科技创新团队主要具有以下特点(秦军等，2019；王嘉蔚等，2015；何洁等，2013；于洋等，2014)：①有明确的科技创新战略和共同奋斗目标。一个可持续的创新团队不是为了完成某一项科研任务而暂时设立的。团队目标应具有形成团队凝聚力的作用，既能够对整个团队发展起到指导和激励作用，避免偏离方向，又可以吸引团队成员为之奋斗，将个人能力汇聚集中，持续发力。②有可以引领团队发展的带头人。团队带头人一般具有杰出的科学成就和优秀的管理、组织、协调能力，以发挥权威影响力，产生号召力与凝聚力，并对团队运行进行科学管理，将各类创新资源进行合理的规划使用，并将整体创新目标细化到具体行动，进而发挥出整体创新能力。③有一支梯队结构合理协同创新的研究队伍。创新团队要凝聚一批高水平的优秀人才。团队成员并不是简单随意拼凑在一起，而是应该在发挥各自优势的基础上，产生 1+1>2 的协同效应。团队成员间要梯队合理，并且在年龄结构、工作经历、研究水平、职称职务等方面形成梯队。④可持续产出一批高水平创新成果。团队不能只关注产出低水平成果，而是要形成持续创新的内生动力，关注高水平、“卡脖子”的关键成果创新。⑤有良好的科研条件支撑。团队需要依托科技创新平台，要有稳定的经费来源，拥有独立实验空间、先进仪器设备，布局产业化应用示范基地。⑥拥有国际化交流载体。注重国际合作与交流，形成稳定的国际合作伙伴，及时跟踪最新的国际科技发展动态，成为团队成员良好国际化交流、开拓国际视野的载体。⑦有良好的团队文化和创新氛围。团队要形成充满正能量的工作环境，激发团队成员的创新思维并保持身心愉悦的工作心情；形成弘扬民主、自由开放、攻坚克难、不断创新的学术创新理念和创新素养；形成团结合作、相互信任、彼此尊重、资源共享的团队精神。

2. 高校科技创新团队的作用 高校科技创新团队的作用主要体现在以下几方面：①科技创新团队建设水平是国家创新能力的重要体现。高校普遍存在“资源碎片化、人员分散化、学科单一化”，即常说的“小、散、虚”。组建一批能打硬战的优秀科技创新团队，既可有效紧跟国际科学技术前沿，参与国际竞争；又可在国家创新驱动战略实施中，承担国家科研任务，服务国家和区域经济社会发展。②科技创新团队建设是提升高校科技创新核心竞争力的重要抓手。通过建设科技创新团队，整合力量，争取承担重大科研任务，取得标志性科研成果，是高校增强原始创新能力，推动科学研究，提升科技创新影响力的重要支撑(童洁，2019)。③科技创新团队建设是高校科研队伍培养的重要载体。创新团队建设可为科研人员提供快速成长的舞台。年轻教师加入创新团队后，在团队的带领和影响下，彼此交流学习，可促进个人快速进步，提高自身知识水平和创新能力；同时也为个人提供展现组织协调能力的机会，从而达到培养人才，锻炼队伍的目的。④科技创新团队建设是传承并弘扬良好学术科研文化的重要途径。创新团队在共同科研目标的引领下，受到团队浓厚科研氛围的熏陶，团队创新人才的学术道德、科学素养、协作精神、大局观念等得到培养，将有利于科学创新文化和良好学术风气的传承(秦军等，2019)。

3. 高校科技创新团队的组织模式 当前高校常见的科研团队可以分为 4 种组织形式：一是“导师+学生”模式。一般由一名教师和若干研究生组成，为典型的美国高校 PI 模式。该模式也是我国高校中最为常见的一种科研团队模式。研究生们根据导师确定的研究方向或者承担的研究项目开展工作。这类师徒型团队的科研动力和创新能力主要取决于导师的研究和管理能力以及学生的工作动力。由于规模偏小，因此便于管理，工作灵活性强。二是“领导

＋教师”模式。这种模式常见于学院(系)的层面,由负责人根据学科方向进行组建。这类模式成员的专业背景和研究方向较为一致,容易沟通交流。但也容易因为考核、晋升等指标限制,导致相互防备,彼此竞争。三是“教师＋教师”模式。一般以中大型科研项目和研究机构为依托,通过学科交叉,开展联合攻关,共同完成科研工作。该模式又分为普通教师合作和杰出科学家合作。前者一般以个人晋升发展和考核需要为目标进行联合研究,主要是满足个人需要和实现个人价值。后者一般瞄准国际重大科技前沿热点或国家行业重大科技需求,通过学科交叉开展集团军式的联合攻关,以取得重大科技突破和原创性科技成果。“教师＋教师”模式合作的目的性比较明确,但团队比较松散,容易导致整个团队创新能力削弱甚至解散。四是“带头人＋教师”模式。一般由学术带头人总揽全局,各个教师形成若干科研小组,彼此之间研究领域相近或相关,有相似的科研兴趣和明确的中长期目标,可以承担较大的科技项目和创新工作。由于具有扁平化的团队结构,加上各成员主要基于平等自愿的原则组建,团队成员间彼此地位相对平等,因此整个团队容易形成方向明确、关系和谐、相互协助、共同前进的氛围,达到双赢或多赢。

(二)目前高校科技创新团队存在的主要问题

当前,我国高校科技创新团队在建设和运行过程中存在的主要问题有:①团队临时拼凑,凝聚力不强。部分创新团队为了争取资源而临时组建,建设的功利性强,短视行为严重,实质性合作不多,缺少团队凝聚力和创新动力。这常导致团队不稳定、人员流动大,甚至最终导致团队解散。②团队带头人能力不足。带头人或领军人才的学术影响力或管理能力不足,也是科技创新团队建设中容易面临的问题。作为团队创新的“领头雁”,高水平的带头人需要具备深厚的学术造诣和良好的组织协调能力(彭建华等,2016),并有牺牲精神。③团队发展缺少初心。部分创新团队在建设过程中,流于表面形式,盲目搞学科交叉,只为“分蛋糕”、争资源,违背科学研究的初心。④考核机制有待完善。目前高校考核机制中重个人、轻团队的现象比较突出。对于某个成果的贡献评价,主要关注人员排序,缺少对成果相关人员的整体评价(秦军等,2019),严重影响团队的整体创新动力。调查显示,关于“高校科技团队组建亟待改进的方面”的问题,选择“制定科学合理的考评体系”的比例高达28.02%(叶李等,2017)。⑤忽视后继人才培养。很多团队在带头人的带领下能够齐心协力,为共同目标开展工作。但一旦团队带头人离开团队,团队凝聚力也随之消失(于洋等,2014)。因此,合理的团队梯队和后继人才储备和培养是科技团队建设与发展过程需要关注的。

二、一流大学科技创新团队的目标任务

党的十九大报告明确提出了“加快一流大学和一流学科建设”的目标,科技创新能力提升是建设世界一流大学的根本任务。一流大学科技创新团队建设是彰显高校创新能力的重要举措。一流大学科技创新团队的主要目标任务主要包括以下几方面:①突破大科学。一流大学科技创新团队要在科学重大发现、科技重大突破、认知重大颠覆等方面发力,抢占科技发展的先机,及早参与、甚至主导一些世界性创新工作,突破大科学,引领学科发展。②取得大成果。

科技创新团队要面向经济主战场,围绕产业链部署创新链,加快科技创新,着力突破共性关键技术,取得大成果,支撑我国经济持续健康发展。③承担大项目。科技创新团队要推进面向国家重大需求的战略高技术研究,积极承担关系国家全局和长远的重大项目、重点项目、重要项目,抢占世界创新战略制高点,增强我国综合科技竞争力。④培养大学者。人才培养是大学立身之本。建设世界一流大学,就要培养包括战略科技人才、科技领军人才、青年科技人才以及高水平创新团队,具有全球视野和国际水平的科技人才。因此,科技创新团队要将培养优秀青年科技人才作为重要使命,并成为高层次学者的孵化器。

三、浙江大学科技创新团队建设的实践和成效

浙江大学在"十一五"末,为了适应新的科技计划变革和"十二五"科研项目组织形式变化,启动组建了一批科技创新团队,以"组建大团队、承担大项目、产出大成果"为目标,推进科技创新与国家科技计划和区域重大科技需求的紧密衔接。"十二五"至"十三五"期间,通过高校基本科研业务费支持,采用"择优选择、稳定支持、动态调整"的试点运行,取得了明显成效:学校100%的国家基金创新群体、教育部科技创新团队和亿级项目群,88%的国家一等奖和73%的国家二等奖均来自科技创新团队(表3-3)。

表3-3 "十二五"至"十三五"期间(2011—2019年)浙江大学科技创新团队建设的主要成效

内容	比例
国家基金创新群体	100%
教育部创新团队	100%
亿级项目群	100%
国家一等奖	88%
国家二等奖	73%

为了加快服务国家和区域创新驱动发展战略,探索产研协同的新机制,"十三五"学校又启动了"16+X"科技联盟建设,以学校科技创新团队为基础,建立一批总体布局合理、功能定位清晰、具有高校特色的科技创新联盟。每个联盟由2个及以上科技创新团队组成。联盟实行首席科学家负责制,由学校聘任,全面负责联盟建设工作。联盟设管理委员会,决策联盟建设运行过程中的重要事项。按照"顶层设计、融合创新"的原则,统筹规划布局,成熟一个,启动一个。联盟以"学科交叉、有限目标、彰显特色"为导向,"一盟一制",强化有组织创新,探索建立"基础研究、技术研发、成果转移"一体化、全链条的研发体系,构建纵横交错的科研网络共同体,显著提升了系统解决重大科技发展问题的能力。2016年浙江大学"16+X"联盟承担的重点研发计划项目、课题和总经费分别占全校的100%、93%和97%。

四、一流大学科技创新团队建设的对策建议

（一）建设科技创新团队要坚持中国特色

建设世界一流大学的前提是要坚持中国特色，创新团队的建设也必须要体现中国国情和特色。英、美大学的科技创新主要依靠 PI，是以面向国际科学前沿为目标的自由探索模式。我国很多高校的科技创新活动也是基于 PI 负责制的模式。然而，PI 制也存在一些问题，如强调自由探索，常常忽视解决社会经济发展的实际需求，创新方向比较分散，学科方向趋同性强，容易造成资源浪费等（何洁等，2013）。随着大科学时代的到来，PI 制在一定程度上已难以满足我国科技创新面向世界科技前沿、面向经济主战场、面向国家重大需求的发展目标。团队制的科技创新模式，可以在科学研究、学科建设、人才培养、平台和创新资源建设等方面将发挥多重作用。科学问题的综合性、科学研究的复杂性、科学创新的交叉性，也要求高校科技创新活动必须将国家目标和自由探索相结合，朝着集群化、协同化、交叉化的方向发展。相对于 PI 制，"科技创新团队＋PI"模式更适合我国的实际情况。该模式既以 PI 为核心，面向国际科学前沿，开展前瞻性的研究，抢占未来经济科技发展的先机，又以科技创新团队为依托，服务国家战略目标，面向经济主战场，打破关键核心技术受制于人的局面。

（二）科技创新团队的基本组成与分工协作

科技创新团队应该目标清晰、方向独特、梯队合理、协同分工。团队成员组成要遵循"人员互补、集聚资源、协调共享、凸显 C 位"的原则。"带头人＋教师"可以作为一流大学科技创新团队组建的主要组织形式，可兼用"科技创新团队＋PI"混合式模式。团队负责人应具有深厚的学术造诣和良好的组织协调能力，骨干成员以 7～9 人为好（含 2～3 名教授，配置 1～2 名实验技术人员），团队成员共同承担科研项目，共同指导研究生，统筹经费使用，共享研究成果（联合署名发表论著等）。团队的任务分工按照年龄段可以分为 3 类：一是以小于 45 岁的成员为主，以升职为牵引，聚焦高质量基础研究成果；二是以 46～60 岁之间的成员为主，以声誉为动力，更关注产生学术影响力和产业影响力；三是以 60 岁以上的成员为主，以情怀为愿景，以扩大学术影响力和领导力为目标。团队在科研创新的过程中，也要注重导入企业联合研发，引领学科发展，形成特色优势。

（三）科技创新团队建设的政策引导

学校政策制度是团队良性运转的重要保障。建议从以下几方面加强政策引导：①加强顶层设计，鼓励组建跨学科创新团队，推进学科交叉，打破学科、学院间的壁垒，形成学科综合优势。②从全局统筹利用现有资源，通过资源配置引导，支持团队发展，同时引入团队间的竞争激励机制，使优质资源向承担大项目、取得大成果的团队聚集。③设立专项资金，稳定支持团队及团队年轻成员发展；引导成果落地，提升团队自我造血能力。④赋予团队管理自主权，推进团队建设的"放管服"，给予团队带头人相对独立的人、财、物权，从而制定更适合自身发展的

规划与管理模式，提高团队自主管理能力，促进团队的可持续发展。⑤优化评价体系。一是尝试创新团队的“四重”评价，即重要人才、重大项目、重大成果、重大突破；二是重点推进个人成长与团队发展相结合的团队评价，注重团队成员的实际参与度与贡献度；三是对带头人的评价应关注把握研究发展方向、学术造诣水平、组织协调和团队建设等方面；四是优化人才评价周期，年度考核转向区段评估，短期与长期结合，注重过程与结果相结合；五是鼓励合作共享，为推动跨学科/单位合作，应建立研究成果共享机制，如跨一级学科(校内)或跨法人单位的共同通讯作者、跨一级学科(校内)或跨法人单位的共同第一作者，可视同通讯作者或第一作者。

五、结论

组建高水平的科技创新团队是建设新时代中国特色世界一流大学的重要举措。一流大学科技创新团队应面向国家重大战略需求，抢占事关长远和全局的科技战略制高点，将突破大科学、承担大项目、取得大成果、培养大学者作为团队建设的主要目标任务，以抢占科技发展的先机，引领高校和学科发展；突破共性关键技术，支撑社会经济发展；助推高层次人才培养，成为高端学者的孵化器。同时，建设科技创新团队要坚持中国特色，本着面向世界科技前沿、面向经济主战场、面向国家重大需求，我们认为一流高校的科技创新团队可以以“带头人＋教师”的组织形式为基础，兼用“科技创新团队＋PI”的混合式模式。该模式相较西方大学普遍的PI制，既可以面向国际科学前沿进行自由探索，又能够充分发挥团队“集中力量办大事”的优势，服务国家战略目标。科技创新团队应该形成目标清晰、方向独特、梯队合理、协同分工的目标任务。作为一个创新团队，成员间应该共同承担科研项目，共同指导研究生，统筹经费使用，共享研究成果。一流大学科技创新团队建设需要加强政策引导，一是加强顶层设计，鼓励跨学科组建团队；二是统筹利用现有资源，支持承担大项目、取得大成果；三是设立专项资金，支持团队稳定发展；四是赋予团队管理自主权，让团队选择更适合自己的发展道路；五是优化评价体系，探索尝试“四重”团队评价、带头人领导力评价和合作共享评价等。

(本文发表于《研究与发展管理》，2020(32)：66-70)

报告十六

中国省域农业科技创新能力评价与提升对策

郭翔宇[1]　王丹[1]　杜旭[2]

(1. 东北农业大学;2. 哈尔滨师范大学)

推进农业现代化,必须坚持创新发展理念,充分发挥科技第一生产力和创新引领发展第一动力的支撑作用。党中央、国务院高度重视农业农村科技创新工作,特别是2013年11月28日习近平总书记在山东农科院考察并座谈时强调,农业出路在现代化,农业现代化关键在科技进步。我们必须比以往任何时候都更加重视和依靠农业科技进步,走内涵式发展道路。

省域农业科技创新能力建设是国家农业科技创新能力建设的基础,对于加快推进国家农业科技创新发展具有重要作用。正确认识和有针对性地开展省域农业科技创新能力评价有助于了解和掌握各地区农业科技创新能力发展水平,明确各地区的竞争优势和薄弱环节,挖掘农业科技创新能力发展的制约和促进因素,为"十四五"期间国家优化农业科技资源布局、促进地区间农业科技协同创新、提升整体农业科技创新水平提供决策参考。

一、农业科技创新能力评价结果

在充分调研我国农业科技创新体系建设情况的基础上,详细分析了省域农业科技创新的内涵与特征,遵循"主体结构—资源要素—创新绩效"的思路推导省域农业科技创新能力形成路径,进而从农业科技创新支撑能力、农业科技创新投入能力和农业科技创新产出能力3方面构建省域农业科技创新能力评价体系,并对2018年中国31个省份和六大行政区的农业科技创新能力进行评价分析。

(一)农业科技创新能力得分整体偏低

从2018年各省市自治区农业科技创新能力综合得分来看,最高分为66.26,平均分为27.40,仅北京、江苏、山东3个省份得分高于40分,21个省份的得分低于30分,占67.74%。从一级指标得分来看,农业科技创新支撑能力最高分为56.35,平均分为25.94,仅北京、江苏、山东、广东4个省份得分高于40分,22个省份的得分低于30分,占70.97%;农业科技创新投入能力最高分为70.97,平均分为25.61,仅北京、山东、江苏3个省份得分高于40分,23个省份的得分低于30分,占74.19%;农业科技创新产出能力最高分为68.85,平均分为29.03,仅北京、江苏、浙江、湖北4个省份得分高于40分,22个省份的得分低于30分,占70.97%。

2018年各大行政区农业科技创新能力综合得分及排名依次为:华东区(34.12)、华北区(31.08)、中南区(28.70)、东北区(25.16)、西南区(21.23)、西北区(20.29),仅华东区和华北区的得分高于30分。从一级指标评价结果来看,农业科技创新支撑能力综合得分及排名依次为:华东区(33.43)、中南区(28.98)、华北区(28.23)、东北区(23.31)、西南区(19.64)、西北区(17.39),仅华东区的得分高于30分;农业科技创新投入能力综合得分及排名依次为:华北区(31.31)、华东区(29.33)、中南区(27.46)、东北区(22.55)、西南区(20.44)、西北区(19.46),仅华北区的得分高于30分;农业科技创新产出能力综合得分及排名依次为:华东区(36.86)、华北区(32.39)、中南区(29.17)、东北区(27.39)、西南区(22.43)、西北区(22.14),仅华东区和华北区的得分高于30分。

(二)农业科技创新能力地区差异较大

2018年,各省(自治区、直辖市)农业科技创新支撑能力的标准差为12.16,农业科技创新投入能力的标准差为11.89,农业科技创新产出能力的标准差为12.42,进而导致各省(自治区、直辖市)农业科技创新能力的综合标准差为11.56,结果表明,各省(自治区、直辖市)之间的农业科技创新能力绝对差异较大,两极分化比较严重。

2018年,全国6大行政区农业科技创新支撑能力的标准差为6.11、农业科技创新投入能力的标准差为4.94,农业科技创新产出能力的标准差为5.72,进而导致各大行政区农业科技创新能力的综合标准差为5.51,结果表明,各大行政区之间的农业科技创新能力绝对差异较大,但相比各省(自治区、直辖市)之间农业科技创新能力的绝对差异较小,两极分化相对较轻。

(三)农业科技创新能力指标均衡性较低

从全国各级指标的均衡性水平来看,一级指标(农业科技创新支撑能力、农业科技创新投入能力、农业科技创新产出能力)的均衡性较高,全国平均值为0.070 3,表明农业科技创新能力一级指标相关要素的内部关系及整体发展具有较好的平衡性;二级指标(经济条件、农业基础条件、农业科研与推广条件、协同创新与产业化条件、农业资金投入、农业人力投入、农业科研成果产出、农业科研成果转化推广、农业综合效益)的均衡性相对较低,全国平均值为0.253 2,表明农业科技创新能力二级指标相关要素的内部关系及整体发展较不平衡;三级指标(地区生产总值、地方财政收入、农业物质生产条件、农业信息化水平、农业科研组织、农业科技创新平台、农业技术推广条件、协同创新条件、高新技术产业化条件、政府农业科技研发投入、农业科技研发主体投入、农业高端人才数量、农业研发人员数量、农业技术推广人员数量、新型职业农民素质、农业科技论文水平、农业专利水平、农业新品种水平、农业科技奖励数量、国家级农业科研项目数量、农业科研成果转化水平、主要农作物品种推广水平、农业土地生产率、农业劳动生产率、农业增加值年增长率、农村居民收入水平、农业绿色发展水平)的均衡性更低,全国平均值为0.513 7,表明农业科技创新能力三级指标相关要素的内部关系及整体发展较失衡。从各省(自治区、直辖市)各级指标的均衡性水平来看,各省(自治区、直辖市)农业科技创新能力的均衡性普遍低于全国平均水平。

二、进一步提升农业科技创新能力的对策建议

（一）重视农业科技创新对现代农业的引领作用

党的十八大以来，“创新驱动发展”成为国家战略，科技创新被摆在国家发展全局的核心位置。党的十九大把乡村振兴战略作为国家战略提到党和政府工作的重要议事日程上来，并对具体的振兴乡村行动明确了目标任务，提出了具体工作要求。各省（自治区、直辖市）政府应积极响应国家创新驱动发展战略和国家乡村振兴战略，高度重视农业科技创新对现代农业的引领作用。在综合考虑国家农业科技创新政策导向和本地区农业科技创新发展现状的基础上，从农业科技创新支撑、农业科技创新投入和农业科技创新产出 3 方面入手配置农业科技创新要素，“三管齐下”，不断提升农业科技创新能力。

（二）优化农业科技创新能力评价指标结构

省域农业科技创新能力的评价结果显示，拥有较大比重的优势指标和较高指标均衡性的省（自治区、直辖市），其省域农业科技创新能力将处于更高的竞争优势地位，反之则处于劣势地位。优势指标和指标体系均衡对农业科技创新能力起到了促进和向上提升作用，劣势指标和指标体系失衡对农业科技创新能力产生了制约和向下拖拉影响。因此，各省（自治区、直辖市）在未来的发展实践中应该有针对性地采取有效措施，从提升指标优势和指标体系均衡性 2 方面入手，继续巩固优势指标，积极扶持中势指标向优势指标转变，努力减少劣势指标；注重各级指标的均衡发展，从基础指标开始逐级提升指标体系均衡性。通过不断优化农业科技创新评价指标结构，进而巩固并提升省域农业科技创新能力的优势地位。

（三）加强地区间农业科技创新能力协同发展

各省（自治区、直辖市）的农业科技创新能力差异较大，东中西部的农业科技创新能力发展不平衡，东部较强，中西部相对薄弱。因此，为进一步推动我国农业科技创新能力整体水平的提升，国家需要从宏观全局出发、实现全国农业科技创新“一盘棋”的整体统筹，进一步优化全国农业科技创新资源配置，促使东中西部各省（自治区、直辖市）之间加强农业科技协同创新合作。各省（自治区、直辖市）在明确各自内部竞争优势和薄弱环节的同时，了解其他相关省（自治区、直辖市）农业科技创新发展情况，打破各级行政壁垒，有针对性地开展地区间协同合作，充分释放彼此知识、技术、人才、资金、信息等创新要素活力，实现优势互补、合作共赢，进而实现东中西部协同发展。

（四）补齐粮食主产区农业科技创新能力发展短板

从粮食生产、消费的格局来看，我国 13 个主产区粮食产量占全国总产量的 75%以上，特别是黑龙江、吉林、辽宁、内蒙古、河北、山东、河南这 7 个北方主产省份占全国粮食总产量约五成。然而，从农业科技创新能力评价结果来看，河北、辽宁、内蒙古、吉林的农业科技创新能力

低于全国平均值,黑龙江、吉林、河北、辽宁、内蒙古的农业科技创新支撑能力低于全国平均值,内蒙古、河北、吉林、辽宁的农业科技创新投入能力低于全国平均值,河南、河北、内蒙古、吉林的农业科技创新产出能力低于全国平均值。国家要加大对农业科技创新能力落后的粮食主产省份创新支撑能力、创新投入能力和创新产出能力的建设力度,用科技促进粮食主产区发展,进而充分发挥粮食主产区作用,在更高层次上保障国家粮食安全。

(本文发表于《科技管理研究》2021 年 01 期)

报告十七

坚持创新驱动　引领河南省种业高质量发展

卫文星　田云峰　路燕　卢清侠　滑留帅
（河南省农业科学院）

粮食安全是国家总体安全的重要内容和基础，粮食安全与社会的和谐、政治的稳定、经济的持续发展息息相关。种子是农业的“芯片”，是确保国家粮食安全和农业高质量发展的“源头”。党的十八大以来，在以习近平同志为核心的党中央坚强领导下，我国种业发展取得巨大进展，作物良种覆盖率超过96%，良种对粮食增产贡献率达到45%以上，为粮食和重要农产品稳产保供做出了重要贡献。但从整体上看，我国种业发展基础仍不牢固，保障种源自主可控比过去任何时候都更加紧迫。面临百年未有之大变局、疫情突起、自然灾害频繁等深刻复杂变化的国内外形势，需要进一步提升种业科技创新和种业产业化水平，打赢种业翻身仗，扛稳粮食安全重任，把中国人的饭碗牢牢端在自己手中，为保持社会大局稳定以及经济持续发展奠定坚实基础。

河南省是农业大省，也是粮食生产大省，年粮食产量保持在1 300亿斤以上，占全国粮食总产量的10%，位居全国第二。其中小麦和花生产量均居全国第一，分别占到全国总产量的28%和33%，玉米总产量位居全国第五位，超过全国总产量的8%。深入贯彻落实党中央决策部署，发挥好粮食生产优势，打造全国重要的粮食生产核心区，推动“藏粮于地、藏粮于技”，稳步提升粮食产能，确保重要农产品特别是粮食供给，是河南省实施乡村振兴战略的首要任务。长期以来，河南省深入贯彻实施创新驱动发展战略，将种业科技创新放在核心地位常抓不懈，在作物种质资源创新利用、育种关键技术研究、新品种选育等方面取得了一系列高水平科研成果，为河南省农业发展提供了强有力的科技支撑。但是种质资源保护利用不够、育种创新水平不高、种业企业竞争力不强和市场环境亟待优化等问题仍然突出。坚持创新驱动，引领种业高质量发展，对于保障河南省粮食生产，建设现代农业强省具有重要的意义。

一、种业发展取得的成效

（一）农作物新品种培育取得突破

河南省的小麦、玉米、花生、棉花、芝麻等农作物品种选育方面全国领先，其中，育成的“豫麦13""郑麦9023""矮抗58""郑麦366""郑麦7698""周麦22""百农207""郑麦379"等多个小麦品种年应用面积均在1 000万亩以上,大面积应用的品种数目居全国首位。其中优质强筋小麦品种"郑麦9023"首次实现了我国食用小麦出口,连续6年居全国小麦种植面积第一位,推广20年至今年种植面积仍在800万亩以上,累计种植2.7亿亩,是我国小麦优质化生产的标志性品种,2004年获国家科技进步一等奖。在玉米育种方面,先后育成了郑单8号、郑单14号、郑单958等系列高产玉米新品种,其中高产稳产广适玉米品种郑单958是引领我国玉米进入高密度时代的里程碑式品种,自2004年起至今连续17年居全国玉米种植面积第一位,最大年种植面积7 000万亩,当前年种植面积3 500万亩左右,累计种植8.3亿亩,显著提升了我国玉米产业水平,是新中国成立以来全国种植面积最大的玉米品种,2007年获国家科技进步一等奖。花生育种方面,利用建立的花生远缘杂交育种技术体系,创制了一批突破性种质,带动我国花生遗传育种跻身世界领先行列。育成豫花1号、豫花7号、豫花15号、远杂9102等系列早熟高产优质花生品种45个,相继成为我国北方花生产区的主导品种,累计种植面积超过1.3亿亩,先后获4项国家科技进步二等奖,有力推动了我国花生产业的发展。

(二)种业创新平台建设形成高地

国家生物育种产业创新中心是我国农业领域首个国家产业创新中心,于2018年获得国家发展和改革委正式批复建设。中心按照"立足河南、服务全国、面向全球"的总定位,通过资源整合、人才聚集、制度创新与技术创新双轮驱动,努力建设成为国际一流的生物育种技术研发平台、合作交流平台、人才培养平台和企业孵化平台。经过几年的建设,中心在农作物基因组学、分子育种、单倍体育种、细胞工程育种等关键共性技术研究方面取得重要进展,抗赤霉病小麦、高油酸花生、高产大豆等新品种选育成效显著,已有26个农作物新品种通过审定。以中心为统领,河南省在"十三五"期间还建设了农业农村部黄淮海油料作物重点实验室、河南省国家农作物品种测试站、河南省特色油料作物基因组学重点实验室等科技创新平台,逐步形成了以国家生物育种产业创新中心为核心的种业研究平台集群。基于在种业科技创新方面积累的优势,2021年9月23日,在庆祝第四个"中国农民丰收节"之际,河南省首家种业省实验室"神农种业实验室"揭牌成立。实验室的建设目标是面向世界生物育种科技前沿,面向国家重大科技需要,面向农业生产主战场,面向广大农民需求,尊重科技发展规律,把握时代发展趋势,建成一流的种业创新平台,聚集一批一流的领军人才,攻克一批种业关键核心技术,选育一批突破性新品种,全面提升河南种业科技创新能力。通过加强国家生物育种产业创新中心和神农种业实验室(简称"中心和实验室")建设,河南将进一步完善种业创新平台条件,培育创新人才团队,凝聚科研优势,打造国际种业创新高地。

(三)种业创新领军人才不断涌现

近期,根据中国工程院发布2021年院士增选结果,河南省农业科学院许为钢研究员当选中国工程院院士。许为钢院士是继张新友院士之后河南省在农作物育种领域培育的又一领军人才。张新友院士长期从事花生遗传育种研究,建立的花生远缘杂交育种技术体系,开辟了花生野生种质利用的有效途径;培育高产、早熟、高油、抗病花生新品种50余个,其中豫花7号、15号,远杂9102等品种成为黄淮海地区不同时期的主导品种,累计推广1.3亿亩;先后获得国家科技进步二等奖3项、河南省科技进步一等奖3项,并获得何梁何利基金"科学与技术进步奖”和河南省科学技术杰出贡献奖。许为钢院士长期从事小麦遗传育种工作，选育的郑麦9023较好地解决了优质强筋品种广适性问题，获2004年国家科技进步一等奖；选育的郑麦7698较好地解决了当前优质强筋品种产量普遍低于高产品种的难题，获2018年国家科技进步二等奖；选育的郑麦1860较好地解决了节肥、高产、品质同步改良的难题，已成为小麦生产主导品种。除了两位院士，河南省还培养有包括茹振钢、堵纯信、程相文、陈伟程、康相涛、张海洋、汤继华、雷振生、郑天存、王力荣、张晓伟等在内的一批国内知名农作物育种专家，为我国的种业发展做出了重要的贡献。

(四)种质资源保护利用体系不断完善

农业种质资源是保障国家粮食安全与重要农产品供给的战略性资源，是农业科技原始创新与现代种业发展的物质基础。河南省处于南北过渡带，种质资源丰富，目前建有中短期种质资源库14个、种质资源圃12个，保存各类农作物种质资源46 600余份，其中小麦12 099份、油料7 879份、玉米3 997份、稻类4 236份，食用菌种质资源种类68个、菌株1 347份。保存的种质资源和创制的突破性种质在河南省以及黄淮海区域种业科技发展中发挥了不可替代的作用。“十三五”期间，河南主要农作物省审品种501个，企业占比77%；国审品种423个，企业占比78%。全省农作物制种面积510万亩，年产种约21亿千克。其中，小麦制种面积430万亩，供种能力18亿千克，约占全国38%，除满足本省用种外，有6亿千克销往安徽、江苏、湖北等周边省份；全省花生制种面积45万亩，供种能力达1.4亿千克，约占全国30%。种业企业育种创新能力得到迅速提升，种质资源保护利用体系逐步成熟。

二、种业发展面临的形势、任务与问题

(一)种业发展面临的新形势和任务

当今世界，国际农业科技竞争不断向基础前沿研究前移，由此引发科学研究范式的深刻变革，学科交叉深度融合，颠覆性技术成果不断加速涌现，新一轮科技革命和产业变革正在重塑全球经济格局。伴随千百年来自然物种进化与人类科技进步，世界农业育种经历了原始育种、传统育种和分子育种3个时代的跨越。生物育种是生物技术育种的简称，是集各种前沿技术大成的新一代分子育种技术，其中最具代表性的包括培育革命性和颠覆性新品种的全基因组选择、基因编辑和合成生物技术。全基因组选择技术颠覆了以往表型选择测定的育种理念和技术路线，能够在个体全基因组水平上对其育种值进行评估，大幅度提高育种效率。基因编辑技术为快速精准改良农作物重要性状提供了强大的技术工具，培育出的一大批农业新品种正逐步实现产业化。合成生物技术作为改变世界的十大颠覆性技术之一，将开创人工设计和从头合成农业生物品种的新纪元。相关现代生物技术与大数据、人工智能等信息技术融合发展，实现精准高效智能设计育种，将引领世界种业进入生物育种4.0时代。

习近平总书记强调，农业现代化的关键是农业科技现代化，要大力推进农业与科技融合，在保障国家粮食安全和重要农产品有效供给的同时，加快转变农业发展方式，加快农业技术创

新步伐,在日新月异的农业科技进步中引领乡村全面振兴。党中央把科技创新摆在了国家发展全局的核心位置,坚持科技引领、创新驱动,坚持高水平科技自立自强,要求种业领域持续加强基础科学研究,努力实现原始创新重大突破和关键核心技术自主可控,进一步提升国家农业科技创新体系的整体效能。我国"十四五"规划和2035年远景目标将生物育种列入强化国家战略科技力量、坚持创新驱动发展的重要发展方向。2020年中央经济工作会议明确提出要解决好种子和耕地问题,有序推进生物育种产业化应用,开展种源"卡脖子"技术攻关,立志打一场种业翻身仗。

(二)新形势下种业发展面临的问题

1. 种质资源保护利用能力有待提升 河南省虽拥有丰富的种质资源,但是由于长期农业基础研究薄弱,种质资源调查收集不全、家底不清,鉴定评价体系不健全,对种质资源优良特性挖掘深度不够、优质、高产、抗病、抗逆、养分高效利用等优异基因开发利用不充分,地方品种及野生种等特有珍稀、濒危、特色资源的丧失风险日益加大,种质资源保护利用能力有待进一步提升。

2. 现代生物育种技术集成应用滞后 全基因组选择、基因编辑、单倍体育种、生物合成等高新生物技术研究起步晚,与育种实践结合不紧密。在欧美国家商业化育种体系中,以分子标记选择技术为代表的生物技术、信息技术已替代部分大田试验,大大提高了育种效率和选择的精准度。另外,分布于各地的种质资源、基因信息、分子标记信息可在统一平台上集中分类管理,并在整个研发体系内交流共享。与之相比,河南省乃至我国育种技术仍以传统杂交育种方式为主,依赖自然孕育过程和大田试验方式,分子标记辅助育种、基因编辑等仅在河南农业大学、河南省农业科学院等科研单位立项应用,科技对种业的支撑程度与国外相比仍有很大的差距。

3. 产学研用融合不够 育种技术创新与品种创新结合不紧密,尚未形成完整的育种技术创新—品种创新—产业化开发链条,造成原始创新与育种实践脱节。同时协同创新、联合攻关的研发格局尚未形成优势,限制了品种创新能力的大幅度提升。虽然河南省种业企业已成为商业化育种的主体,但80%种业创新人才和资源集中在高校院所,导致80%的企业没有创新能力,创新资源与创新主体错位。种业企业散、弱、小,科研投入不足,核心竞争力弱,没有一家种企进入全国农作物种业综合排名前10强,难以抵御国内及国际市场冲击。

三、促进种业高质量发展的建议

1. 加强顶层设计,优化种业发展政策引领体系 制定综合、科学、全面的种业创新引领规划,完善政策体系加大科技研发投入,谋划重大基础科研项目,提高农业科研院所和涉农高校长期性稳定性支持经费比例。推动国家和省部级重点研发计划、重大基础设施专项、基地人才专项等项目立项,积极争取加大对成果孵化转化、技术模式集成与示范推广的财政专项经费支持,不断提升科技创新支撑服务产业能力。建立有利于激发市场创新投入动力的制度环境,形成创业投资基金和天使投资人群集聚活跃、科技金融支撑有力、企业投入动力得到充分激发的创新投融资体系。

2. 加强创新平台建设，打造种业战略科技力量　以“中心和实验室”建设为契机，加快科研平台条件建设，聚焦科技创新、体制机制创新和产业发展，实施“科技创新能力跃升工程”“科技体制机制重塑工程”“航母型种业企业培育工程”，围绕解决种源“卡脖子”问题，聚焦关键共性技术和核心技术，按照“扬优势、补短板、破卡点、强服务”的原则，建成国际一流的生物育种研发平台，从而为国家种业自主创新、保障国家粮食安全提供战略科技支撑。

3. 加强种质资源收集，建设区域性资源保护与利用中心　以第三次全国农作物种质资源普查与收集行动为契机，加快建设国家区域性农作物种质资源保护与研究中心，重点开展农作物种质资源系统收集保护，实现应保尽保；建设农业种质资源大数据平台，健全保护体系；搭建种质资源精准鉴定平台，建立鉴定评价体系，强化鉴定评价；创制优异种质资源，建立农业种质资源共享利用交易平台，推进农作物种质资源的多元化开发利用。

4. 强化生物育种核心技术研发，不断提升种业科技供给能力　以保障国家粮食安全为础，在优势领域优先开展“重要性状形成的分子基础与调控网络”“育种关键核心技术研究与突破性种质创新”“高效育种体系构建与突破性品种选育”等方面的科技攻关，培育具有市场竞争力的重大新品种，力争在短时间内达到国内领先、国际一流的水平，为国家种业自主创新、保障种源自主可控提供战略科技支撑。

5. 持续推进人才培养和团队建设，为种业创新提供不竭动力　通过引育并举，大力培养使用战略科学家，有意识地发现和培养更多具有战略科学家潜质的高层次复合型人才，形成战略科学家成长梯队。加大院士、中原学者等高层次人才的培养力度，集中打造科技创新卓越团队。不断优化年龄结构和专业结构，加大科研立项、平台建设、重大成果培育等向青年杰出人才倾斜力度，持续培育规模宏大的青年科技人才队伍，打造“薪火相传”的战略后备力量，为种业创新提供不竭动力。

6. 创新科研组织方式，构建一流创新生态　开展减轻科研人员负担激发创新活力的专项行动，强化成果导向，弱化头衔导向。优化科研的组织模式，建立面向产业需求的科技项目形成机制。推行和优化揭榜挂帅、赛马制、首席科学家等多种科研组织方式，形成政府部门、承担单位、专业机构三位一体的科研管理体系。总体上通过健全政策、保障经费、激活机制等途径，构建一流创新生态，形成星火燎原的万众创新格局。

7. 加强龙头种企培育，完善商业化育种体系建设　大力支持龙头种企承担重大科研项目，鼓励大型优势种企兼并重组，支持社会资本、大型企业投资或参股种业企业，培优扶强龙头种企，倾力打造特色优势明显的“隐形冠军”企业。充分发挥市场在资源配置中的决定性作用，更好发挥政府作用，强化种业企业创新主体地位，加强知识产权保护，优化营商环境，引导资源、技术、人才、资本等要素，向重点优势企业集聚，进一步完善商业化育种体系。

8. 加强种业市场治理，为现代种业发展创造良好环境　加强种业管理队伍人员培训，进一步提升服务水平和监管执法能力。以品种侵权、制售假劣、无证生产经营、非法生产转基因种子等为重点，加大案件查办力度。加大植物新品种权保护力度，强化行政执法、仲裁、调解等手段，建立侵权纠纷案件快速处理机制。严格基地管理，严厉打击盗取亲本、抢购套购等侵权行为。加大品种审定（登记）、撤销管理，强化审定渠道管理。加强种业行政执法与刑事司法衔接，对涉嫌犯罪的案件，及时移送公安机关依法从严从重打击，为现代种业发展营造良好创新和营商环境。

报告十八

我国数字农业的发展战略与实施路径研究

浦徐进
(江南大学)

数字农业是农业现代化的高级阶段，是对整个农业生态的彻底改造，能够有效推动农业经营增收，提高产品流通效率和保障食品源头安全。党的十八大以来，党中央、国务院高度重视数字农业发展，做出了实施大数据战略和数字乡村战略、大力推进“互联网+”现代农业等一系列重大部署安排，《促进大数据发展行动纲要》《数字乡村发展战略纲要》《“互联网+”现代农业三年行动实施方案》等政策文件密集出台。目前，大力发展数字农业，已经成为我国推动乡村振兴、建设数字中国的重要组成部分。

一、数字农业的具体内涵

数字农业的目标是实现农业投入产出控制的精准化、农业知识经验传承的显性化、农产品交易过程的透明化和农业对环境负面影响的最小化。总体来说，数字农业的具体内涵包括以下 4 方面。

1. 农业物联网　农业物联网从本质上讲，是一套数控系统。在一个特定的封闭系统内，以探头、传感器、摄像头等设备为基础的物物相联，可以根据已经确定的参数和模型，进行自动化调控和操作。由于需要以硬件设备的投资和联网为基础，投资额较大，主要用于设施农业的生产过程的管理和操作，也用于农产品的加工、仓储和物流管理。

2. 农业大数据　农业大数据是与农业物联网相对应的概念，它是一个数据系统，在开放系统中收集、鉴别、标识数据，并建立数据库，通过参数、模型和算法来组合和优化多维和海量数据，为生产操作和经营决策提供依据，并实现部分自动化控制和操作。因为它是在完全开放的系统中运作，因此主要用于大田农业的生产和农业全产业链的操作和经营。

3. 精准农业　精准农业是建立在农机硬件基础上的执行和操作系统，主要是以农机的单机硬件为基础，配以探测设备和智能化的控制软件，以实现精准操作、变量控制(包括变量播种、变量施肥、变量喷药等)、无人驾驶以及最佳的工作环境和场景适配，强调(单体)设备和设施操作的精准和智能化控制。

4. 智慧农业 智慧农业是建立在经验模型基础之上的专家决策系统,其核心是软件系统。智慧农业强调的是智能化的决策系统,配之以多种多样的硬件设施和设备,是"系统+硬件"。因此,智慧农业的决策模型和系统可以在农业物联网和农业大数据领域得到广泛应用。

二、数字农业的发展趋势

当前,我国利用数字化技术推进传统农业转型取得积极进展,已成为亚太地区数字化转型投入最大的国家之一。我国的数字农业将多项前沿技术与农业生产、经营、管理、服务等进行深度融合,形成一个最优化的农业生产经营流程,能够为我国的未来农业变革注入强劲动力。

1. 农业生产全流程智能化将更加成熟 物联网技术应用到现代农业生产设施设备领域,可以极大地提高现代农业生产设施设备的数字化、智能化水平,实现对农业生产完整过程的数字化控制,智能化地处理农业生产经营和管理服务过程遇到的一系列问题。例如,阿里云依托 ET 农业大脑与四川特驱集团、德康集团等传统农企合作,将人工智能、物联网技术运用到生猪饲养环节,运用深度学习、神经网络等算法,对母猪生长情况、猪场管理情况进行实时分析,提供管理优化解决方案。

2. 农产品流通电商化发展将更加迅猛 电子商务的快速发展为农产品流通提供了新的平台和基础。从未来发展趋势看,包括采购、仓储、包装、物流、运输、配送、售后等服务在内的农产品供应链将得到进一步整合,这既能有效缓解农产品进城"最初一公里"难题,为分散小农户走进大市场拓宽渠道,打通"从农田到餐桌"的农产品供给链,也能较好解决工业品、消费品下乡"最后一公里"难题,促进农村消费升级,推动农村产业逐渐向多元化发展。

3. 农业多元化公共服务将更加完善 通过将移动互联网、云计算、大数据等现代高新前沿技术应用到农业公共服务当中,进一步提高现代农业服务的便捷性和灵活程度,让农民感受到各种生产、生活信息服务是全球数字农业发展的重要趋势。从我国的发展情况看,《数字农业农村发展规划(2019—2025 年)》要求推进农业农村数字技术的发展和应用,到 2025 年,全国农业数字经济占农业增加值比重增至 15%,农产品网络零售额占农产品总交易额比重增至 15%,农村互联网普及率增至 70%。

三、我国数字农业发展目前面临的挑战

目前,我国数字农业发展已取得了一定成效,推动了农业生产经营、管理、信息服务以及农业资源环境等领域的农业信息化进展。但由于我国农业信息化起步较晚,发展水平较低,大数据平台建设滞后,缺乏统一的规范和标准,使得数字技术与农业农村融合存在一定的障碍,数字农业发展仍面临着诸多挑战。

1. 发展水平参差不齐 我国欠发达地区与发达地区在资源、技术、认知方面存在着巨大的"数字鸿沟",欠发达地区数字农业的发展还存在资金投入不足、基础设施薄弱、研发力量

不足等诸多问题。例如，根据2019年县域数字农业农村发展水平评价结果，江苏进入全国县域数字农业农村发展百强县的有9个，均位于苏南地区。苏南在设施栽培智能化、管理服务信息化等方面都具有比较优势，在农业电商上形成了以生鲜日配为特色的发展路径，但农业电商整体产值不高。而苏中、苏北地区在农业电商方面创新思路，突出特色产业，形成了一批发展典型，但在生产智能化、管理服务信息化方面还较为薄弱，管理服务信息化水平还有待加强。

2. 信息孤岛问题突出　在智能农业上，缺乏统一的农业传感器技术标准和应用后台数据规范，导致传感器通用性差，物联网操作平台之间联网对接困难，升级整合成本较高。在数字资源应用上，农业信息资源分散、数据标准不统一、缺乏数据共享机制、数据支撑能力薄弱已成为制约大数据建设的重要瓶颈，省级各类涉农系统的数据以孤岛的形式存在，各系统之间没有关联，且与农业农村部、市县级的涉农平台也未形成数据互通互联的发展局面，各级农业农村部门决策者和使用者无法准确、全面地获取信息资源，不能从多维度进行决策分析和高效管理。

3. 资金投入力度不够　发展数字农业农村，需要投入较多资金，而农业生产主体大多缺乏充裕的流动资金，政府扶持政策对农业生产智能化改造、电商特色农产品平台打造、仓储冷链设施建设、人才培养等都有重要推动作用。虽然很多地方政府出台了政策，但扶持举措针对性不强、财政引导资金明显不足、招商服务不到位等问题突出，削弱了对社会资本的吸引力。在智能农业发展上，未形成类似农机推广的普遍性补贴，而是以试验示范项目建设为主，从“盆景”变“风景”道路很长。在农业电商上，有的电商园区市场运营、配套服务的成熟度还待提高，对当地农业产业的带动力需增强。

4. 人员素质有待提高　我国从事农业生产的农民绝大多数年龄偏大，受教育程度相对较低，对新事物、新信息的理解和接受能力有限，缺乏数字化、智能化发展的知识和操作技能。同时，有一定文化基础的年轻人多数在外打拼，农村出去的大学生返乡创业意愿大多不强，年轻人不愿意从事农业，靠天吃饭的局面尚未根本改变，导致农村人才缺乏，制约了数字农业的快速发展。

四、我国加快发展数字农业的战略选择

现阶段我国数字农业的发展目标并不是全面普及，而应把数字农业作为农业科技服务的顶层设计，通过数字技术前沿创新提供区域性的、本地化的具体方案推动农业科技服务创新，通过服务带动小农户间接走上数字农业发展道路。因此，应重点关注以下3项战略举措。

1. 要开展县域数字农业技术创新集成与综合服务示范　县域是田野和科研的连接支点。数字农业技术创新与综合服务示范，应该是科技服务县域统筹的重点内容。建议支持县(市)依托农业科技园区，加强与相关企业、农业高校科研院所的深入合作，开展县域数字农业技术创新集成与综合服务示范。在县域层面构建新一代信息技术与特色优势农业产业深度融合的示范基地，形成适合本地区特色优势农业产业发展的数字农业技术服务方案，带动新型农业经营主体和小农户实现农业生产节本增效。

2. 要支持农业企业利用数字技术改造农业科技服务模式　建议充分发挥农业企

业发展数字农业推动农业科技服务变革过程中的重要作用。首先，鼓励大型农企开展数字化平台建设，充分发挥大型农企（包括央企、国企、民营企业）集团创新、协同创新优势，以产业数字化、智能化、网络化、普惠化为方向形成产业服务集群，提高农业科技服务效率。其次，为农业中小微企业发放数字创新券，用于购买相应的数字化服务，加速农业中小微企业链接到数字化平台，推动技术创新、成果转化和模式创新，更好地开展农业科技服务。

3. 要加强数字技术与农业领域的跨学科研究与集成应用 建议将农业领域数字融合跨学科研究纳入未来重点研发计划，在各类重要的涉农前沿研究项目中特别强调以数据为核心的跨学科研究，加强对新一代信息技术在农业中的综合集成应用研发投入力度。与此同时，充分发挥高校及科研院所在推动数字农业重塑农业科技服务体系中作用，搭建农业数字化应用开发平台，加大技术应用层面的集成开发，支持新农村发展研究院开展数字农业试验示范项目，将农业的前沿科技成果通过数字农业模型集成应用到数字农业基地和示范项目中，加速农业科技创新成果的扩散与应用。

五、我国加快发展数字农业的实施路径

在智慧农业全产业链应用、农业新技术协同应用、农业业务与数据平台融合创新等已成为数字农业新的发展趋势的背景下，我国必须实施以产业兴旺为突破口，加快推进农业供给侧结构性改革，发展农村新产业新业态，不断推进数字农业建设向纵深发展的实施路径。

1. 构建天空地全域地理信息系统 运用地理信息技术、遥感技术，整合空间数据，将耕地资源、渔业水域资源、粮食生产功能区、现代农业园区、特色农产品优势区等区划、特色农业强镇、生产经营主体、村庄分布等数据上图入库，使农业农村资源数据立体化；整合农情调度系统、田间定点监测系统，集遥感信息、无人机观测、地面传感网等于一体，构建天空地一体化数据获取技术体系，建立作物空间分布、重大自然灾害等的动态空间图，形成天空地一体化的全域地理信息图，为进一步科学指导农业生产经营管理夯实数据基础。

2. 推动数字农业关键技术创新 依托科研院所、高校等农业科学研究与技术开发机构，发挥农业科技型企业的创新主体作用，推动数字农业领域的产学研合作，加大对数字农业前沿技术、核心技术和关键技术的攻关力度，推进精准作业数字化管理与智能决策、变量施肥施药等智能装备、农产品柔性加工、区块链等技术的研发，加快3S、智能感知、模型模拟、智能控制等软硬件产品的集成应用，探索建设数字农业技术标准和规范体系，不断完善数字农业技术创新与应用服务体系。

3. 深度挖掘数字技术的促农效能 加大对移动互联技术、云计算以及大数据等一些前沿技术在农业信息服务领域的应用，搭建灵活、便捷、高效、透明的农业生产经营和管理体系；围绕提高农业全产业链劳动生产率的要求，研发推广适合各种地形和环境的农业机械，深入推进农业“机器换人”。开发与应用科学业务协同与数据分享模型，发挥云数据、空间地理数据价值，积极推进无人机植保、农机自动驾驶、数据平台服务在种养殖业的应用，降低农业生产和管理的成本，提高农业生产效率。

4. 壮大农村电子商务产业 不断推进城乡网络服务体系建设，有效整合电商物流仓

储、电商公共服务中心、农村电商运营中心、农村电商服务站、人才培训中心等资源，建立高速度、短距离、少环节、低费用的流通网络，完善农村电商生态系统，营造良好的电商发展环境。构建“政府＋企业＋小农户＋商家”农村电子商务模式，形成基于数据治理视域下的“政府顶层设计、企业精准履责、农户转型发展、商家服务至上”的多主体参与电子商务模式，以模式创新推动数字高质量发展。

报告十九

都市现代农业科创智慧驱动模式的范式与政策建议

周培[1,2]　曹正伟[1]　蔡保松[1]　徐浩[1]　高岩[1]　李强[1]　曹雅婷[1]
(1. 上海交通大学新农村发展研究院;2. 农业农村部都市农业重点实验室)

习近平总书记多次指出,中国现代化离不开农业现代化,农业现代化关键在科技、在人才。要把发展农业科技放在更加突出的位置,大力推进农业机械化、智能化,给农业现代化插上科技的翅膀。习近平总书记还指出,科学技术是第一生产力,创新是引领发展的第一动力。都市农区人口聚集程度大、农业地域空间极为有限,农业科技是提升农业生产力的重要抓手。新形势下,大中城市要充分发挥示范带头作用,革新拓展新思路、新举措、新办法,实现农业生产力新飞跃,进一步强化农业科技成果转化效率,促进农业生产力提档升级,提高农业科技创新和应用水平。上海交通大学新农村发展研究团队在调研大中城市典型案例基础上,总结了都市现代农业科创智慧驱动模式,并提出相关政策建议,形成此报告。

一、都市农业科创智慧驱动七大典型模式及发展经验

近年,科技创新深刻转变着农业生产的各个方面,以要素聚集化、产业融合化、装备智能化、手段数字化为路径,实现农业发展科技化、智能化、信息化,实现传统农业的转型升级。在此结合多个都市农业成功发展的案例,总结出了都市农业科技创新智慧驱动的七大典型模式及其具体特征,可作为将科技创新融进都市农业的范式,为更多都市农业智能化发展提供经验和参考。

(一)模式一:设施农业

科技创新驱动都市现代设施农业发展可采取从国外引入或国内相关科研高效或企业开发具有自动化、智能化、机械化且具备升温、光照、通风和灌溉设施,实现多样化和立体化种植,构建现代大型温室。可直接引进荷兰的“半封闭温室”技术并在一些大中都市进行试点,或在该理念的基础上做更多的尝试,进行系列可行性实验,再投入实际的农业生产过程中。上海崇明区建设的“由由中荷创新园”就应用了这一技术,整个温室比传统农业生产节约劳动力10倍以上。在都市其他地域也可借鉴该经验,结合地域特点,聚焦国际先进农业设施装备,优化区内

生产要素的配置,实现农业生产效率和农业生产效益的高值化,提高单位面积土地产出率。

(二)模式二:机械化农业

各个城市的现代都市农业从事农业生产的农户大量转入二三产业,真正从事农业生产的人数在逐渐减少,部分外来农户涌入大城市从事农业生产,外地的农户大多选择种植经济作物,比如蔬菜。因此,推进农业生产机械化在推进现代都市农业的发展十分有必要性。

蔬菜生产“机器换人”将高新科技应用在蔬菜生产过程中所需设备的创新、设计与改良中,提升蔬菜生产机械化水平,为蔬菜生产稳定生产、提高效率、降低生产成本、增加效益提供了重要的保障,比如使用有机肥撒肥机、交叉重耙、旋耕机、移栽机、无人打药机等。上海市浦远蔬菜园艺专业合作社积极推进蔬菜生产“机器换人”,大大节约了生产的人力成本,达到了既减负又增产的效果,目前已经创建了两家市级“机器换人”示范基地。其中,在百蒂凯蔬果示范基地引进 YTLM-110 起垄覆膜机,大幅提升了作业效率和作业质量,在绿望蔬果示范基地引进 3WPZ-600SH 喷杆喷雾机,在提升了作业效率的同时,减少了农药的施用量,提高了对害虫的防治效果。

(三)模式三:生物技术创新农业

当下市民更加关注所培育出的农作物的品质与营养。例如,多家企业制备、推行生物肥料,不对环境造成污染;高校和科研机构研发微生物菌剂,助推微生物新型农业的发展,将二元结构传统农业调整为植物种植业、动物养殖业和微生物发酵转化业的三维结构新农业;又如采用遗传学、细胞生物学、现代生物工程技术等方法原理实现原有品种的改良和培育生物新品种。

在大中城市,企业可自身培养或与各大高校和知名研究所合作,打造科研合作平台,进行产品相关生物技术方面的研发,并建设一些生产示范基地将研究成果应用于实际的生产过程中。

(四)模式四:智慧监管农业

利用现代信息技术和互联网技术,通过整合生产流程中的农业信息资源来实现农业生产流程的监督与管理。例如,黄山黟县农业农村水利局在当地搭建 5G 智慧农产品溯源平台,实现当地多个基地智慧管理、生产数据溯源以及生产流程监控。各大中都市可建立起本市的智慧农业监管平台,也可在平台内设计一些更有针对性的模块,从而全面提升智慧农业监管的效果。智慧农业监管平台全程清晰透明,减少了农资门店的申报环节,减轻了执法人员的工作强度,且大大提升了“问题”农药的追溯效率,提高问题农产品的无害化处理率,同时完善健全了为农服务方式,实现了为农服务的高效化。

(五)模式五:数字农业

未来农业智能化,因数字农业会带来更高的产业效率,更公平的价值分配以及更可持续的发展模式。应注重对于所收集,整合的数据的利用,只有不断尝试利用数据产生业务价值,才能达到对所采集数据的有效利用。湖南农垦西洞庭、西湖管理区大力发展数字农业,在园区的每块稻田均安装了土壤、气象、水情、虫害等测报仪器,实时将稻田的温度、湿度等传递到大数据中心，在手机 App 上可直接查看，大中城市可借鉴湖南西湖管理区的发展模式，打造全省乃至全国数字农业的新标杆，建成数字农业引领的都市农业示范区。

（六）模式六：电商驱动农业

科技创新驱动农业发展离不开"互联网＋"，需要互联网和农业的相互结合，达到质量与产量共同发展。农村电商不仅能够收集农产品生产和销售的信息，促进农产品流通，也能够通过该技术的运用实现农农产品投入品和产前、产中和产后的追溯，在确保农产品质量的同时，提升农业生产效率。除此之外，农村电商不断发展可以为农业生产提供更直接的信息，有效减少农产品交易中间的环节，不仅能减少流通成本，还能增加农家的收益水平。

在都市发展电商可以根据都市农业特点打造独特的电商模式，目前应用较广泛的模式主要是以下几种："生产方＋服务商＋网络分销商""生产方＋电商公司""农产品供应商＋联盟＋采购企业""专业市场＋电子商务""集散地＋电子商务""农户＋网商"。

（七）模式七：产业融合农业

我国发展农业现代化较为常见的产业融合方式有农业内部产业重组型组合，比如将种植业和养殖业联结在一起，达到一体化发展的经营方式；还有农业产业链延伸性融合，把种子、肥料供应与农业生产连接，或者将农产品生产、加工和销售连接；以及将农业与其他产业交叉性融合；还有前几个模式中所提到的先进要素技术对农业的渗透型融合。

青岛一家科技型企业打造了"光伏＋农业＋金融"的产业融合发展模式，提高了农业生产效率、能源的利用率，持续提供绿色能源，并带动了当地就业，实现了较高的经济效益。在各大都市中可借鉴类似"光伏＋农业＋金融"的模式，以科学技术为基础、产业化为方向，推动创新要素聚集，关键技术集成，关联企业，搭建科技经济农业一体化平台，鼓励农业科技企业积极融入大平台，促进对学科、多产业交叉融合，支撑引领产业融合发展新业态和新模式，催生农业发展新动能。

二、政策建议

（一）革新生产技术，提高产能产值

1. 利用原生态种植技术提高产品价值 发挥政府和有关部门统筹规划、集中领导的优势，建立"控制程序"，生产的各个过程把关"原生态加工种植"。首先，从作物生长总体上入手，将肥料、水源和收获方式统一调控，建立完善的仓储系统，在存储、运输等库存管理上暴政产品的原生态；其次，种植过程中，政府为农民提供相应的优质种子，指导教育农民使用合理的灌溉方式，建设以杀虫灯、立体农业等为主的无公害防虫系统；最后，从农产品的加工上，管控食品添加剂使用，保证加工程序不破坏农产品的原生态属性。

2. 加强原生态农业种植方式的宣传和教育 推动原生态农业种植地方化、特色化和扩大化。因地制宜，发展原生态种植技术。

3. 利用生物生产技术提高生产效率 政府指导利用先进的生物技术进行产业升级。例如,加快推进组织培养生产产业化,发挥组培生产方式高劳动效率、高资源利用率和智能化生产优势。

(二)加快建设设施农业,促进农业的可持续发展

1. 鼓励发明、改进和引进先进农业设施 农业生产的进步有赖于农业设施的升级,政府可以从实际需求出发,明确农业设施设备使用情况,进行地方产业升级。

2. 加强对设施农业的规划和引导,从总体上布局 政府应总体规划农业设施的布置,本着“农业、农村、农民”三位一体的解决思路,鼓励农业专业大户、家庭农场、农民合作社、农业企业在生产发展过程中相互联合或者与农村集体经济组织合作共同兴建公共设施用地,增强农业的集约化。

(三)利用互联网+都市农业,拓宽销售渠道

建立“网红+政府+农业”的农产品品牌化建设新模式,通过互联网宣传掌握“流量密码”。利用政府掌握的信息优势,协调与沟通,并利用大数据汇总,把握前沿动态;利用网红的创新性、大众化,通过直播平台、电子商务平台向大众推广农产品,创造具有兼具营利性和社会效益性的商业新模式。

加强宣传教育,培养“新型农民”,将互联网引入农产品个体营销,让农户通过互联网销售渠道“走出去”。打破小农经济枷锁,打破农产品地方壁垒,增加农业生产收入,促进产销平衡,需要通过互联网推动。

鼓励企业着眼农业与商业对接,建立推广销售平台。协助企业对接农户并鼓励企业开发互联网销售系统,借助相应平台抢占消费市场,借助企业的积极性和创造性完善“网红+政府+农业”产业布局。

建立互联网监管系统,解决都市农业顽疾。利用“互联网+农业+技术”建立用地检测系统,将地方设施用地情况录入农业监管数据库,利用GPS定位、大数据处理系统等现代高新信息技术手段监管种植情况,同时通过数据库整合农业信息资源,为建立农业资源共享平台奠定技术基础。

(四)促进产业融合,拓宽都市农业的发展路径

加快整合与农产品为代表的第一产业和工业生产为基础的第二产业,形成农业产业化生产的农产品加工业、农产品科技化生产。通过将工业技术融合进农产品生产、运输、销售过程中,提高农产品产业水平,全面提高农业生产效率;拓展农产品供应链,对于鲜活农产品,重点发展冷链运输、保险技术和包装分发技术等仓储设施和商品化处理;对于粮食等可长期保存的农产品,发展除杂、分类和精选等技术,并着手对接加工生产行业。

融合服务业、商业和农产品产业,将农产品商品经济化,拓宽营销渠道和销售方式。形成“市场+农户”的产销结合模式,发挥现代服务业一体化服务、专业化、个性化的优势,并吸引企业进行产业融资,使农产品市场焕发生机。建设创意农业、休闲农业,扩宽收入渠道;为支持农产品生产销售的企业提供补贴、相应的政策优惠,吸引参与者,扩大市场规模等。

三大产业融合,形成农、工、商三位一体的都市农业生产形式。利用大都市完整的工业产

业链、雄厚的经济实力和生机勃勃的经济生态，促进农产品产业的发展，为农产品从种养、加工到销售的全过程保驾护航。

(五)搭建农业资源共享平台，培养技术型人才

搭建都市农业共享大数据平台，助力都市农业信息化发展。政府发展农业信息技术、传输技术和数据收集、分析技术，建设农业资源共享数据库，实现信息一体化、标准化。统筹规划战略布局，国家农业研究所、科技创新部门等应从农业大数据的收集、分析、共享、同步等方面进行基础设施建设，利用信息从气象、资源状况等方面进行官方地深入分析，围绕农业资源与环境这个大的方向，利用人工智能、机器学习和人工神经网络等技术找出影响因素，推动农业生产的科学化、整体化，提高农业生产效率和产品品质。政府部门带头共享农业资源，除去农业管理部门农户、企业、消费者之间信息不对称造成的技术困难和产销滞后，通过农业资源共享平台，加强生产者与政府、企业和消费者的联系，提高农产品监管和市场化运作效率，同时通过资源共享平台推广新的技术创新、交流农业生产心得和共同防范危机，充分调动各行业积极性。

发展共享经济，推动乡村振兴。通过农业资源共享，推动“三农”问题的解决。主要在土地、劳务、机械设备和农业设施等方面进行政府牵头的有组织共享。通过信息共享，提高农产品流通性和销售组织性。

发展智慧农业，从消费互联网转为产业互联网。政府着手搭建农业信息系统，利用5G、GPS等检测作物种类、种群信息、环境状况，利用新型科技全方位协助都市农业生产。建设数字用户专线，将农业电子商务推向高级阶段。将作物信息、产品品质等纳入商品定价考量范围，使农产品更具有针对性，更好地适应市场环境和变化。结合大数据、资源共享，搭建智慧农业云平台，从顶层设计，统一领导，实现农业大数据的效用化、便民化。

培养跨领域、多方向的人才，培养农业经济型人才，引导农业经济发展，优化农业营商环境，促进农业市场发展的专业化、规范化；培养农业大数据人才，利用大数据统筹规划农业生产、营销和规划，搭建大数据平台，推动农业信息化发展，培养技术型人才，攻克农业生产发展难题，研发新的农业设施、机械化设备和生物技术，用科技引领农业生产力变革，促进农业发展。

(本文被农业农村部《中国都市现代农业发展报告》采纳)

报告二十

发挥高校新农院作用　推进乡村全面发展

蔡保松[1]　彭勇政[1]　王旭[2]　李小冬[3]　曹雅婷[1]
(1. 上海交通大学新农村发展研究院;
2. 上海交通大学农业与生物学院;3. 上海交通大学海洋科学研究院)

一、高校新农院建设情况

(一)新农村发展研究院的建设定位

高等学校新农村发展研究院(简称高校新农院)是教育部、科技部《关于开展高等学校新农村发展研究院建设工作的通知》(教技〔2012〕1 号)通知精神筹建的高校服务社会机构。高校新农院是推进高等学校农业科技创新与推广服务,建立以高校为依托、农科教相结合的综合服务模式的高校服务社会机构。科技部、教育部共批准建立两批共有 39 所新农村发展研究院,其中 21 所为涉农高等院校,18 所为综合性高等院校。教育部、科技部文件中明确规定了高校新农村发展研究院实施 4 项职能,一是建立多种形式的新农村服务基地;二是开展新农村建设宏观战略研究;三是搭建跨校、跨地区的资源整合与共享平台;四是创新体制机制。

(二)高校新农院在乡村发展中取得的成绩

在实践中,高校新农院在整合学校农业科技服务资源、完善制度建设等方面开展工作。在建立多种形式的新农村服务基地方面,高校新农院充分利用高等学校多学科、多功能的优势和特色,通过校地、校所、校企、校农间的合作,建设科研中试示范、成果推广转化、农民技术培训以及学生实习创业为一体的综合示范基地。高校也从产业的共性关键技术出发,开展科学研究与科技攻关,解决产业发展的"卡脖子"问题,提升特色产业。

高校新农院成立以来,也深刻推动了高等学校人事聘用与管理制度、教师考评与激励机制、学生培养与创新创业模式、资源配置方式等方面的改革。如上海交通大学新农院通过建立"工科+农科"平台,专家教授在这一平台上进行合作,开展智慧农业、种业创新、农业面源污染、农产品加工等方面的科学研究与项目集成,形成农科研究与农业装备应用推广的优势。华中农业大学在新农院建设中依托“百名教授进百企”的“双百工程”，形成校企合作的企业化运作模式。浙江大学的“湖州模式”、南京农业大学的“挂县强农富民工程”等则是政府与高校为主导，构建地方合作平台，实施以公益性服务为特征的校地合作模式。中国农业大学、安徽农业大学通过建设“教授工作站”、服务基地等形式，将高校基础科研、示范推广与基地或园区建设有机融合。

为了更好地服务农业农村乡村振兴科技支撑和人才支撑，形成全国范围内的教育资源和科技资源联动，高校新农院发起了“国家农业科技发展战略智库联盟”。联盟以服务全面实施乡村振兴战略和推进农业农村现代化为宗旨，面向世界科技前沿、面向经济主战场、面向国家重大需求开展科技领域的趋势分析、技术预测、战略规划、政策研究、科技评估、技术服务、咨政建言等战略研究与决策咨询工作。

二、新时期高校新农院发展中的遇到的问题探讨

高校新农院作为一个高校内部机构，其管理和运行与高校的运作机制完全相同。这给当前高校新农院开展服务工作带来了一定的困难。主要表现在以下几个方面：一是农业推广人员的职称问题。高校教师从事农村科技服务时，职称晋升比较困难。2012 年中央一号文件明确提出“把农技推广服务绩效纳入专业技术职务评聘和工作考核，推行推广教授、推广研究员制度”。各高校也出台了一些制度，但效果非常有限。以中国农业大学为例，中国农业大学推广教授制度已有近 10 年的时间，但是实际上真正获得推广教授职称的只有 1 人。二是工作经费困难。当前高校新农院的运作经费主要来自科技部国家科技支撑计划项目的专项拨款，科技部仅为第一批新农院提供了经费支持且经费支持有限，持续性和覆盖范围不高。三是院地合作的稳定支持机制难以建立。在形成“科学研究—成果转化—产业化发展”的产学研合作平台时，受各种因素影响，经费支持的稳定性较差。

三、发挥高校新农院在乡村振兴中的重要作用

高校新农院在乡村振兴中要发挥科技支撑和人才支撑的作用，因此高校新农院应坚持有所为、有所不为的理念，针对全面振兴乡村的高端性、战略性任务开展工作。

(一)建立统筹高校优质资源开展跨学科研究和人才培养工作的管理机制

高校新农院的工作一方面要立足为高校的教学科研和人才培养服务，另一方面要将高校的科技优势和人才优势转化为支撑国家战略发展的动力，为了完成这一使命，要为高校新农院建立学校层面的管理协调机制，由学校统一部署，合理调动资源，形成支撑乡村振兴的综合优势。

(二)形成应用和推广基础前沿优秀成果的跨学科通道

我国农业目前正处于跟跑向并跑和领跑转化的时期,困扰农业发展的核心问题是优秀科技成果的生产应用,高校新农院工作重点是促进农业领域产生重大影响力的基础研究成果的实际应用,实现农业总体生产力的提升,如在在农业生物组学、生物育种等战略必争领域的系统设计育种、合成生物学等农业重大科学与前沿技术方面的科技成果的应用。

高校新农院要围绕地方主导产业,将这些成果转化为产业发展的核心竞争力,通过建立产业推广联盟,形成“科研试验基地—区域示范基地—基层技术示范与推广站点—新型农业经营主体”的“两地一站一体”链条式推广模式,形成基础前沿优秀成果的跨学科产学研通道,实现农业的并跑和领跑。

(三)形成产业链培育的科技支撑路径

探索“产教”科研成果有效转化窗口。依托已有的高校农业科技成果交易体系和服务团队,统筹现有综合示范基地、特色产业基地、分布式服务站以及教授工作站、实验站等平台,总结高校的交易模式与方法,完善高校农业科技成果的信息查询、筛选、信息对接等服务,形成无缝对接、主动对接、精准匹配的农业科技成果信息交汇机制。

建立高校新农院应用实验室,通过实验室平台,建设农业双师型教师队伍,强化教师资源与企业工程师技术对接和人力资源共享机制;探索与乡村振兴战略要求相匹配的课程体系建设方向,阐述新时期农业农村交叉型特色学科的育成机制,提炼乡村振兴优势团队与创新团队的工作机制,探索与涉农企业、合作组织及专业协会开展合作、技术转让、技术入股等有效方式。提炼科技大院、专家小院、教授工作室、科技特派员等有效的服务乡村振兴模式,形成成果精准转化体系。

(四)形成乡村发展高层次人才培养的体系

乡村发展关键是培养发展乡村的高层次人才。高校新农院要积极探索专业学位研究生培养模式改革,鼓励和引导高校适度扩大农业硕士专业学位研究生培养规模。探索宽口径的农业实践教育模式,在乡村振兴拔尖创新、复合应用和实用技能人才培养方面进行深化改革,开设学科专业交叉融合、理论与实践紧密结合、政产学研通力配合的乡村振兴实验班,推进教学模式、教学方法的改革与创新。探索订单式的人才培养模式,培养懂农业、爱农村、爱农民的农业农村现代化建设接班人。搭建一座“需教”多元融合对接平台。探索“学教”农科人才优质育成路径。形成高校支撑乡村振兴的人才培养体系,通过乡村人才培养实践,提升新农科和新农科人才培养水平。继承和发扬独特的新时期农科教育建设优势,守好农科人才培养的主阵地,探索产业需求相匹配、理论教学与实践教学不脱节、通识教育与专业教育巧融合、内涵发展与特色发展高契合的培养结构与创新发展模式。

报告二十一

海南省农业绿色发展对策研究的调研报告

孙海燕[1]　张智[2]　张慧坚[1]
(1. 中国热带农业科学院科技信息研究所;2. 中国热带农业科学院)

习近平总书记指出,推进农业绿色发展是农业发展观的一场深刻革命,以绿色发展引领乡村振兴是一场深刻革命。近年来,党中央高度重视农业绿色发展,促进农业绿色发展,是促进农业提质增效的关键,更是促进农业永续发展的重大举措。“生态立省”是海南推动经济社会发展的一条鲜明主线,海南省委省政府先后发布了多个农业绿色政策。2019 年,海南省成为全国第二个整省推进国家农业绿色发展先行区的省份。摸清海南农业绿色发展现状,是完善先行区农业绿色发展支撑体系的前提和基础,有利于提升农业绿色高质量发展水平,推进海南省农业绿色发展先行区建设。

一、基本情况

1. 产业布局逐渐优化　海南省立足热带农业特色优势,突出高质量发展方向,“两极引领、东西加速、中部跟进、轴带串联”的总体布局逐渐形成;天然橡胶、热带水果、特色畜禽等高质高效的十二大热带现代农业产业集群日趋完善。

2. 农业生态环境逐渐改善　2020 年全省(不含三沙市,下同)化肥施用量为 119.45 万吨[16],同比减少 1%,化肥利用率为 40%。2020 年全省农药使用量为 10 802 吨,同比减少 1%,农作物平均农药利用率为 40.6%;秸秆乱烧现象减少,主要农作物秸秆综合利用率 85.2%,同比提高 1 个百分点。畜禽粪污综合利用率 87.65%,同比提高 6 个百分点;清退禁养区水产养殖面积 12.44 万亩,清退完成率 90.5%。开展农业投入品废弃物回收处置试点项目,2020 年全省共回收废旧农膜 6 511.2 吨,农膜回收率为 88.13%。

3. 绿色供给能力逐渐提升　海南农产品质量安全全程控制体系、农产品质量安全标准、农产品质量安全追溯体系、农产品质量安全监管网络建设取得初步成效,农产品综合检测合格率稳定在 99%以上。“菜篮子”产品供应能力不断增强,农林牧渔业实现增加值 1 178.39

⑯　数据来源:2020 年海南省生态环境状况公报。

亿元[17],比 2015 年增长 33.65%,年均增速 3.70%。

二、案例

近年来,东方市围绕热带水果、冬季瓜菜、畜牧业健康养殖、花卉产业等主导产业,推行农业标准化生产和产业园建设,以绿色发展为抓手,不断提高农产品质量安全。2019 年,东方市获国家农产品质量安全县、第二批国家农业绿色发展先行区试点县。在农业绿色发展进程中,取得了一定的成效,但是还存在一些问题亟待解决,如:土壤地力条件越来越差,病虫害严重,施肥用药需求大;有针对性的热带农作物绿色标准化种植技术(如土壤综合治理、化肥农药减量增效、秸秆还田等)缺乏,没有企业、农户也没有可依据的标准。

三、海南省绿色农业发展存在的问题

海南省在促进农业绿色发展方面做了有效探索和实践,虽然也取得了一定成效,但从总体来看,海南农业绿色发展还处在起步阶段,尚存在短板和不足。

(一)保障体系不健全

海南省农业绿色发展政策法规保障体系不完善,降低了保障力度。在农业绿色发展过程中,存在相关政策法规整体缺少系统性、针对性,落实不到位且匹配度偏低等问题。资金投入机制亟待健全,财政涉农资金整合不够且使用不合理,资金来源和使用碎片化现象突出,导致财政资金促进农业绿色发展的效果不明显。农业绿色发展工作协调机制亟待健全,政府的公共服务能力仍需加强。农业绿色发展涉及多个部门,职能分散交叉,统筹协调难道大,政策难以落地。同时市县农业人才队伍缺乏,信息技术服务滞后。农业基础保障仍然薄弱,农业耕地减少,耕地质量下降问题较为突出,一等地仅占 5.2%。农田基础设施整体水平低于全国平均水平。

(二)对绿色农产品的认识不到位

在生产方面,由于生产管理落后,缺乏从事绿色农业所需的基本素质,大多数企业、农户盲目追求农产品数量化,导致化肥、农药等使用过量,使土地资源损坏污染严重,给绿色农业发展造成严重阻力。在流通销售方面,有些生产经营主体通过贴标贴牌销售,把绿色农产品作为促销的手段追求经济效益最大化,并没有真正生产绿色农产品,缺乏绿色农产品对于保护生态环境、促进可持续发展的现实和长远意义的认识。

---

[17] 数据来源:2020 年海南省国民经济和社会发展统计公报。

(三)绿色农产品质量及监控体系有待加强

农业绿色发展科技支撑不足,目前,农业绿色发展领域的科学研究不系统、不深入,绿色技术创新能力不足、技术研发体系不健全,理论与实践、科研与生产结合不紧密。绿色农产品生产在绿色防控技术、测土配方施肥技术、热带作物绿色生产标准等配套技术研究开发方面还存在许多问题,且相应的绿色农业标准建设比较滞后,标准体系尚未形成。全程质量监控由于管理体制、检测体系、监督体系、执法体系等问题,难以统一协调解决,监督检测技术的实用性和推广性不强,质量技术监控难以全面确切掌握技术标准是否应用。

(四)农业面源污染仍需严控

农业面源污染监测和防治力量仍需加强。经过近几年的大力整治,在一定程度上遏制了农业面源污染加剧的趋势,但仍未从根本上解决问题。滥施滥用农药、化肥现象仍较为普遍,废弃物随倒乱排时有发生。秸秆、畜禽粪污等回收利用的成本相对较高,农户、企业参与农业废弃物资源利用的积极性不高。

(五)“谁来种地”情况更加严峻

随着海南自由贸易港建设的推进,新兴产业不断涌现,城镇化加速,农村青壮年劳动力不断向城市转移,村庄空心化,再加上农业劳动力老龄化趋势日益明显,造成城镇化农村劳动力短缺,人工成本增加,农村无人种地情况非常突出。

四、海南省绿色农业发展对策建议

(一)健全保障,强化农业绿色发展支撑体系

1. 强化统筹引领　加强组织领导,统筹协调,形成合力推进的工作机制。成立农业绿色发展协调工作领导小组,形成多部门协调联动机制,实行主官主抓、上下齐抓农业绿色发展的工作机制。建立目标责任制,落实主体责任,强化服务意识,解决制约农业绿色发展的突出问题,将农业绿色发展工作纳入重点工作范畴,为工作推进提供了坚强的组织保障。

2. 强化政策保障　完善热带农业绿色政策体系建设,推动农业绿色发展,需要正向激励政策和反向约束制度双向发力,健全政策法规保障机制,一体推进先行区农业绿色转型。梳理农业绿色发展政策、法规文件,在用好现有各项政策的基础上,系统地、有针对性地出台耕地地力保护、投入品减量、废弃物回收利用、资源节约等农业生态补偿激励政策和资源管控、环境监控、产业准入、市场准入等规章制度,进一步完善绿色政策支撑体系,全方位增加对农业绿色发展的支持力度。

3. 强化财政支撑　围绕农业绿色高质量发展目标,创新资金投入机制,夯实基础,通过争取各级财政支持,多方筹措建设资金,并对现有资金渠道进行整合统筹,形成聚集效应。同时,吸引更多金融和社会资本参与农业绿色发展,形成政府引导、企业投入、吸纳民资等多元

化的投资格局,全方位增加对农业绿色发展的支持力度。加大农业绿色发展扶持力度,扩大财政补贴覆盖面,既要对绿色技术研发和应用给予补贴,发挥科技创新作用,又要对绿色农业工程项目给予补贴,发挥示范带动作用,还要对小农户应用绿色农技给予适当补贴,发挥引导鼓励作用,同时还要在促进农业绿色发展的关键环节给予补贴。

4. 强化农业基础支撑 创新土地利用机制,在严守耕地红线的前提下,探索更为灵活的土地利用和管理政策,满足农业产业用地需求。改善农业基础设施建设,加快先进无公害生产设施装备建设,为发展绿色农产品提供保障,推动先行区绿色农业持续发展。

5. 强化人才支撑 加强基层农技服务队伍体系建设,加大引进培育力度,健全农技推广服务机构。通过与科研院所和大学的农业技术研究团队合作,加强专业农技服务人员培养和招引,为农业绿色发展提供强有力的人才保障和技术支持。

(二)加大宣传农产品安全工作,提高全民绿色意识

进一步加大对农业绿色发展的宣传力度,在全岛倡导绿色健康的生产生活方式,提高社会对农业绿色产品的认知度和认可度。引导农村基层干部和农户群众树立绿色发展理念,重点抓农技队伍的绿色生产技术培训工作,改变农技干部的知识结构,适应绿色农业发展要求,集中培训种植农户的绿色生产操作规程,改变农户不合理种植模式,确保绿色农产品的生产安全。同时,在农业主产区、示范基地等树立绿色生产宣传牌,提高全民绿色意识,推动绿色农业健康有序发展。

(三)强科技、重质量,提升农业绿色发展水平

大力实施“科技兴农”,依托海南自贸港的科研院所,结合海南省农技专家,搭建科研合作平台,建立一支强大的现代农业技术研发团队,研发和推广先进的农业绿色生产技术,提高绿色农产品的市场竞争力。围绕十二大热带农业产业,加强其农业绿色高效生产技术、绿色综合防控、检测技术、生态循环利用等技术研发和整合,形成热带农业绿色技术体系。健全以质量安全为导向的热带农业绿色产业标准体系,重点完善十二大热带农业产业种养环节绿色生产标准,提高技术的实用性和可操作性,使绿色农业发展有标可依、有章可循。

加强农业绿色科技推广应用,抓好示范引领。遴选推介特色优势产业主导品种、主推技术,引导农业产业化龙头企业、农民合作社、家庭农场等主动推行。抓好东方市、三亚市崖州区两个国家农业绿色发展先行区试点市县创建,建设热带绿色有机农产品标准化生产基地、热带农业绿色科技标准化示范基地等,探索推进热带农业绿色生产、热带作物绿色高质高效、种植水肥一体化、生态循环利用、农业废弃物资源化利用等技术推广项目。

强化绿色农产品质量监管,严把质量关。围绕农产品质量安全目标,成立由管理体系、检测体系、监督体系、执法体系等多个管理部门共同管理的运作机制,建立健全省-市-镇-村四级农产品质量安全监管体系,落实监管责任制。建立农产品质量追溯体系,健全完善农业投入品监管机制和质量检测机制,实现农产品从基地到餐桌全过程质量监控。加大违法行为的查处力度,对绿色产品要随时监控,严把质量关,杜绝质量安全问题,维护绿色农产品的信誉。

(四)严治面源污染,坚守绿色发展底线

严格管控禁限用农药在农业生产领域的使用,强化农药科学安全使用技术服务,推动农

药、化肥减量增效控害。建立完善科学施肥、施药管理和技术体系，进一步提高农业资源利用率。着力解决农业废弃物污染问题，以就地消化、综合利用为主线，通过政策补贴、企业运作，开展废旧地膜“以旧换新”、有偿回收行动，建立资源化利用机制，同时推广使用可重复利用地膜和可降解地膜，禁止生产销售非国标地膜，从源头上控制污染。

（五）培育职业农民，确保农业后继有人

培育新型职业农民解决“谁来种地”“如何种好地”的发展困境。新型职业农民是以农业为职业、具有相应的专业技能的现代农业从业者。有文化、懂技术、善经营、会管理的新型职业农民，是农业绿色发展真正的未来所在，也是新型农业发展模式——智慧农业的主力所在。要吸引一大批年轻人尤其是大学农学专业的毕业生成为新型职业农民，形成一支高素质农业生产经营者队伍，为农业绿色发展提供人才储备，为乡村振兴助力。数字化、精准化是农业绿色发展的方向，要培养、培育更多具有高新技术能力的新型职业农民，在耕种、肥水药管理、收获等环节推广数字技术农业应用，提高农业劳动生产效率，促进涉农资源化配置。

（本文被民盟海南省委采纳）

报告二十二

关于提升我国生物种业竞争力的对策建议

赵静娟　郑怀国　秦晓婧　贾倩　齐世杰
（北京市农林科学院农业信息与经济研究所）

种业是农业的“芯片”，是国家战略性、基础性核心产业。随着国家“解决好种子和耕地问题”“有序推进生物育种产业化”“开展种源‘卡脖子’技术攻关”等指导性意见的出台和重点任务的部署，种业已成为推动我国农业跨越式发展的重要引擎。

本报告对全球种质资源保护与利用、生物育种技术发展、生物技术育种产业化、作物种业贸易以及跨国种子企业的情况进行了全面的梳理，并制定国际种业竞争力评价指标体系，对美国、中国、荷兰、德国、法国、澳大利亚、英国、加拿大、日本、巴西10个种业强国的种业竞争力进行了评价研究，以期为推进我国生物育种关键技术的突破，前瞻性规划生物种业的产业布局提供参考。

一、主要结论

（一）国外起源种质资源占比低，种质资源精准鉴定不足

以美国为首的西方各国将遗传资源全球收集作为国家战略，一方面严控核心遗传资源的输出，另一方面非常注重对国外种质资源的收集。以美国为例，起源于国外的种质资源数量约占国家种质资源库库存的72%。与之相比，我国虽然种质资源丰富，但以国内资源为主，起源于国外的资源仅占库存的24%，致使优异的、具有特色的资源不足，缺乏优质的育种材料，在种业源头上受制于人。此外，我国精准鉴定的资源比例非常低，据统计，目前我国保存的52万份种质资源中，完成精准鉴定的不到1.5万份，特别是缺乏对资源农艺性状和抗性基因等的精准鉴定。我国作物种质资源有效利用率仅为2.5%～3.0%，尚未形成种质资源利用、基因挖掘、品种研发、产品开发、产业化应用的全链条组织体系。

（二）生物技术育种领域研发活跃，但缺乏原始创新性技术

据统计，2015—2019年间，全球生物技术育种领域的发文总量为87 830篇，美国和中国各

占全球发文总量的29.5%和24.6%，在全球排名第一和第二，共同组成了生物技术育种基础研究的第一阵营。2015—2019年间，全球生物育种技术领域的专利申请总量为23 133件，美国和中国各占全球专利申请总量的51.2%和27.28%，分别排名第一和第二，中国虽与美国还有相当大的距离，但远超其他国家，成为全球生物育种技术领域的主要技术研发力量。

然而，中国虽然占据了研发规模上的优势，但从质量和影响力来看，与美国还有一定差距，大部分仍处于追赶阶段。总体上看，中国虽然在生物技术育种领域处于全球领先地位，但缺乏自主创新的原始技术。以基于CRISPR/Cas的基因编辑技术为例，虽然中国科学家对原始的基因编辑技术在安全性和效率方面进行了诸多改进，也获得了很多自主知识产权，但存在延伸性、尾随性研发居多，原始创新不足的问题。目前常用的基因编辑的核心技术源自美国，核心技术的专利权基本掌握在Broad University和Corteva手中，因此在规模化商业应用方面存在潜在的“卡脖子”风险。

(三)种业竞争力相对较弱，科技优势未转化为产业优势

与生物育种技术的发展相比，我国种子产业的发展明显滞后，在生物技术育种方面的科技优势远未转化为产业优势。导致这一现象的原因，既有种业自身的问题，也有体制机制和监管政策上的问题。

从种业自身看，中国自2017年起品种权申请数量已超过欧盟，位居第一；授权数量自2014年起就超过美国，仅次于欧盟，位居第二。但由于存在品种同质化现象，仍缺乏具有全球竞争性的产品，规模优势没有成为产业优势。另外，近年来我国种子企业发展迅速，但与国外发达国家的差距依然很大，企业研发投入不足是导致企业创新能力不强的主要原因。

从体制机制上看，近年来，我国一直在致力于种业体制改革，先后发布了一系列纲领性文件，旨在推进商业化育种体系的建立。但由于我国育种人才、资源、技术主要掌握在高校及科研单位，企业研发能力严重不足，完全照搬国外的模式，很难在短时间内见效。从监管政策上看，我国对新技术及其产品的监管，现在所依据的法规是2001年发布、2017年修订的《农业转基因生物安全管理条例》。采用基因编辑等新技术生产的生物产品是否属于农业转基因生物，是否需要监管及如何监管，并无明确规定。定义不明确，法规不完善，将严重制约基因组编辑等新技术在农业领域的发展，以至使我国丧失在生物技术领域实现超越的机会。

二、对策建议

(一)实施国家种质资源战略，夯实种业发展基础

将种质资源保护利用上升到国家战略高度，建立以国家为主导的种质资源保护体系，协调政府有关管理部门、研究机构/高校以及私人企业及研究院等社会多方力量，一方面加强对我国濒危种质资源和野生品种的保护；另一方面通过种子企业民间交流、种企走出去等方式，积极引进国外种质资源，通过研发创新，解决“卡脖子”的种源和品种。建立良好的运转机制和管理系统，制定国家生物资源多样性保护中长期规划，设立国家专项基金，持续稳定地支持我国

的种子资源库建设和资源精准鉴定工作,发掘出一批优异种质和基因,并将种质资源和成熟的技术成果逐步向种子企业转移,服务于企业商业化研发。

(二)实施种业科技创新战略,实现原始性创新的突破

针对目前美国等发达国家已对基因编辑技术相关的关键基因和种质资源的优异基因性状进行了专利申请的问题,我国应重视替代性前沿技术的研发,国家应设立种业创新探索性研究专项,财政资金向原始创新性科研活动倾斜。力争开发出全新的基因编辑系统/工具,并获取知识产权保护,掌握种业主动权。此外,应加大信息技术、大数据技术等在种业研发中的应用力度,在高通量表型组、全基因组选择育种等生物育种核心技术领域加强布局,降低我国对高通量精准高效分子标记检测仪器等设备的国外依赖。尽量避免在国外公司已经掌握核心专利的技术领域开展尾随从属性研发,克服盲目低水平重复研究所导致的科技资源浪费。

(三)全面构建中国特色种业体系,提升产业竞争力

进行种业体制改革,实现科企脱钩,构建商业化育种体系是种业发展的方向,但鉴于目前我国种业的人才、资源和技术仍聚集在科研机构,种企技术研发力量依然薄弱的国情,不能盲目照搬国外的做法,应构建起中国特色的种业体系,即基于产学研创新联合体的种业创新体系。可借鉴国家农业科技创新联盟建设在运行机制、产学研连接模式、主体利益分配模式等方面积累的经验,选择科研实力强、研究基础好的科研机构/高校和种子龙头企业组成创新联合体,由国家和企业共同出资,各阶段研发投入各有侧重,针对种业关键性技术问题联合攻关,共同培育高性能品种并实现市场化。通过机制创新,提升我国作物种业的整体竞争力。

(四)实施种业强企战略,强化企业创新主体定位

企业强则产业强,应当以企业的高质量发展带动种子产业的发展。一方面,可通过兼并重组等方式,培育我国的种业巨头,集中高端人才、先进技术和研发资金,使种业创新效率不断提升、附加值不断提高,从而避免“内卷式”无序竞争导致的重复建设、产能过剩。另一方面,由于基因编辑等技术的发展,降低了种子研发的门槛,也应加大对生物种业高科技初创公司在政策、融资、税收等方面的扶持力度,激发这类企业的活力,在一些生物种业尖端技术领域抢占先机。

(五)推进监管制度现代化,确保技术优势转化为产业优势

以产品为导向的监管政策,是推动美国迅速将其研发优势转化成产业优势的重要原因。为了使我国在生物技术方面的领先优势尽快转化为产品优势、产业优势和竞争优势,我国应针对基因编辑技术,尽快出台明确的、前瞻性的、不同于转基因生物的相关监管政策;针对转基因作物产业化,政府应在充分评估转基因产品安全性和中国是否具备竞争力的前提下,尽快出台详细的规划、配套条例和明确的时间表,激发科研机构和企业研发的动力,扫除生物技术育种产业化的障碍,通过监管政策的现代化,推动生物种业的发展。

(本文获农业农村部科教司、北京市科协采纳)

报告二十三

耕地保护重大科技战略问题研究

王瑷玲　高明秀　张鹏

(山东农业大学)

耕地是土地之精华、粮食生产之根基，是保障国家粮食安全、社会经济稳定以及可持续发展至关重要的战略资源。全国第三次国土调查显示，2019 年我国耕地面积 19.18 亿亩(保住了 18 亿亩耕地红线，但比 2009 年第二次全国土地调查减少 1.13 亿亩)，50.33%为旱地，64%分布在秦岭—淮河以北，47.87%位于一年一熟制地区，49.24%位于年降水量 400～800 毫米地区。2014 年《全国土壤污染状况调查公报》显示[18]，耕地土壤点位超标率为 19.4%，其中中度和重度污染点位为 2.9%。《中国耕地地球化学调查报告(2015 年)》[19]显示重金属中重度污染或超标面积占调查总面积的 2.5%。因此，我国耕地仍然存在面积减少、质量下降和土壤污染等问题，对国家粮食安全、社会稳定和可持续发展产生了极大威胁。

针对以上耕地问题，国家提出坚持最严格的耕地保护制度，坚守耕地红线，实施“藏粮于地”国家战略，全面划定永久基本农田，推进高标准农田建设，治理土壤污染，遏制耕地“非农化”，管控“非粮化”，开展了有关耕地保护科技研发，并取得了一定成效。但当前耕地保护依然面临着数量、质量和生态等多重压力。同时，我国提出生态文明建设、“碳达峰、碳中和”及推动共同富裕国家战略，这对耕地保护提出了新挑战。基于此，须梳理国家已实施耕地保护有关政策和科技研发进展，分析耕地与社会经济发展关系、不同主体对耕地问题认知等，在此基础上提出我国耕地保护科技战略，完善耕地保护政策，研发耕地保护理论和技术。

一、耕地保护政策演变概况

改革开放以来，我国耕地保护政策随着耕地保护形势的变化和耕地保护认识的深化逐步完善，经历了早期政策概念提出、体系化政策探索、政策体系建设、政策体系完善等发展阶段。目前我国耕地保护政策已经形成包括土地管理法、征收耕地占用税、基本农田保护、耕地占补

---

⑱　数据来源：环境保护部国土资源部：《全国土壤污染状况调查公报(2014)》。

⑲　数据来源：中国地质调查局：《中国耕地地球化学调查报告(2015)》。

平衡、土地用途管制、建设用地规划审批、永久基本农田保护、城乡建设用地增减挂钩、农用地转用审批、耕地保护共同责任、土地开发整理复垦、高标准农田建设、土地督察、跨区域耕地保护补偿、耕地轮作休耕、制止耕地非农化、防止耕地非粮化、耕地地力保护补贴、种粮补贴等内容丰富的耕地保护政策体系。耕地保护政策逐渐从遏制耕地数量减少，提高耕地质量，到数量控制、质量管理和生态管护“三位一体”综合保护演变。山东省作为全国农业大省，在落实国家耕地保护政策基础上，探索推动了省内土地复垦与整治管理、易地开垦补充耕地管理、基本农田保护、城乡建设用地增减挂钩试点、耕地占补平衡管理、耕地保护激励、田长制等具有地方特色的耕地保护政策。从国家到地方，目前耕地保护政策均以行政控制型管控政策为主，经济激励型政策为辅，宣传引导型和公众参与型的耕地保护政策较少。

二、耕地保护科技研发概况

我国耕地保护科技研发发展可以划分为 4 个阶段。第一阶段为农田水利主导期(1949—1977 年)，全国通过农田水利建设和大规模屯垦、农民开荒等增加耕地面积、保障稳定增产，第一次土壤普查也为耕地土壤管理提供了基本依据。第二阶段为数量保护主导期(1978—2003 年)，耕地保护科技研发主要集中在确保耕地数量不减少方面，重视数量保护的同时却忽视了质量保护。农业科技的“黄淮海战役”引领了中低产田(盐碱地、沙荒地、涝洼地)治理。全国第二次土壤普查为农业生产和耕地利用保护提供了科学依据。第三阶段为量质双保主导期(2004—2011 年)，耕地保护科技研发逐渐转变到数量与质量并重，开展二次全国土地调查，探索耕地占补、永久基本农田保护和跨区域耕地补偿制度与技术，开展补充耕地数量质量实行按等级折算、农业资源(土壤、水和养分)高效利用、粮食主产区农田地力提升机理与定向培育、“沃土工程”、测土配方施肥等耕地保护科学研究和技术应用。第四阶段为“量-质-生”综保期(2012 年至今)，耕地保护科技研发转向数量管控、质量管理和生态管护的“三位一体”综合保护，“藏粮于地、藏粮于技”战略实施，第三次国土调查为耕地科学保护更新了数据基础。耕地质量保护与提升行动、耕地质量提升和化肥减量增效技术、渤海粮仓科技示范工程、黑土粮仓科技会战等科技行动和工程先后开展。

三、耕地变化与社会经济分析

全国 2009—2016 年国土变更调查显示，8 年间全国耕地面积由 203 076.8 万亩减少为 202 381.4 万亩，减少 695.4 万亩，年均减少 86.92 万亩；耕地占总调查面积比例由 15.97%降低为 15.91%，人均耕地由 1.52 亩减少为 1.46 亩。而城镇村及工矿用地和交通(铁路、公路、机场和港口码头)用地等建设用地面积由 46 189 万亩增加为 52 040 万亩，增长 12.67%。耕地面积与建设用地面积比值越来越小，从 2009 年的 4.40 减少为 2016 年的 3.89。

2009—2016 年各省耕地面积及变化不同。位于中国最北部、经济较落后的黑龙江省耕地面积最多，2016 年占全国耕地总面积的 11.75%；经济发达的上海市耕地面积最少，仅占 0.14%。8 年间，耕地面积较多、质量较优、粮食生产大省河南省耕地面积减少最多，占全国耕地面积减少的 17.48%；经济发达的北京市耕地面积减少率最大，比其 2009 年减少 4.78%；而水资源条件较差的新疆、内蒙古有较多的耕地面积增加，新疆比 2009 年增加 1.82%。总体上，增加的耕地质量低于减少的耕地质量，耕地产出能力降低。

各省耕地面积占比、人均耕地和耕地与建设用地面积比及其变化不同。耕地面积占比最大的是河南省，2009 年占比 50.10%，但比重逐年减小，2016 年降低为 49.58%。西藏耕地占比最小，仅为 0.41%。人均耕地面积除甘肃、贵州、黑龙江稍有增加，其他省份均减少，减少最快的为天津，达 23.18%。人均耕地最多的为内蒙古，2016 年为 5.51 亩/人，最少的为上海，仅 0.12 亩/人。耕地与建设用地面积比值差异很大，2009 年为 0.68～12.46，黑龙江省最大。北京市和上海市等经济发展发达地区，耕地与建设用地面积比值不足 1。

耕地面积减少、建设用地增加的主要原因是耕地比较收益低，若更多土地用于耕地，则总经济产出较低。分析各省耕地面积与建设用地面积比值与人均收入、人均 GDP、地均 GDP 等经济指标关系，结果表明耕地/建设用地面积比值越小的地区，人均收入、人均财政收入、人均 GDP 和地均 GDP 等越大，经济状况越好，均呈显著反向幂函数关系。因此，各地均有较大动力将耕地转为建设用地。另外，非农行业人均收入也高于农业人均收入。如何既保护耕地，又保障发展，就需要建立跨区域、跨行业耕地经济补偿机制，建设用地较多的区域向耕地面积较多的区域经济补偿、非农行业向农业补偿。

四、不同主体耕地保护认知分析

农民、科研管理人员和行业从业人员等不同主体对耕地存在问题、耕地保护法律制度和耕地保护科技需求等认知问卷调查结果表明，行业从业人员认为耕地非粮化、非农化等问题普遍，趋向一般等级，其次是科研管理人员，农民认为耕地问题最小；耕地非粮化最普遍。耕地抛荒、非农化，农业收益低是最主要原因，占被调查者的 79.84%，其次是劳动力少，占 60.37%。对耕地保护有关法律、制度和政策的了解程度为 36.14%，总体不高；不同主体了解程度不同，科研管理人员了解最多(50.51%)，其次是行业从业人员(42.215)，农民了解最少(23.33%)。对土地管理法了解最多，占比达 72.55%，其次是基本农田保护条例，为 59.46%，第三是种粮补贴，占 42.52%。各类主体均对土地管理法了解最多，但第二位的认识不同，农民是种粮补贴，占 43.92%，行业人员和科研管理人员为基本农田保护条例，分别为 74.18%和 79.91%。

对耕地保护科技和政策需求，农民选择节水灌溉技术的最多，占 61.11%；其次是土壤培肥，再次是种粮补贴。农民最需要的还是与粮食产量最直接的灌溉和土壤条件以及种粮补贴，即经济收入。科研管理和行业人员认为耕地内涵、智慧评价和时空监测的研究最重要，要明晰耕地的数量、质量、功能、价值和生态的内涵，开展智慧评价与时空监测。中低产田改良技术研发，提高中低产田产出为第二位。优质耕地保护利用技术研究，更好地利用优质耕地发挥效益为第三位。完善耕地保护补偿机制与政策、提高耕地保护的积极性也很重要。

五、耕地保护科技政策战略建议

当前,我国耕地保护政策与科技战略基本思想趋于一致——数量、质量和生态"三位一体"综合保护。然而,面对耕地保护与利用中面临的数量减少、质量下降、生态缺位以及耕地保护与社会经济发展不平衡、主体认知不足、与农民需求不匹配等严峻挑战,我国还没有形成系统的耕地保护科技战略,缺乏全面系统的耕地保护协同研发,耕地保护补偿奖惩政策不完善,各类主体对耕地保护认知不够。基于此,提出以下耕地保护科技政策战略建议。

1. 加强耕地保护科技战略研究,制订耕地保护科技发展规划 从"藏粮于地、藏粮于技""中国饭碗要装中国粮""生态文明建设""碳达峰、碳中和"等国家战略需求和耕地数量、质量与生态"三位一体"保护要求出发,通过系统研究、科学论证、顶层设计,明确耕地保护科技战略导向,制订中长期耕地保护科技发展规划,明确耕地保护的保卫目标、保障工程、保育技术、保管手段,引领全社会以提升耕地综合功能为导向,以保护和提升耕地综合产能为核心,以改善耕地生态环境、塑造耕地形体(结构和属性)、提升耕地质量为抓手,开展耕地数量-质量-生态综合保护科技创新。

2. 全面开展耕地保护科技研究,提升耕地综合产能 全面开展耕地保护科学研究,深化耕地数量、质量、生态、价值等内涵范畴,加强宏观的数量智慧监管保卫技术、微观的质量保养技术、综合的生态保育技术、全面的价值评估技术研究,将农业生境控制与修复、耕地"碳达峰、碳中和"研究纳入国家科技创新规划。系统集成应用耕地保护技术,将全体系、全链条的微观研究成果真正统领、串联起来,通过农业科技示范园区、农场等经营主体示范落地。扩大耕地科技研究人员范围,除中国科学院、全国重点高校等,吸收地方高校院所、相关行业机构及农业经营主体等参与耕地保护科技研发,充分发挥各方聪明才智,研发出更适合中国国情、农民更需要的耕地保护理论技术和政策。

3. 完善耕地保护政策研究,均衡耕地保护责任 农业收益低、经济价值低是耕地抛荒、非农化和非粮化等问题最主要原因,耕地综合价值未显化、补偿奖惩政策不完善也是重要原因。加强耕地全价值量化研究,显化耕地的生态价值、社会价值、文化价值和景观价值等,提高耕地保护重要性的认识。完善行政命令式耕地保护政策,增加经济激励性政策,运用经济诱导型政策工具,探索限制约束与鼓励激励相结合的多元化政策工具。对保护耕地的农民和地区进行经济补偿和奖励,对破坏耕地的单位和个人给予严格惩罚。从区域和行业不同层面,研究耕地保护补偿奖惩影响机制、补偿奖惩标准等,设立耕地保护基金,实施耕地保护跨区域横向补偿、其他行业向种粮行业补偿、耕地保有和地力提升补偿等,均衡耕地保护责任,实现共同发展、共同富裕。

4. 开展耕地保护科普研究,提高耕地保护意识 耕地安全关系到人民吃饭问题、社会稳定和国家安全,但许多人对耕地问题、有关法律法规等认识不够。尤其,与一般认为农民与耕地最近、对耕地感情最深、应该对耕地问题和保护认识更多不同,问卷调查表明农民认识最少,低于行业从业人员和科研管理人员。与耕地较远的市民可能对耕地保护认识更低。对耕地问题和保护认识不到位,自觉实施耕地保护的行为可能就低。因此,应研究建立耕地保护科普战略,实施全社会、全过程、全方面耕地保护科普制度,强化耕地保护宣传引导和公众参与政策,面向农民、市民,从幼儿园到小学、中学、大学,采取教育教学、宣讲宣传、实践应用等方式,真正让全社会对耕地保护的认识更清、意识更强、行动更及时有效。

报告二十四

黄河流域有机旱作农田土壤耕地质量现状与提升策略

秦晓梁　党朋飞　黄恬恬　张苗苗　李亚君　温晓霞　廖允成

（西北农林科技大学）

一、黄河流域有机旱作农田耕地质量基本情况

黄河流域全长5 464千米，是中国第二大河流，其流域包括青海、甘肃、宁夏、陕西、山西、河南、山东7省份全域，以及内蒙古西部的6市1盟和四川的阿坝、甘孜2个州（徐勇等，2020）。黄河流域多为干旱半干旱地区，地表水年均输入量580亿米^3，在盆地中部，河流穿过面积为58万平方千米的广阔黄土高原（Wu et al.，2004）。作为我国重要的农业区之一，黄河流域粮食总产量占全国的13.4%（赵银亮等，2011）。截至2016年，黄河流域内共有耕地面积为3 427.97万公顷，流域旱地面积总共为1 785.13万公顷，约占整个流域面积的52.1%，甘肃省的旱作面积最高，达到400多万公顷，占整个黄河流域旱地面积的22.63%（图3-15）。

农田土壤有机质是植物营养的主要来源之一，同时也是反应土壤肥力和耕地质量重要指标（王国芳等，2019），作物产量和土壤有机碳含量显著正相关（Oldfield et al.，2019），然而，黄河流域土壤肥力较低（Yu et al.，2007）。基于2005—2014年进行的全国农田测土配方施肥项目调查数据，与全国第二次土壤普查（1979—1985年）土壤有机质含量相比，《测土配方施肥土壤基础养分数据集》（2005—2014年）显示黄河流域中不同省份的有机质含量变化有差异，河南、山西、山东、陕西土壤有机质含量有了轻微增加，然而甘肃省和青海省土壤有机质含量处于下降趋势（表3-4）。我们通过分析发现，黄河流域流经的9个省份的土壤有机质含量均显著低于全国农田平均土壤有机质含量24.65克/千克，其中山西、山东、陕西、甘肃和宁夏5省（市、自治区）土壤有机质平均含量均未达到15.00克/千克（表3-4）。进一步提高黄河流域农田耕地的土壤有机质含量，对于提高黄河流域农业系统可持续发展具有重要意义。

中华人民共和国国家统计局数据显示，2008年黄河流域9个省份的耕地面积在54.3万～792.6万公顷，与全国第二次土壤普查（1979—1985年）相比，黄河流域流经的9个省份的土壤耕地面积下降了1 191.5万公顷，下降范围在7.7万～519.4万公顷（表3-4）。国家统计局数据也显示，1990—2019年陕西和山西两省的农作物总播种面积整体呈下降趋势。此外，2008

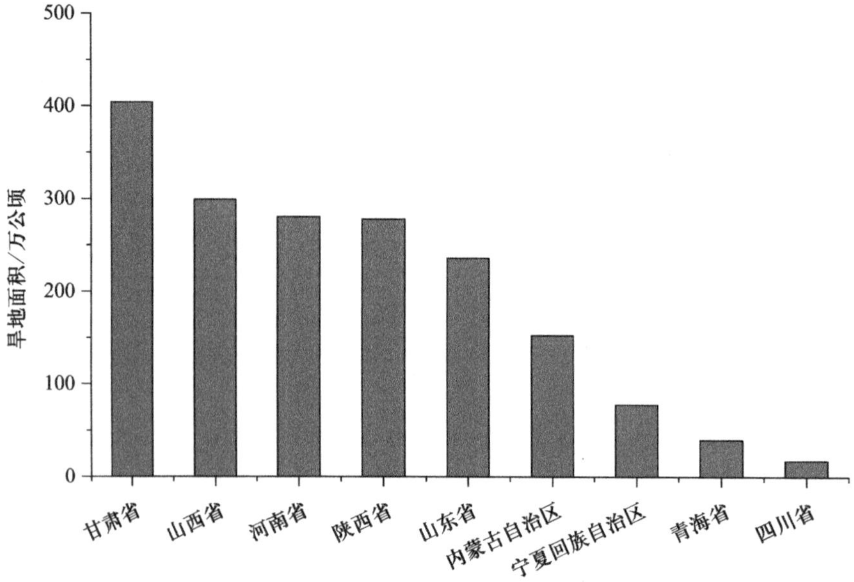

图 3-15　黄河流域 9 个省份旱地面积

(黄河流域内蒙古段包括乌海、阿拉善、巴彦淖尔、鄂尔多斯、包头、乌兰察布、呼和浩特 7 个盟市，黄河流域四川省段包括阿坝、甘孜 2 个州。)

年以来，国家在快速城镇化进程中占用大量优质耕地，为维持耕地总量平衡，国家在生态脆弱、土地生产力较低的区域开垦大量耕地，“占优补劣”突出，新增耕地质量较低，问题突出。

表 3-4　黄河流域 9 个省份土壤有机质含量及耕地面积

	第二次耕地普查耕地面积有机质含量/(克/千克)	测土配方有机质含量/(克/千克)	测土配方施肥与第二次土壤普查耕层有机质平均含量变化量/(克/千克)	第二次耕地普查耕地面积/万公顷	2008 年耕地面积/万公顷	2008 年耕地面积与第二次土壤普查耕地面积变化量/万公顷
山西	11	13.88	2.88	521.5	405.6	−115.9
山东	9.8	13.74	3.94	853.3	751.5	−101.8
河南	12.5	15.83	3.33	895.5	792.6	−102.9
陕西	10.9	14.84	3.94	555.6	405	−150.6
甘肃	14.8	14.34	−0.46	552.8	465.9	−86.9
宁夏	9.8	13.61	3.81	203.8	110.7	−93.1
青海	24.7	23.64	−1.06	62	54.3	−7.7
内蒙古	20.1	24.12	4.02	727.9	714.7	−13.2
四川	18.6	22.95	4.35	1 114.1	594.7	−519.4

注：1979—1985 年第二次耕地普查耕地数据、测土配方有机质含量数据来源于《测土配方施肥土壤基础养分数据集》(2005—2014 年)，2008 年耕地面积数据来源于中华人民共和国国家统计局《中国统计年鉴(2012 年)》。

二、黄河流域秸秆还田现状

秸秆还田是实现农业可持续发展的有效手段，对土壤有机质的补充和土壤肥力的提高起着非常重要的作用。黄河流域农作物秸秆资源丰富，我们利用该流域多年多点试验进行荟萃分析的结果表明，在黄河流域农田使用秸秆还田能够显著提高土壤有机碳和土壤全氮含量，分别增加了 14.66％和 11.2％。在甘肃、内蒙古、山东、陕西、山西和四川，秸秆还田措施能显著增加土壤有机碳和土壤全氮含量。在宁夏使用秸秆还田后并没有显著增加土壤有机碳和全氮，在河南使用秸秆还田后土壤全氮增加了 8.55％，但是对土壤有机碳没有显著提高作用（图 3-16）。

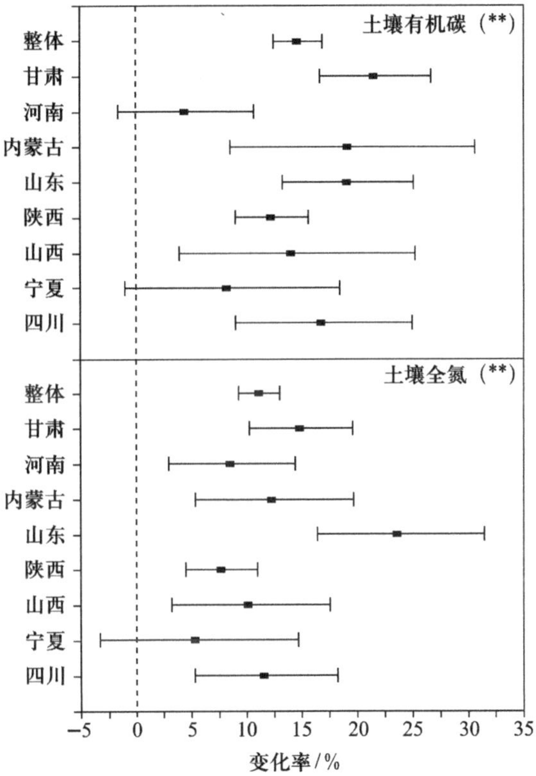

图 3-16　黄河流域不同省份土壤有机碳和全氮对秸秆还田的响应

（黑色误差棒代表 95％置信区间，95％置信区间值不与零重叠，则秸秆还田效果具有统计学意义。虚线代表变化量为 0。“＊＊”表示各省份之间秸秆还田效果具有极显著差异。n 代表观察到的数据量。利用 CNKI 和 Web of science 数据集搜集黄河流域 9 个省份秸秆还田试验，并利用 Metawin 软件进行荟萃分析。）

基于国家政策鼓励和支持，黄河流域灌区还田率较高，但旱作区秸秆还田比例很不理想，仍存在许多问题影响整个流域秸秆还田效果和农民积极性。首先，国家秸秆还田补贴范围过窄，补贴不持续，黄河流域省市经常出现“有政策无资金”的状况。其次，在秸秆还田方面农民仍然存在技术困扰，存在秸秆还田机械设备与小面积地块不匹配、秸秆切碎程度不够等问题。

受气候、经济、技术条件等影响，秸秆还田肥田效果存在区域性差异，这些需要农艺学家结合实际生态、经济等条件去探索适宜黄河流域秸秆还田的技术和模式。

三、黄河流域秸秆还田模式多年多点综合分析研究

秸秆还田模式直接影响耕地质量改良的效果，作物秸秆可以通过覆盖，也可以通过翻埋实现还田(Zhang et al.，2017)。秸秆覆盖一般伴随着免耕，一方面免耕降低了土壤耕作对耕层土壤的扰动和土壤结构的破坏(West et al.，2002；Al-Kaisi et al.，2005)；另一方面覆盖于地面的秸秆可以抵御风雨对土壤的侵蚀，降低水土流失和养分的淋失带来的土壤养分下降。秸秆翻埋一般与翻耕、深松耕等农业措施结合，将秸秆与耕作层土壤结合，一方面合理的耕作措施为秸秆分解提供良好的水热条件，另一方面增大了秸秆和土壤微生物以及与秸秆分解有关酶的接触面积，更有利于秸秆腐解并进一步将养分释放到土壤深层。我们对黄河流域多年多点不同秸秆还田试验方式进行荟萃分析，研究发现秸秆翻埋对土壤有机碳和全氮含量的改良效果优于秸秆覆盖，秸秆翻埋能够增加土壤有机碳和全氮 15.61％和 13.57％（图 3-17）。

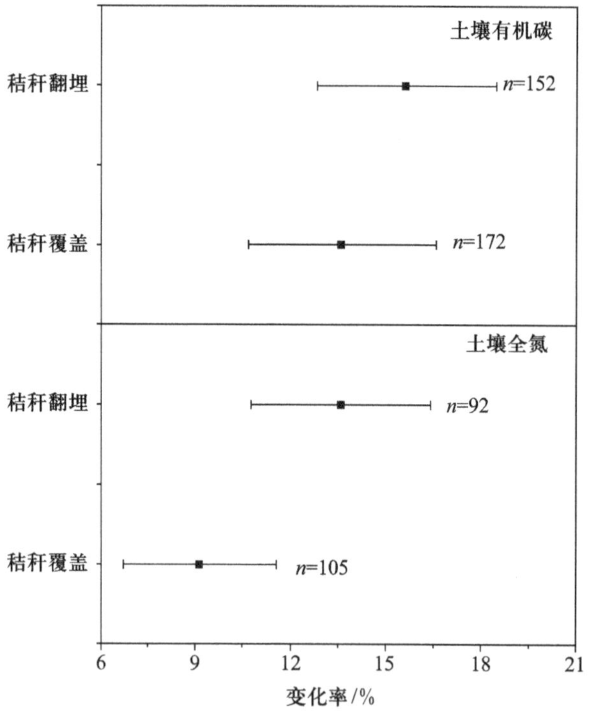

图 3-17 黄河流域土壤有机碳和全氮对秸秆翻埋和秸秆覆盖的响应

(黑色误差棒代表 95％置信区间，95％置信区间值不与零重叠，则秸秆还田效果具有统计学意义。虚线代表变化量为 0。“＊”表示秸秆覆盖和秸秆翻埋对土壤养分改良的效果具有显著差异。n 代表观察到的数据量。利用 CNKI 和 Web of science 数据集搜集黄河流域 9 个省份秸秆还田试验，并利用 Metawin 软件进行荟萃分析。)

降雨、温度、土壤质地等环境因素影响秸秆还田方式对土壤有机碳和土壤全氮含量改良效

果(Akhtar et al. ,2019;Jarvis et al. ,1996;Six et al. ,2004)。在陕西和四川秸秆覆盖和翻埋2种方式均能显著提高土壤有机碳和全氮;宁夏使用秸秆翻埋和秸秆覆盖分别能提高土壤有机碳7.67%和6.13%,对土壤全氮并无显著增加效果;陕西、河南和内蒙古使用秸秆覆盖能提高土壤有机碳和土壤全氮,秸秆翻埋无显著改良效果;甘肃省使用秸秆翻埋提高土壤有机碳31.85%和土壤全氮18.27%,秸秆覆盖无显著改良效果;山东省使用秸秆翻埋能提高土壤有机碳31.48%和土壤全氮29.35%,使用秸秆覆盖增加土壤有机碳16.39%。因此,在山东、甘肃、陕西和四川使用秸秆翻埋更好,在河南、内蒙古、山西和宁夏使用秸秆覆盖更好(图3-18)。

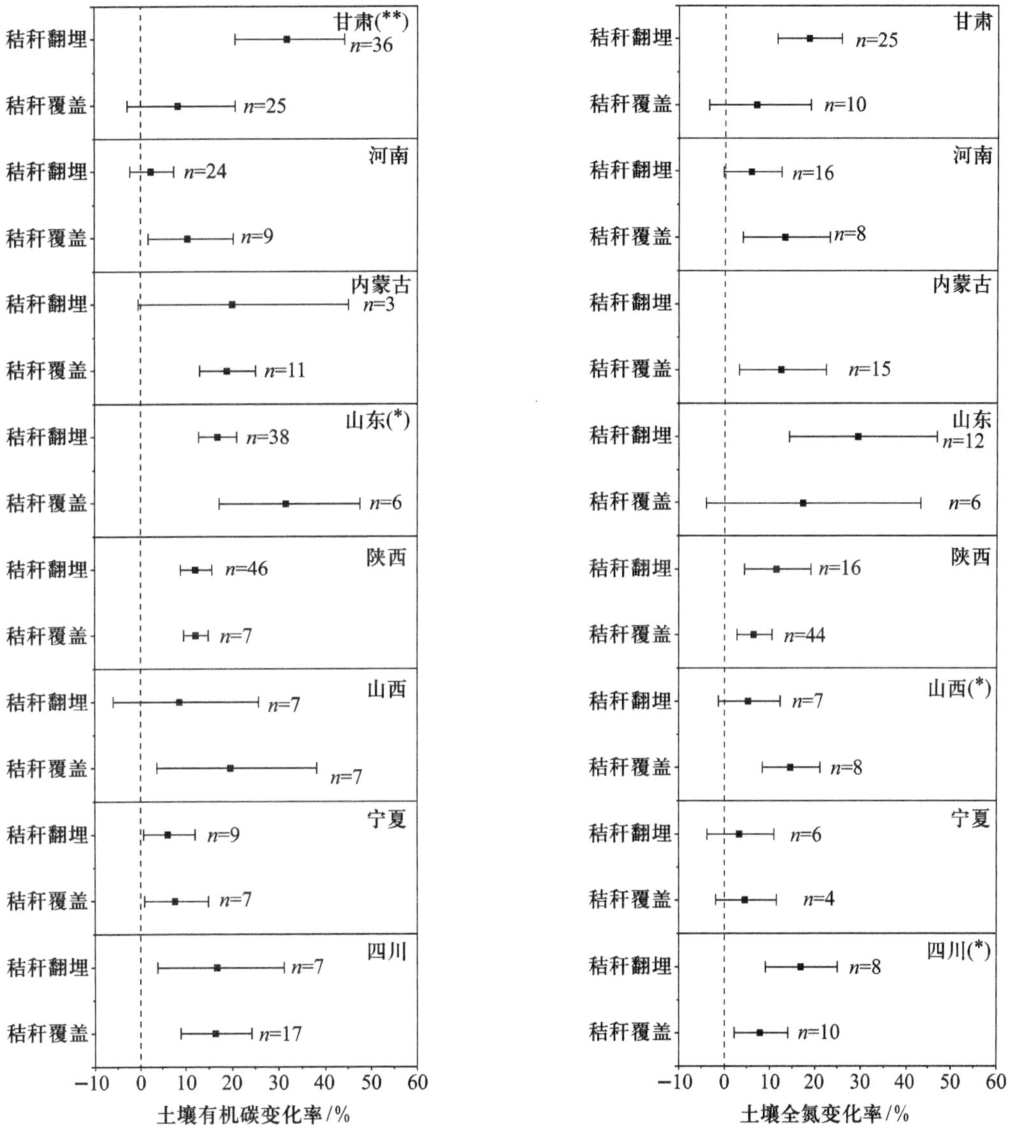

图3-18　黄河流域不同省份土壤有机碳和全氮对秸秆覆盖和秸秆翻埋的响应

(误差棒代表95%置信区间,95%置信区间值不与零重叠,则秸秆还田效果具有统计学意义。虚线代表变化量为0。“*”表示秸秆覆盖和秸秆翻埋对土壤养分改良的效果具有显著差异。n代表观察到的数据量。利用CNKI和Web of science数据集搜集黄河流域9个省份秸秆还田试验,并利用Metawin软件进行荟萃分析。)

四、覆膜农田秸秆还田模式田间定位试验研究

目前,黄河流域有机旱作农田既有研究局限于覆膜下秸秆粉碎抛洒均匀还田模式(钱锐等,2021;王凤山等,2014;吴荣美等,2012),该模式下还田后表层土壤中的秸秆影响后续覆膜操作、覆膜质量和出苗率,且秸秆腐解与作物生长同位容易造成争养分的问题,制约着秸秆还田在旱区覆膜农田大面积推广和应用。我们对地膜覆盖下玉米秸秆合理利用进行了积极探索,研发了西北旱作农田保护性耕作新模式,该模式将秸秆呈带状还田于全膜双垄沟的大垄下,不会出现还田秸秆刺破地膜现象,而且将秸秆还田带和种植带进行有效分离,避免了秸秆腐解期与作物生长期同时同位造成的争水、争养分矛盾,有效克服了覆膜下采用秸秆粉碎抛洒均匀还田的主要缺陷和不足,且地膜下优越的微环境提高了秸秆的腐解速率,同时达到了提高玉米产量和改善土壤质量的目标(Li et al.,2020)。

基于2014年长武设置定位试验,研究表明还田深度较浅的旋耕等措施可能破坏塑料薄膜,增加土壤水分的蒸发和流失,覆膜下秸秆翻压还田和秸秆条带深翻还田则有效避免了这种情况,对秸秆腐解和产量增加有显著的促进效果。2种秸秆还田措施均能改善土壤养分,但秸秆条带还田下土壤硝态氮、全氮、有机质含量和土壤贮水量均高于膜下秸秆翻压还田。秸秆条带深翻还田为玉米生长和秸秆腐解创造了更好的环境条件,使玉米具有更高氮素积累和吸收效率、水分利用效率,玉米产量显著提高了13%~16%。且经过连续5年的垄沟地膜覆盖和沟埋秸秆还田的耦合,在图3-19可以看到相对于垄沟地膜覆盖,膜下秸秆条带深翻还田下的土壤耕层有机质含量增加了19.23%,显著改善了覆膜有机质低下的状况。

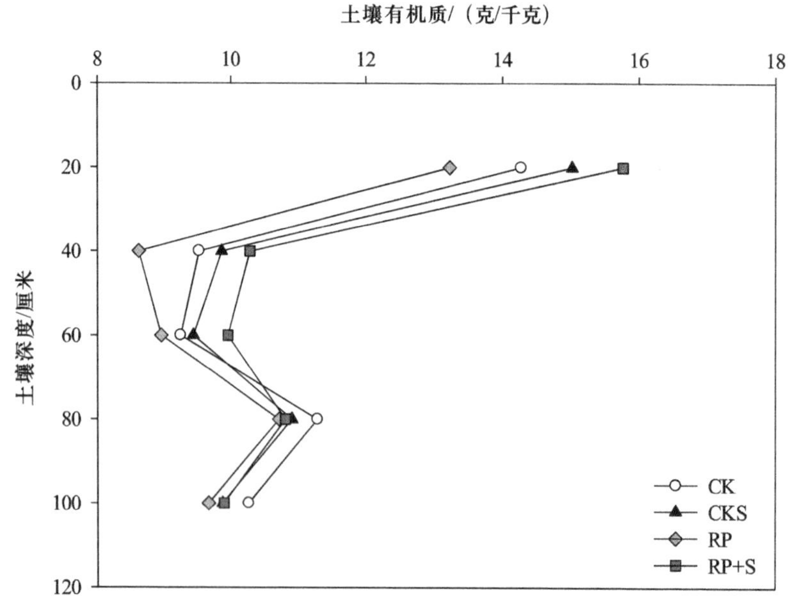

图3-19 2020年春玉米收获期平作(CK)、平地秸秆还田(CKS)、垄沟地膜覆盖(RP)、垄沟地膜覆盖+秸秆条带深翻还田(RP+S)处理的土壤有机质含量

综上，将秸秆条带深翻还田模式引入全膜覆盖双垄集雨沟播栽培技术，有利于提高土壤水肥利用率，增加土壤耕层有机质含量，改善土壤质量，是一种既能使玉米高产又能维持地力的可持续性栽培模式，实现了玉米生产、经济效益和生态效益的协同提高，无疑将为旱作农业的发展提供新的思路。

五、建议

针对黄河流域旱作农田耕地质量总体较差，要大力推广秸秆深翻还田的应用与推广，对于区域内的覆膜旱作农田，建议将秸秆条带深翻还田和秋季全膜双垄沟播两项栽培技术进一步深度融合，该模式有望成为构建合理耕层、培肥地力、改善玉米播种层与根际环境的有效技术措施，在减少化肥施用和减轻秸秆面源污染的同时提升土壤质量，以实现该地区玉米生产和秸秆资源高效循环利用，协同提升，促进黄河流域旱地作物生产的可持续发展。

此外，应加快秸秆还田机械化、自动化研发，重点是适合黄河流域有机旱作的大马力翻耕机、打捆机、粉碎机等，以及适合相对小块农田应用的机械，建议国家或地方政府给秸秆机械粉碎和深埋费用予全额补贴。

报告二十五

黄河流域盐碱地资源高效利用模式及保护战略思考

刘兆辉*[1] 孙泽强[2] 刘盛林[2] 林海涛[3] 马长健[2] 石宁[2] 王学君[2] 杨光[2]

（1. 山东省农业科学院/农业农村部黄淮海平原农业环境重点实验室;2. 山东省农业科学院农业资源与环境研究所/农业农村部山东耕地保育科学观测实验站/国家土壤质量济南观测实验站;3. 山东省农业科学院农业资源与环境研究所/农业农村部黄淮海平原农业环境重点实验室）

黄河是中华民族的母亲河，发源于青藏高原，流经九省区，全长 5 464 千米，是我国第二长河。黄河流域面积 79.50 万平方千米，占全国河流流域面积的 7.92%。黄河流域在我国经济社会发展和生态安全方面具有十分重要的地位。黄河流域是我国重要的经济地带，黄淮海平原、汾渭平原、河套灌区是农产品主产区，粮食和肉类产量占全国 1/3 左右。黄河流域构成我国重要的生态屏障，是连接青藏高原、黄土高原、华北平原的生态廊道，拥有三江源、祁连山等多个国家公园和国家重点生态功能区。

据不完全统计，整个黄河灌区盐渍土面积达 265.00 万公顷，也是全国后备耕地资源的主要储备地。黄河上游盐渍区域主要包括黄河河套平原、黄土高原和鄂尔多斯高原，具有漠境-草原、干草原和森林草原的生物气候区域（王遵亲等，1993）。盐碱土主要分布在内流河汇集的湖沼边缘、沙丘间的湖盆、洞地和河谷两侧，土壤积盐过程既有残余积盐，又有现代积盐和底层积盐等类型。黄河中游冲积平原主要包括宁夏银川平原及内蒙古自治区的后套和中滩 3 个黄河冲积平原。本区域在地质构造上属于断裂沉降盆地，沉积了深厚的富含水溶性盐类的湖积物地层，土壤底层盐化，加之早期农业灌溉重灌轻排，导致土壤次生盐渍化到目前依然较严重。黄河下游区域主要包括河南部分区域和山东大部分，该区域目前主要是黄河三角洲分布的渤海滨海盐渍土，以及零星分布的黄河灌区内陆盐碱土，具有明显的季节性积盐和脱盐的频繁胶体过程，盐渍土的分布从内陆向海滨土壤盐分含量逐渐增强。

黄河流域生态保护和高质量发展已上升为重大国家战略。黄河流域盐碱地资源的保护利用是黄河流域生态保护和高质量发展的重要组成部分，也是实现“藏粮于地、藏粮于技”的具体行动和抓手，对乡村振兴战略的实施和推进我国生态脆弱区生态文明建设具有重要战略意义。

基金项目：NSFC—山东联合基金项目（U1806215）、国家重点研发计划（2021YFD1900900）、山东省农业科学院农业科技创新工程人才类项目（CXGC2022E03）

通讯作者：刘兆辉，Tel：0531-66659546；E-mail：liuzhaohui6666@sina.com

一、黄河流域盐碱地资源分布与特点

黄河流域土壤盐渍化主要发生在干旱、半干旱地区的绿洲地带以及沿海地区、大河流域和土壤肥沃的冲积平原。其范围包括青海、四川、甘肃、宁夏、内蒙古、山西、陕西、河南和山东等9个省份，大部分是干旱半干旱地区。

黄河流域盐碱地资源具有以下特点(表3-5)。

表3-5　黄河流域盐碱地资源分布与特点

分区	面积/万公顷	主要分布	类型	参考文献
上游	95.67	青海：柴达木盆地沿湖平原； 甘肃：沿黄灌区； 内蒙古：河套灌区； 宁夏：引黄灌区	氯化物-硫酸盐盐渍土； 硫酸盐盐化的潜在盐渍土； 盐荒地或苏打盐渍土、潮湿结壳盐土和潮湿盐土； 龟裂碱化土、草甸苏打盐渍土或沼泽苏打盐渍土	张震中等，2018 杨思存等，2014 逄焕成等，2014
中游	51.50	山西：河谷平原、黄土高原山前洼地； 陕西：黄河沿岸阶地、盐湖周围等； 河南：黄河背河洼地和冲积平原上的洼地	苏打型盐化潮土； 碳酸盐和硫酸盐为主的现代盐渍土； 以含 NaCl 为主的盐土和以含 $NaHCO_3$ 为主的碱土	冯辽，2017 胡一等，2015 王飞，2010
下游	59.27	山东：鲁西北平原低洼地带和滨海平原	黄河冲积母质发育而成的盐化潮土	董红云等，2017

1. 从盐碱地面积分布来看　黄河流域上游是黄河流域盐碱地分布最大的区域，中游和下游面积相差不大，且黄河三角洲盐碱地面积仍在不断增长。

2. 从盐碱地土壤盐分性质来看　黄河流域中上游土壤盐分以硫酸盐型为主，具有较高 pH，而黄河流域下游土壤盐分则以氯化钠型为主。

3. 从盐碱地形成的原因来看　黄河流域盐碱地形成过程中自然条件起决定作用，但人为活动也改变了盐渍化的发展。黄河流域中上游盐渍化主要是由于受到干旱气候条件、含盐土壤母质和浅层高矿化度地下水等自然条件的影响，同时不合理的灌排管理和利用也加速了土壤盐渍化进程。黄河流域下游盐渍化主要受陆-河-海三相的共同影响，盐化过程要早于成土过程。

二、黄河流域盐碱地开发利用取得的成效、经验与存在问题

国家和沿黄省份都非常重视黄河流域盐碱地的改良利用，先后组织实施了一大批重大科技专项，研发示范推广了一批新技术、新产品，取得明显的经济、社会、生态效益。我国于20世纪80年代便在旱涝盐碱综合治理、盐碱农业发展战略以及水盐运动等科学研究方面取得重大进展。通过多年研究，对盐碱土演化过程、形成机理、水盐运移等有了清晰的认识。当然，由于历史和现实问题，导致黄河流域盐碱地治理依然存在较大阻碍。

(一)黄河流域上游盐碱地开发利用

黄河上游盐碱地开发利用过程中，科研工作者进行了长期的试验研究，提出了主要作物耐盐极限与土壤盐渍化分类、地下水位临界值，开展了盐碱土的性质、微量元素背景值及磁化率特性、灌溉回归利用对土壤次生盐碱化等的影响研究，形成了以淤、灌、肥、翻、轮、松、种、换的八字农艺技术，建立了以明沟为主要的灌排体系，竖井强制抽排、竖井和排水沟结合排水洗盐、明沟为主辅以竖井与暗沟的综合水利工程改良技术（图3-20）。图3-21为盐碱地种植实景。比如，黄河上游宁夏回族自治区盐碱地改良取得较大成果，莲湖农场、灵武农场、前进农场经过数十年的艰苦努力，累计改造盐碱地8 000公顷，小麦单产由改良之初的300～450千克/公顷，提高到6 000～7 500千克/公顷，使昔日盐碱荒地变为宁夏商品粮生产的重要基地之一，形成了“合理规划建立有效的排灌系统，开沟种稻连续洗盐改土，秋耕免灌冬水”等技术体系(李宏广等,2009)。银北平罗县、贺兰县、惠农县、石嘴山市等地区充分利用自治区人民政府宁夏引黄河套区重点开发建设项目的资金支持，从1989年开始，三期工程共投入资金数千万元，改造盐(碱)渍中低产田(包括盐荒地开荒)3.33多万公顷，创造了举世瞩目的盐碱地改良业绩(罗代雄等,1995)。同时，黄河流域上游在盐碱地开发利用过程中也依然存在引黄灌溉用水量过大、灌溉效率低下、地下水开发程度不够和排盐规划缺乏等方面的问题。过量和无序农田灌溉用水使原有生态系统的可用水量减少，打破了自然状态下的平衡，导致生态环境的恶化(汪林等,2001)。

(二)黄河中下游盐碱地开发利用

黄河中下游地区在防治土壤盐碱化的生产实践和科学试验研究方面，都取得了巨大的进展。通过总结土壤盐碱化正反两方面的经验教训，共同确认了防治土壤盐碱化必须掌握“因地制宜，综合治理”的原则及“水利工程措施与农业生物措施相结合”“排除盐分和提高土壤肥力相结合”“利用和改良相结合”等一系列方针，在许多地区采取了多种富有成效的综合防治措施，盐渍土的面积显著减少。其中，山西省主要采取了以下措施：①利用井灌井排、灌溉洗盐等方法降碱，②利用秸秆、有机肥抗盐碱、地膜覆盖(上膜下秸)等方法压碱压盐(表3-6)，③利用需水并且耐盐碱的作物进行种植，④利用农艺措施进行改善土壤、降盐碱，⑤利用土壤改良剂降碱，并取得了成功(冯辽,2017)。耕作层厚度大于20厘米，土壤含盐量小于0.2%，pH下降到8.5以下，且土地平整，能灌能排。粮食产量由之前的200～

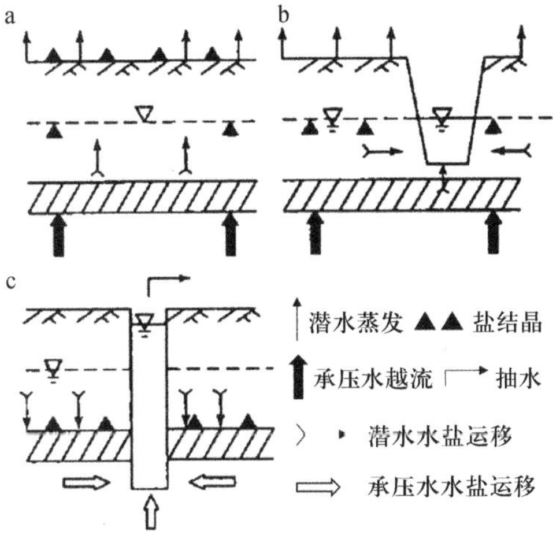

图 3-20　不同灌排方式及其水盐运移(高长远,2001)

a. 潜水蒸发　b. 明沟排水　c. 竖井排灌

图 3-21　盐碱地水稻种植实景

300 千克/亩提高到 500～600 千克/亩,亩均增收 200 元以上(张立新,2013)。陕西政府和人民在对该省卤泊滩盐碱地治理过程采用了挖沟排水、平整土地、营造农田林网、深耕晒垡、引淡淋盐、增施有机肥、适时播种、深播浅盖、生物改良土壤、构建网状水系、保护耕层有机质等综合措施后,使得系统抗逆性提高,生态环境大大改善。治理前土壤有机质平均含量 0.70%,全盐含量平均为 0.77%,pH 平均为 9.33,治理后盐碱地成为农田,有机质含量 0.92%,含盐量降低到 0.085%,土壤 pH 降到 8.3 左右。粮食单产由 825 千克/公顷提高到 6 000 千克/公顷,棉花单产由 360 千克/公顷提高到 2 355 千克/公顷(伹小伟等,2009)。同时,黄河中下游盐碱化土壤开发利用过程也存在一些尚未完全解决的问题,主要是盐碱地整治项目前期投入较大,灌排系统不完善,盐碱地整治措施不到位影响改良效果,盐碱地治理后期管护制度体系不健全,缺乏建成后持久发挥占补平衡资源的数量、质量、生态三方面效应的运行机制等。

表 3-6　各处理 0～20 厘米土壤理化性质变化(杨阳,2018)　克/千克

处理	时期	有机质		全氮		碱解氮		土壤体积质量	
		数值	变化	数值	变化	数值	变化	数值	变化
P+S	播前	9.2	0.3Aa	0.62	0.2Aa	50	0Bb	1.63	−0.13Aa
	播后	9.5		0.64		50		1.50	
CK_T	播前	11.4	−0.2Bb	0.53	0ABa	62	−6Cc	1.66	−0.08Aa
	播后	11.2		0.53		56		1.58	
CK_P	播前	10.8	−0.2Bb	0.53	−0.03Bb	57	−6Cc	1.66	−0.09Aa
	播后	10.6		0.50		52		1.57	
CK_S	播前	10.1	0.2ABa	0.58	−0.01ABa	52	5Aa	1.61	−0.09Aa
	播后	10.3		0.57		57		1.52	

注:P+S 表示地膜覆盖与秸秆深埋处理;CK_T 表示耕翻处理;CK_P 表示地膜覆盖处理;CK_S 表示秸秆深埋处理。字母 A、B、C、D 表示同一列在 $P_{0.01}$ 水平上显著。字母 a、b、c、d 表示同一列在 $P_{0.05}$ 水平上显著。

(三)黄河三角洲盐碱地开发利用

黄河三角洲盐碱地是我国重要的后备土地资源。近几十年来,国内学者在土壤盐渍化发生过程与机理、改良与利用等诸多方面开展了大量相关研究,目前已总结出很多经验性改良技术模式并取得阶段性丰硕成果。大量科研单位和高校的学者以“黄淮海平原旱涝碱综合治理试验示范农业综合开发重大专项”“盐碱地农业高效利用配套技术模式研究与示范公益性行业专项”“渤海粮仓科技示范工程”(杨劲松等,2015)“黄河三角洲盐渍农田土壤氮磷养分增效机理”“黄淮海平原盐渍土快速改良和质量提升综合技术模式与示范”“滨海盐渍土区植物适应性生理基础及评估标准与植被更新技术研究”等项目为基础,在盐碱地水盐调控、改良培肥技术及耐盐植物修复技术等方面积累了丰富的经验(韩广轩等,2019),揭示了“作物-土壤-微生物”共同体耐盐机理,明确了滨海盐碱地水盐运移规律(杨劲松等,2006;史立本等,1982;孙泽强等,2014),构建了滨海盐碱地粮经饲作物承载力估算模型,形成了“排—抑—控”水盐综合调控技术、滨海盐碱地养分高效综合利用技术、滨海盐碱地粮经饲增产增效技术,筛选出适宜滨海盐碱地种植的粮经饲系列作物品种,研发出多种盐碱地改良剂和调理剂、增效复混肥料和菌肥等产品(杨全刚等,2021;王学君等,2016;董晓霞等,2011)。同时,综合现代遥感信息技术手段实时和定点长期监测黄河三角洲滨海盐渍土水盐动态规律监测、集成秸秆覆盖免耕等农艺措施和上农下渔台田(图 3-22)、深沟条田、暗管改碱等改良与开发利用综合改良技术体系,构建了多种滨海盐碱地改良利用与作物提质增效技术模式(郭洪海,2004;欧阳竹等,2020;刘盛林等,2020)。使得中轻、中度盐碱地耕层土壤含盐量降低 10.3%～22.5%,首年耕层土壤盐分下降到 0.3%以下,次年下降到 0.2%以下,pH 控制在 8.5 以下,小麦增产 11%～63%;重度盐碱地土壤含盐量降低 55.3%～70.9%,小麦产量由原来亩产 50 千克提高到 266 千克以上(欧阳竹等,2020)。同时,黄河三角洲盐碱地农业发展依然面临较为棘手的问题。该地区的农业发展依然面临土壤盐渍化严重、分布面积广、治理难度大、近海盐碱地土壤积盐严重的挑战,从而导致化肥、

农药利用率低，加上地下水位高、盐离子交换强，硝酸盐淋失非常严重，进一步致使该地区环境面源污染加剧。

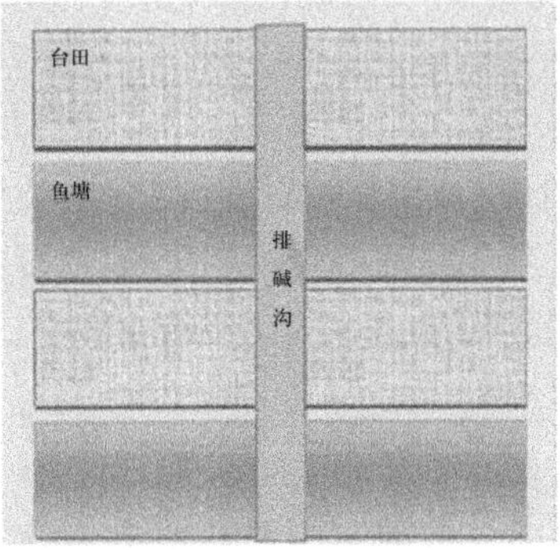

“上农下渔”平面图

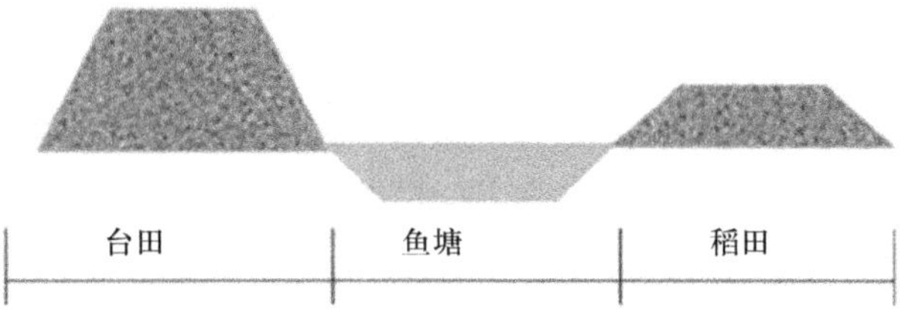

台田–稻田–鱼塘模式立面图

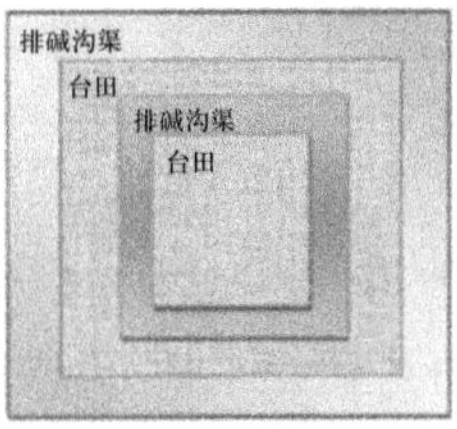

新式台田平面图

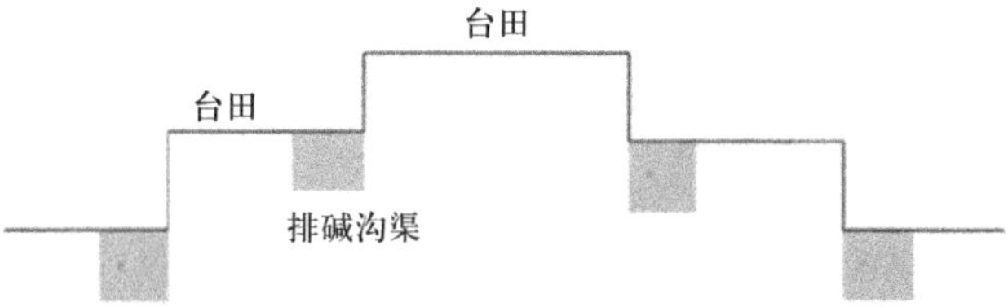

新式台田立面图

“上农下渔”实景图

有台田植被

无台田植被

图 3-22　黄河三角洲台田（杨杰，2018）

总之，黄河流域盐碱地治理进行了不断的探索，在盐碱地开发利用方面取得了长足的进步和发展，但由于形成的技术存在实时监测困难、过程复杂、成本高、轻简化程度不够等问题，造成盐碱地治理的长效性和可持续性不足，难以持续维持较高的地力水平。应坚持生态保护、农业产业、社会发展三位一体，将盐碱地作为一种宝贵资源进行可持续利用，统筹生态建设、国家粮食安全、产业发展，培育一二三产业融合的盐碱耕地农业产业链，同时充分发挥政府和市场作用建立多元化的投入机制。盐碱化地区农业生产与水土资源高效、可持续利用是相互促进、相互制约的有机整体，只有协调农业生产与土地盐碱化治理之间关系才能提升水土资源利用效率，实现农业生态系统良性循环。

三、盐碱地改良产品的开发与应用

从新中国成立至今,我国盐碱地改良工作大致经历了3个阶段,分别是勘测垦殖和水利土壤改良阶段、农水结合防治次生盐渍化阶段、综合治理巩固提高阶段,特别是在综合治理阶段,通过盐碱地改良产品的开发与应用,将物理、化学、生物等方法融合起来,起到了良好的盐碱地改良效果。

(一)物理改良剂

20世纪60年代,日本已经将沸石用作土壤改良剂,利用沸石的强吸附力和离子交换力来改善盐碱地的保肥供肥能力。施用沸石还可减少土壤中的盐分,降低碱化度,缓冲土壤pH(左建等,1987)。利用磁化物质磁化灌溉水,通过磁化水灌溉盐碱土,可提高土壤脱盐率,节省灌溉水量(Constable,2006)。

(二)化学改良剂

化学改良剂既可改善土壤结构加速脱盐排碱过程,又可改变可溶性盐基成分,增加盐基代换容量,调节土壤酸碱度。强碱性苏打盐碱土中添加硫酸铝后,土壤溶液的pH明显下降,Ca^{2+}、Mg^{2+}、K^{+}、Na^{+}离子的质量浓度明显增加,土壤的吸水量和吸水速度、毛管水上升高度和速度明显提高。土壤大粒径团聚体数量明显增多,土壤容重变小,孔隙度增大(赵兰坡等,2001)。磷石膏可降低土壤pH和碱化度,增加土壤团聚体数量,改善通透性,增加黏壤土的渗透速度,提高磷、钙等植物生长所必需的营养元素(张丽辉等,2001)。泥炭和风化煤具有提高土壤孔隙度、降低土壤剖面、耕作层盐分、降低pH及碱化度、增加养分和增强酶生物学活性等作用(陈伏生等,2004)。糠醛废渣能提高土壤肥力、降低碱化度,使土壤中可溶性Na^{+}和K^{+}离子的质量浓度增加,促进盐害离子向下淋洗(王志平,2005)。针对我国滨海盐碱地的现状,学者施加不同的化学改良剂,现已广泛使用的主要有康地宝、禾康、德力施、金满田生物菌剂、腐殖酸等(杨永利,2004;张凌云等,2005)。

(三)生物改良剂

近年来,微生物菌剂在盐碱地改良中的作用越来越得到重视。活性微生物菌剂在滨海盐渍土上表现出可降低表层土壤硫酸盐含量和维持土壤酸碱平衡的作用(宋家清等,2010)。施用微生物复混肥可以明显增加土壤细菌数量、降低土壤容重、含盐量(严慧峻等,2008)。施用微生物菌剂的改良机制可能是通过改善土壤营养与环境状况,促进土壤中钾细菌、枯草芽孢杆菌的生长繁殖,提高土壤有机质和土壤速效养分含量,降低土壤pH,加速淋盐,抑制返盐,降低土壤表层盐分含量(逄焕成等,2009)。总体来看,菌剂在低肥力和盐渍化土壤中表现出较好的效果,显示了微生物菌剂在盐碱地改良中的应用潜力。

(四)改良剂的综合应用

排除盐分和提高土壤肥力相结合的原则推动了改良剂的综合应用。改良剂与石膏配施效果比单施改良剂好，其中腐殖酸与石膏配施的改良效果最佳（刘祖香等，2012）。也有研究表明，采用石膏与牛粪、秸秆、保水剂配合施用改良滨海盐碱地效果良好（王睿彤等，2012）。在用碱性淡水淋盐时，施用以脱硫石膏为主要材料添加天然有机类物质支撑的土壤改良剂，达到了盐渍化土壤迅速脱盐并防止碱化的效果（邵玉翠等，2009）。

综上所述，利用土壤盐碱改良剂改良盐碱地是有别于传统土壤改良的一种方法。该技术可改善土壤结构，加速洗盐排碱过程；并可改变可溶性盐基成分，增加盐基代换容量，调节土壤酸碱度。此措施与传统的工程水利和生物改良措施相比，简便易行、成本低、效果好，可较好地解决滨海盐渍土盐、板、瘦的问题，是一项改良治理盐碱地的新措施。同时，化学改良剂也存在一些亟须解决的问题，比如推荐用量较大，有些存在二次污染的危险，同时还有化学改良剂的产地同碱化土壤分布地区不一致的矛盾。

四、黄河流域盐碱地保护利用战略思考

以习近平生态文明思想为指导，坚持生态优先、绿色发展，以水而定、量水而行，因地制宜、分类施策，上下游、干支流、左右岸统筹谋划，坚持山水林田湖草综合治理、系统治理、源头治理，协同推进大保护大治理，将黄河流域盐碱地改良治理，利用与保护有机结合，科学分区分类规划治理。

（一）分类治理，区别施策

重视盐碱地的分类治理和区别施策。针对黄河流域上中下游不同区域现有盐碱耕地、盐碱荒地和具备农业改良利用潜力且未治理改造的盐碱障碍地，协同考虑盐碱地分布区域、盐碱类型、盐分含量、水资源条件、土地利用方式、立地作物生物学特性与耐盐性等差异，集成系列“水利工程-物理措施-化学措施-生物措施”相结合的农业综合开发利用配套关键技术及模式，以降低黄河流域土壤盐渍障碍、快速提升土壤地力，促进盐碱地水-土-生物资源的高效利用。

（二）保护利用，科学先行

（1）聚焦黄河流域土地利用方式转变，探索盐碱地区域化生态保护与高质量发展模式。黄河流域盐碱地系统是一个有机联系的整体，要充分考虑上中下游特征和差异，聚焦上游水源涵养提升、中游水土流失治理和下游三角洲湿地生态系统修复等研究焦点，不同区域盐碱地分类施策，统筹保护和治理。

（2）大力发展绿色科技创新，以科技创新为主体，与可持续发展理念相结合，在黄河流域区域特色的盐碱地治理与利用生态化、信息化和现代化发展过程中，注重社会和生态效益的统一，强调循环经济的主旨，多学科融合和多元合作化改造创新主体，形成黄河流域特色绿色科技创新的盐碱地治理和高效利用之路。

（三）科学利用，发展绿色产业

统筹黄河流域盐碱地“土-水-盐-作物-林草”一体治理，把盐碱地作为宝贵的后备耕地战

略资源进行可持续利用，以盐碱地生态修复和高效利用为核心，以构建特色产业链条为抓手，探索形成“盐碱地＋特色农业”“盐碱地＋文旅产业”“盐碱地＋生态修复”等三大生态经济发展新模式。

1. 打造“盐碱地＋特色农业”产业链条 围绕盐碱地高端畜牧、有机果蔬、渔业水产、特色种植等农业板块，做优特色品牌，做强产业链条，实现一二三产业联动，形成盐碱地特色产业化发展模式。

2. 探索“盐碱地＋文旅产业”融合路径 依托区域内盐业遗址群、河口湿地公园等独特文化与自然资源，深度挖掘海盐文化始发地等文化内涵价值，形成海洋渔盐文化、历史文化、红色文化等系列特色文旅品牌。

3. 构建“盐碱地＋生态修复”循环体系 以生态修复为核心，采用盐碱综合治理措施，形成生态、生产和生活协调发展的生态循环模式，实现黄河流域盐碱地生态系统的固碳减排，达到生态效益和社会效益的统一。

(四)黄河流域盐碱地保护利用政策的顶层设计

1. 重视顶层设计 黄河流域盐碱地分布区是国家经济欠发达地区和生态脆弱区高度重叠的区域，区域生产、生活和生态如何协调发展显得尤为突出和重要。需要统筹谋划和全国布局，做好顶层设计。

2. 加强重大问题研究 黄河流域盐碱地保护利用是一个复杂的系统工程。针对黄河流域盐碱地保护利用涉及的国计民生和生态环境的重大问题，遵循渐续发展和创新实用的原则，进行集中探讨与解决。

3. 创新体制机制 坚持中央统筹、省负总责、市县落实的工作机制，协调解决跨区域重大问题，完善流域管理体系和跨区域管理协调机制，加强流域内盐碱地生态保护与土壤修复联合防治。

报告二十六

山东省黄河流域生态保护农业科技创新战略探讨

宁堂原

(山东农业大学)

黄河是中华民族的母亲河,在我国高质量发展中具有重要的战略地位(习近平,2019)。黄河长 5 464 千米,流经青海、四川、甘肃、宁夏、内蒙古、陕西、山西、河南、山东 9 个省份,供水 11 个省份。黄河全流域平均年降水量为 400 毫米左右,平均年径流总量仅占全国的 2.6%,可是保障了全国 12%的人口、17%的耕地面积以及 50 多座大中城市的供水,水资源开发利用程度高达 80%。因此,推动黄河流域生态保护和高质量发展,是事关中华民族伟大复兴和永续发展的千秋大计(刘昌明,2019;肖金成等,2021)。山东省是沿黄 9 省区中的经济大省、人口大省、文化资源大省,因此尽管地处下游,但对整个黄河流域的发展至关重要(王华,2021)。

一、山东省在黄河流域的重要性

山东省位于黄河的下游,黄河自菏泽东明流入,流经菏泽、济宁、泰安、聊城、德州、济南、淄博、滨州、东营 9 市,最终由东营垦利汇入渤海,全长 628 千米,占黄河总长度的 12%(苏胜男等,2021)。目前,全省总供水量的 30%以上来自黄河水,涉及 13 个市的 115 个县。据统计,沿黄地区以占全省 57%的耕地,生产了全省 69%的粮食、94%的棉花、23%的油料、57%的蔬菜,农林牧渔业增加值占全省的 51%,为保障区域和国家粮食安全发挥了重要作用。

习近平总书记提出,要发挥山东半岛城市群在黄河流域生态保护和高质量发展中的龙头作用(习近平,2019)。山东省具有独特的地理区位优势、产业基础优势和内需市场优势,在生态保护和高质量发展方面率先垂范,发挥经济优势和科技优势,在黄河流域生态保护上形成新动能,做出新贡献。

二、山东省黄河流域面临的问题

与长江流域和全国平均水平相比，黄河流域的农业用水效率较低（图 3-23）。长江经济带农业用水效率在 0.65～0.69，全国平均在 0.56～0.65，但黄河流域只有 0.48～0.56（崔永正等，2021）。而且近年来黄河流域农业用水效率还有下降的趋势。可见，进一步提高黄河流域的农业用水效率仍是重中之重的问题。从黄河流域 9 个省份来看，青海与山东的农业用水效率较高，而甘肃、宁夏的农业用水效率最低（图 3-24）。从单位耗水量产生的 GDP、农业增加值和工农业增加值来看，黄河流域各省份存在显著差异（图 3-25），山东省各值均最高。因此，在黄河流域生态保护与高质量发展中理应发挥山东省的带动作用。

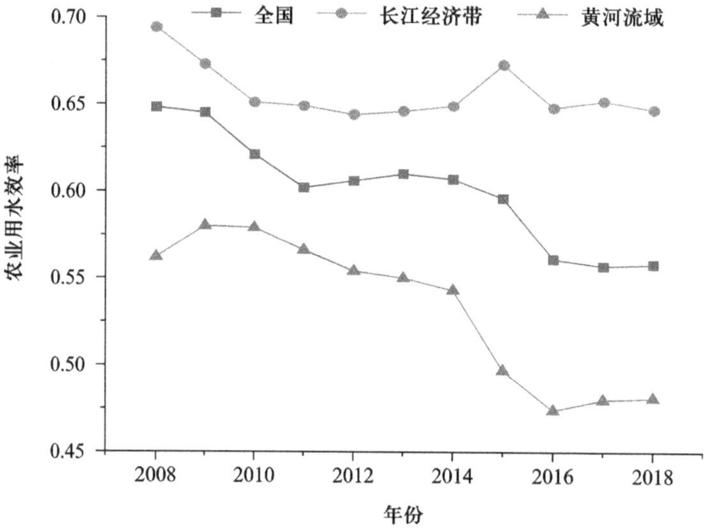

图 3-23　2008—2018 年黄河流域与全国、长江经济带的农业用水效率比较

但是山东省水资源保障形势依然严峻，主要表现为水资源紧缺与用水方式粗放并存，城市与工业用水、农业用水、生态用水压力持续加大。一方面水资源调配工程体系不完善、引黄供水能力下降、水资源利用效率偏低；另一方面山东省黄河滩区面积 1 702 平方千米，耕地 182 万亩，盐碱程度有变重趋势，农业发展滞后。黄河三角洲是我国暖温带最完整的湿地生态系统，可以成为黄河流域统筹推进山水林田湖海草沙综合治理、系统治理与生态环境改善的典范，对于黄河流域生态保护和高质量发展具有不可替代性的作用（张红武等，2021）。鉴于此，山东省必须重视境内黄河流域的高效用水农业和盐碱地生态农业的发展。

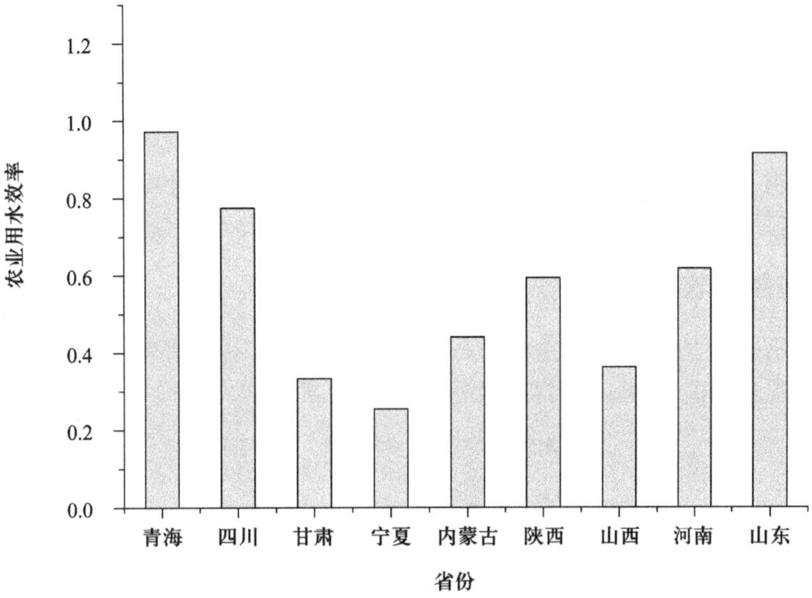

图 3-24　2008—2018 年黄河流域 9 省份的农业用水效率

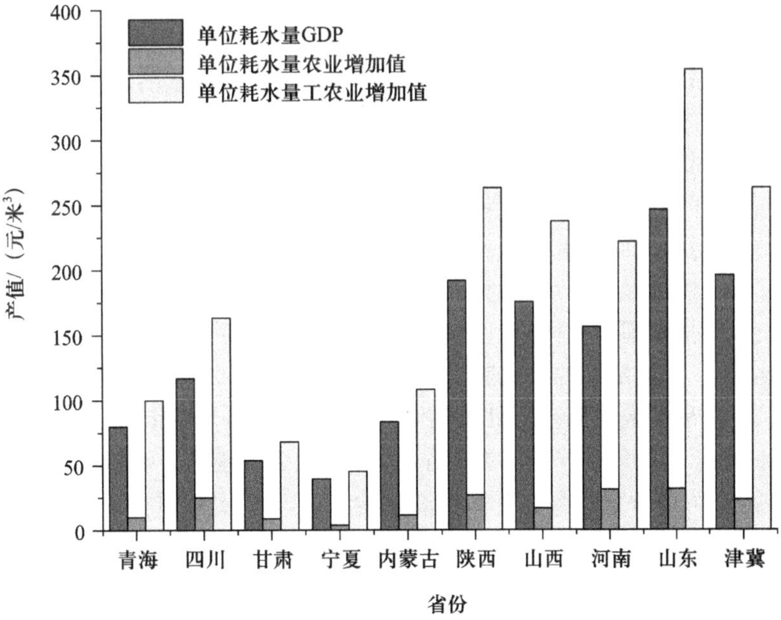

图 3-25　黄河流域各省份用水效率

三、山东省黄河流域科技创新的主要领域

山东省黄河流域水资源紧张且多为盐碱地。据统计,我国拥有盐碱地5.2亿亩,其中黄河流域盐碱地面积1.04亿亩;而面积为5 450平方千米的黄河三角洲80%的土地为盐碱地。因此,山东省应该针对境内黄河流域突出高效用水农业和盐碱地生态农业2方面的科技创新。

(一)高效用水农业

在高效用水农业方面,应突出全链条高效用水,主要包括智慧耕层构建、耕作增渗、生物节水、测墒补灌、覆盖抑蒸、增蓄防漏、管理节水等技术创新(图3-26)。

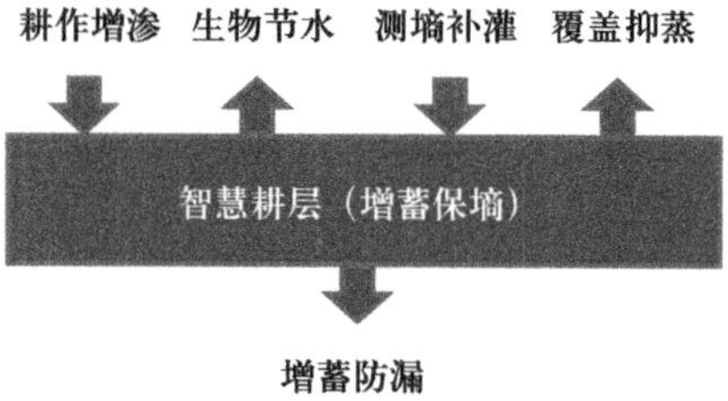

图3-26 作物高效用水技术路线图

1. 智慧耕层 智慧耕层构建方面,应致力于构建一个旱涝保收的合理耕层结构。现在耕层的突出问题是结构性差、保水保肥能力低、活性弱。黄河流域的耕地存在耕层变浅、有机质含量低、土壤板结等问题,这与长期的化肥施用及耕作方式单一有关。结构性差,作物根系生长受到抑制,作物抗逆性低。同时,由于土壤结构性差,三相比不适宜,耕地易涝易旱,作物产量波动大。活性弱则表现为土壤动物、微生物多样性低,活性不强,严重影响了土壤养分的有效性。智慧耕层的构建应着重创造一个有机质含量高且分布适宜、生物多样性高且活跃、养分有效性高且持久、固液气三相适宜的海绵耕层。围绕这一目标,应加强耕作方式优化升级、多源有机培肥、生物强化等研究,物理、化学、生物调控技术联合运用,构建一个固碳高产高效的智慧型耕层结构。我们前期的研究表明,深松有利于水分入渗,同时局部深松未作业部位土壤基本维持原状,减少了水分损耗。机械耕作、生物耕作及化学耕作结合也是未来土壤耕作的发展方向。我们的思路是创建非均一型耕作方式,实现多种差异显著的功能集于一体,如抗旱避涝、增渗降耗,以构建智慧耕层。条带深松结合秸秆还田可以看作是一种非均一型耕作方式,但其田间土壤结构时空布局及其实现技术亟须研究,配套的装备也需要研制。有机质下降、生物活性低也是土壤的重要障碍因子。因此,也需要创新生物耕作方式,如秸秆定位还田、外源微生物与土著微生物联合实现土壤结构"微控"等。在当前黄河流域生态保护与"碳中和"的双重战略背景下,智慧耕层构建及其理论基础也是亟待解决的"卡脖子"问题。

2. 耕作增渗 耕作增渗,一方面通过智慧耕层构建实现,另一方面也通过非均一化机械耕作实现。当前我国农田主要耕作方式有翻耕、旋耕、免耕、深松、条旋耕等。其中前三者为均一型耕作方式,而深松、条旋耕等为非均一型耕作方式。相比均一型耕作方式,非均一型耕

作方式创造了增渗与散墒的有机统一。下一步，非均一型耕作方式还需要进一步创新并优化，如条旋耕的宽度与免耕条带的宽度组合、深松形状宽度与间隔等如何根据不同的土壤类型和功能需求来差异化设计并实现。

3. 生物节水　生物节水也是重要的研究方向，一方面是通过育种手段培育抗逆广适的品种；另一方面是建立新型种植模式与种植制度，通过品种选择与作物组合实现季节和年度水分高效利用，如可重点创新间轮作（这是由间作年际间改变作物位置而形成的新型种植制度，建议称为间轮作，以与间作和轮作概念区分）。尝试性开展基于特种用途的不同作物或同一作物多品种混作模式，如玉米豆科牧草间作混收用于饲料。总之，生物节水不仅为作物品种创新提出了新要求，也为种植制度的创新提供了新的方向。

4. 测墒补灌　测墒补灌是山东农业大学于振文院士团队提出的新型节水灌溉模式。其实质是与测土配方施肥一致，强调作物需水-土壤蓄水-灌溉供水的协调，旨在提高水分利用效率、节约灌溉用水。此技术未来创新方向，一方面是继续加强其理论和技术创新，另一方面必须加强耕层蓄墒能力提升。

5. 覆盖抑蒸　覆盖抑蒸是减少水分无效损耗的关键。农田耗水中包括 2 部分，蒸发和蒸腾。覆盖抑蒸重点是通过秸秆覆盖、地膜覆盖等多种覆盖方式，使地表形成水分阻隔层，减少土壤与大气的接触面积，从而减轻蒸发量。覆盖抑蒸今后应关键研究覆盖物类型、覆盖程度、覆盖方式、覆盖时节等对水分蒸发和作物水分利用的影响，从而构建新型的覆盖技术体系。

6. 增蓄防漏　增蓄防漏，一方面通过智慧耕层实现，另一方面也可通过在不打破或轻微打破犁底层的前提下，创新土壤表面状态，如沟垄分布，形成以犁底层为防漏层的新型肥沃耕层。如可以研究沟垄配置、动态沟垄等构建新的增蓄防漏耕层。

7. 管理节水　黄河水资源很紧张，但节约不是最终目的，而是重在高效利用。突出表现在两点，一个是黄河水资源必须做到应用俱用，二是黄河水应用带来的经济效益、社会效益和生态效益必须更显著。在管理节水方面，应重点做到基于大数据和信息化的沿黄流域水资源分配（陈琛等，2021），既兼顾区域协调发展，又突出水资源高效；同一区域已分配资源的区内再分配与季节再分配也需要信息化、模型化，以提升管理节水的信息化水平和管理效益。

（二）盐碱地生态农业

黄河流域的另一个问题是存在不同程度的盐碱化。山东省沿黄流域有盐碱地 1 000 多万亩，一些地区在盐碱地高效生态种植和低洼盐碱地“上作下渔”等方面取得了较好的进展，为盐碱地的生态保护与高质量利用提供了模式与技术基础（山东省黄河三角洲农业高新技术产业示范区管委会，2020）。今后盐碱地技术创新应突出盐碱地分级利用、适宜生物筛选及品种定向培育、高效生态种植模式构建、生态碳库构建、生态景观等方面。

1. 盐碱地分级利用　盐碱地的生态高效利用重点在分级利用上，低度盐碱地适宜发展粮食生产，中度盐碱地适宜发展粮经饲生态种植，高度盐碱地适宜建立生态牧场或生态景观（图 3-27）。

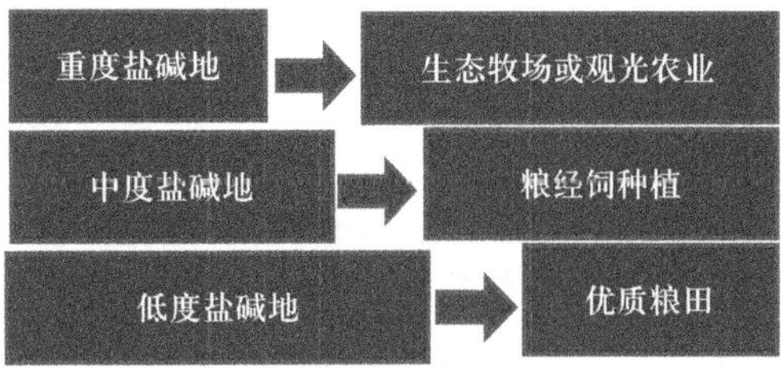

图 3-27　盐碱地分类利用

山东农业大学依托山东省重大创新工程项目“盐碱地生物高效生态共生模式构建与示范”，

重点解决了中度盐碱地的农业利用问题，建立了以生物适应为主，以工程改造为辅的新型技术模式，通过作物筛选与组合、茬口衔接，重点解决了冬春季高盐分季节的盐分控制和作物调控，筛选出耐盐高产的冬小麦、间作苜蓿、黑麦草等品种，通过优先间作带型(安振等，2019；秦基皓等，2019)，结合秸秆表层和深层还田相结合，降低了盐分高峰期的表层土壤盐浓度，大大缓解了盐分对作物生长的抑制，作物产量和品质明显提高。秸秆新型还田与深松相结合，秸秆还田可以有效减缓蒸发，而深松则促进水分向下运动，减少表层盐分富集(翟明振等，2020)。构建了重度盐碱地生态牧场高效种养方法和时空分离型立体种养。前者主要是通过周年高效种植，提供牛羊等动物的基本食物需求，结合精料投入，建立以生态为基础，以生态放牧为主体特征的生态牧场，实现盐碱的生态保育与养殖增效。后者主要是通过时空分离，实现地表盐分差异化分布，利用低盐区进行种植，利用高盐区进行养殖的立体种养模式。形成了一系列发明专利：粮经饲一种太阳能测墒测肥推荐系统、一种太阳能测墒测肥系统及灌溉施肥推荐系统、一种盐碱地土壤洗盐系统及洗盐方法、一种盐碱地林灌草共生种植方法、一种盐碱地生态牧场高效种养方法、一种重度盐碱地时空分离型立体种养方法等。制定了一系列技术规程。构建的新型粮经饲结合、种养加融合，促进了山东省种植业和畜牧业的统筹发展和协同发展，确保了区域生态安全和粮食安全，加速了山东省农业产业升级。

盐碱地的分级利用必须突出“宜水则水，宜旱则旱，宜分则分，以地定种，以种定养，种养结合，重在生态”等发展思路。

2. 盐碱地适宜生物筛选　要扩大适宜生物筛选的范围，包括粮经饲作物、景观植物、动物等，不能仅仅以农业生产发展为功能定位，特别一些盐碱化程度高的区域应突出生态定位，筛选一些具体生态功能的植物与动物，统筹山水林田湖草沙等多种应用模式与场景。针对初步适宜的生物，开展增强适应性、提高生产力的品种定向选育，充分发挥生物优势。

3. 盐碱地高效生态种植模式构建　在适宜生物筛选的基础上，创新作物组合与品种搭配方案，创造耕作混土降盐、地面微域工程分盐等新型工程措施，构建控水控盐、适盐种植的新型种植模式，如台田林灌草共生模式(Hu et al.，2020)，实现农田水盐的时空高效控制。山东农业大学开展的秸秆深埋还田结合黑色地膜覆盖，减少了农田总耗水量，耕层盐分含量回升慢，促进了作物产量提升。下一步，如何通过种植制度与养地制度，有效控制水盐“表聚”现象，甚至盐分上移速率低于水分，是盐碱地高效生态种植模式构建应首先突破的“瓶颈”问题。

4. 生态碳库构建　发展高吸收碳经济是发展中国家实现“碳达峰”和“碳中和”的重要道路(肖金成等，2021)。适度改造盐碱地，构建高净生长量的林灌草复合系统，将有增强盐碱地生态系统固碳能力。同时，通过生物土壤协同改良，增加土壤碳库总量，从而达到绿草蓝天与生态固碳的有效统一。因此，利用盐碱地中不能发展农业生产的部分，以生态保护为主，突出固碳减排等生态功能，发展盐碱地生态碳库产业，是未来盐碱地开发利用的重要方向。这将有利于我们高质量、快速地推进“碳达峰”和“碳中和”国家战略。

5. 生态景观建设　山水林田湖草沙是生命共同体，都是生态景观可以依赖的重要资源。在重度盐碱地很难被持续开发为农业用地时，可以用原著物种为基础，适当强化管理，并积极引进一些特色适宜物种，培育与引进并举，构建生物多样性更高、综合抗盐能力理强、净生产力更高的生态系统。在此基础上，科学规划布局，突出景观功能，把其建设为生态景观，一方面可与周边盐碱地农业生产相得益彰、互促互利，另一方面也可以将盐碱地“山水林田湖草沙”变成乡村振兴的资源与财源。

综上所述，黄河流域生态保护农业贵在因盐制宜、生产生态协同，重在创新高效用水农业和盐碱地生态农业等模式。加强黄河流域生态保护，山东省虽为下游，但在整个流域的生态保护农业发展中龙头与带动作用不可替代。未来黄河流域生态保护中，山东省应该创新更多生态保护农业模式与技术，不仅发展好本省的黄河流域生态保护农业打造“齐鲁样板”，更应为其他省份生态保护农业发展提供技术、产品、人才和资金等全方位支持。黄河流域一盘棋，协同发展，则发展之速更快，发展质量更高。

报告二十七

黄河流域杂粮产业高质量发展的思考

赵杰　曾昭海　臧华栋　杨亚东
（中国农业大学农学院）

黄河流域是中华文明的主要发祥地，涵盖青海、四川、甘肃、宁夏、内蒙古、陕西、山西、河南、山东等9个省份，流域面积75 000千公顷，人口占全国总人口的30%（陆大道等，2019）。黄河流域也是我国重要的农业产区，粮食和肉类产量占全国1/3左右（习近平，2019），是中国人将饭碗牢牢端在自己手中的压舱石。黄河流域还是我国重要的杂粮生产基地与主产区，燕麦、荞麦、青稞、高粱、谷子、各种食用豆类等杂粮杂豆长期以来是流域内很多地区的主要种植作物和主导产业，在保障区域粮食安全、促进农牧民增收、支撑地方农业产业发展及乡村振兴战略实施等方面发挥了难以替代的作用。

一、杂粮产业在我国的地位

杂粮泛指生育期短、地域性强、种植规模较小、有特种用途的多种小宗粮豆作物，主要包括荞麦、糜子、谷子、大麦、燕麦、籽粒苋、薏苡，以及绿豆、小豆、豌豆、蚕豆、黑豆、豇豆等食用豆类作物（林汝法，2002）。我国素有小杂粮王国之称，小杂粮不但种类多，市场占有份额也较大，具有明显的资源优势和比较优势，在世界小杂粮生产中占有重要地位。据统计，2019年，我国谷子、高粱、大麦、燕麦、荞麦、杂豆、绿豆及小豆8类主要杂粮种植面积4 772千公顷，总产1 170万吨。长期以来，杂粮在精准脱贫、改善膳食结构、农业出口创汇、种植业结构调整及优质饲料供给等方面发挥了积极作用（柴岩等，2001；张雄等，2003）。近年来，随着经济的发展，居民对食物的功能营养需求日趋旺盛，杂粮药食同源的保健功能更受青睐（李桂霞等，2009）。再加上现代科技发展及加工技术的进步，杂粮食品已经从产区逐步进入全国大市场，杂粮产业将会有广阔的发展前景。

二、黄河流域杂粮产业在全国的地位

黄河流域覆盖范围广，杂粮杂豆品类众多，为全面检索黄河流域及全国的杂粮杂豆种植面积、总产和单产数据，我们利用中国知网数据产品——中国经济社会大数据研究平台，以“谷子”“高粱”“大麦”“燕麦”“荞麦”“糜子或黍子”“薏苡”“籽粒苋”“杂豆”“绿豆”“小豆”“豇豆”“芸豆”“蚕豆”“豌豆”“扁豆”“鹰嘴豆”等为指标名称详细检索了历年统计年鉴和资料汇编。经统计，糜子(黍子)、薏苡、籽粒苋、豇豆、芸豆、蚕豆、豌豆、(小)扁豆、鹰嘴豆等杂粮杂豆的分年和省级统计数据很少，不足以进行统计和比较。因此，本文主要报道黄河流域各省(区)及全国谷子(1978—2019 年)、高粱(1978—2019 年)、大麦(2007—2019 年)、燕麦(2013—2019 年)、荞麦(2013—2019 年)、杂豆(1991—2019 年)、绿豆(2007—2019 年)和小豆(2007—2019 年)8 种杂粮杂豆作物的种植和生产情况。主要杂粮杂豆作物燕麦、荞麦、绿豆、小豆的单产未给出，用总产和种植面积(二者单位大、精度低)换算会产生较大误差，因此，本文仅报道谷子、高粱、大麦和杂豆的单产。

长期以来，黄河流域在我国杂粮杂豆生产中占有非常重要的地位，从最新数据(2019 年)分析的结果可以看出，谷子、高粱、荞麦和绿豆是该流域种植最为广泛的杂粮作物，种植面积分别达 581 千公顷、329 千公顷、306 千公顷和 256 千公顷，总产分别达 168 万吨、163 万吨、41 万吨和 32 万吨，面积和总产占全国的比例均在 50%以上 (图 3-28a，b)。谷子和高粱的优势种植区为内蒙古和山西，大麦的优势种植区为甘肃和内蒙古，燕麦的优势种植区为山西和内蒙古，而荞麦的种植区较为均衡，除河南和山东外，均有较大种植面积 (图 3-28c)。

2019 年黄河流域杂豆作物的种植面积和总产分别达 660 千公顷和 114 万吨，在全国占比分别为 37%和 34%，其主要种植区为内蒙古和四川 (图 3-28)。值得注意的是，作为黄河流域主要的杂豆作物，绿豆和小豆种植面积分别为 256 千公顷和 47 千公顷，占全国总面积的 59%和 29%；总产分别为 32 万吨和 7 万吨，占全国总产的 55%和 27%，其主要种植区为甘肃、内蒙古和山西。

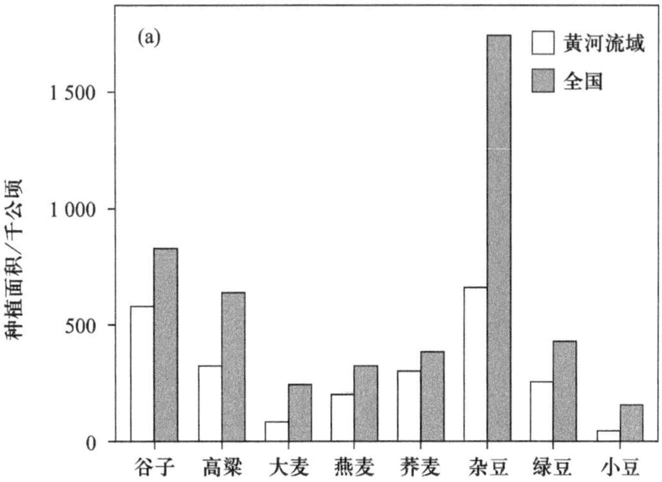

图 3-28　全国与黄河流域主要杂粮种植面积(a)、总产(b)及所占比例(c，d)

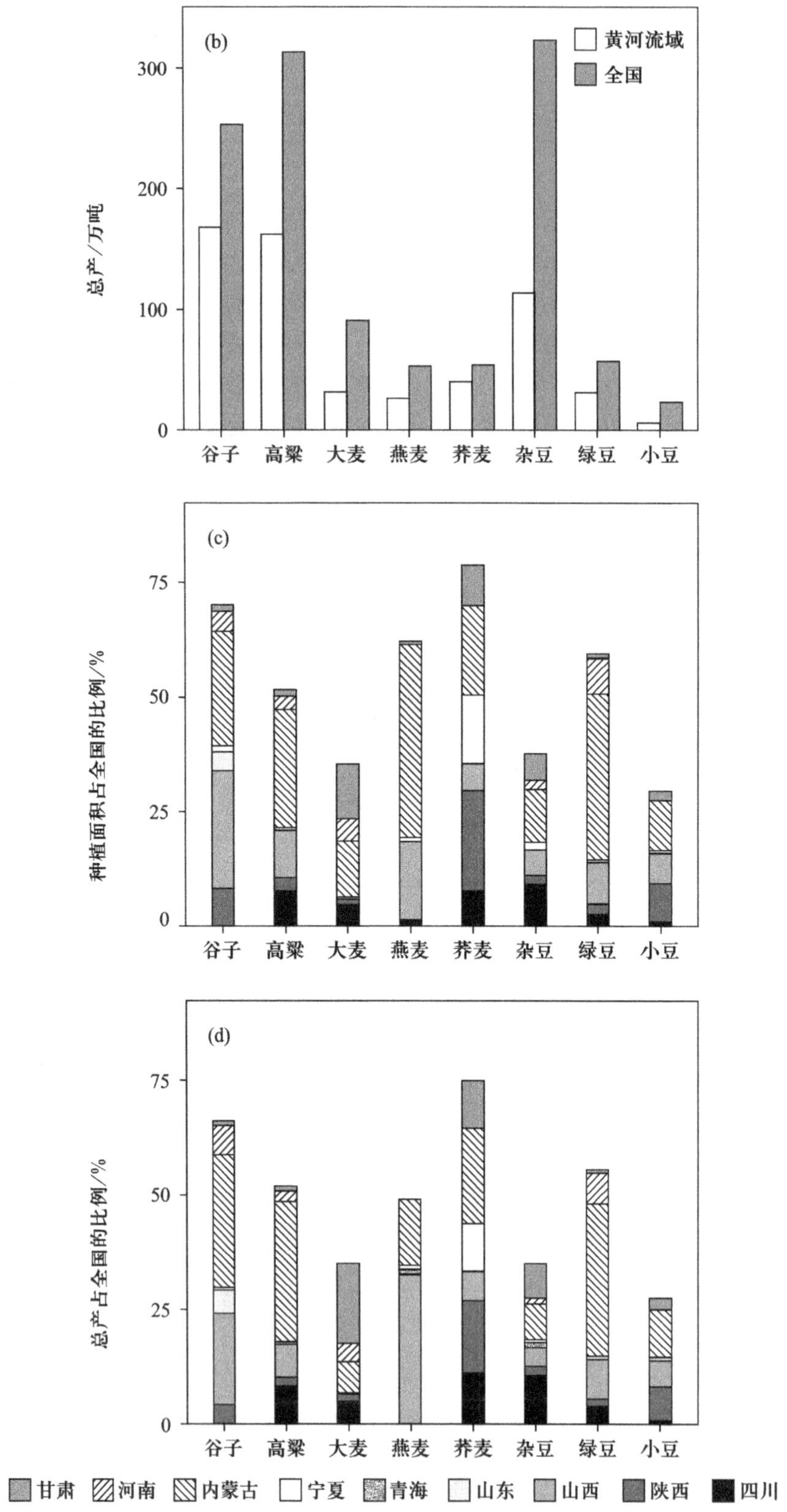
(b)
黄河流域
全国
总产/万吨
0
100
200
300
谷子
高粱
大麦
燕麦
荞麦
杂豆
绿豆
小豆
(c)
种植面积占全国的比例/%
0
25
50
75
谷子
高粱
大麦
燕麦
荞麦
杂豆
绿豆
小豆
(d)
总产占全国的比例/%
0
25
50
75
谷子
高粱
大麦
燕麦
荞麦
杂豆
绿豆
小豆
甘肃
河南
内蒙古
宁夏
青海
山东
山西
陕西
四川

续图 3-28

(一)种植面积历年变化趋势

谷子是黄河流域种植面积最大的谷类杂粮作物。从历年变化趋势看,1978—2003 年,黄河流域谷子种植面积和总产均逐年显著降低,种植面积从 2 013 千公顷逐年减少至 580 千公顷,其后一直稳定在 500 千公顷,占全国种植面积的比例则从 1980 年的 40%攀升到 2019 年的 70%(图 3-29a,图 3-30a)。高粱是黄河流域种植的第二大杂粮作物。1978—2019 年间,黄河流域高粱种植面积、总产及其占比与谷子的变化特征基本一致:种植面积呈先降低后稳定(200 千公顷)的趋势,占全国种植面积的比值则表现为 1978—2006 年稳定在 35%,而后突增为 45%左右。黄河流域种植面积和总产占全国的比例呈波动上升趋势,表明黄河流域在保障杂粮生产中的地位在不断提升,主要贡献来自内蒙古和山西(图 3-29b,图 3-30b)。

黄河流域大麦种植面积从 2007 年的 773 千公顷的锐减到 2019 年的 246 千公顷,全国占比表现为 2007—2015 降低至 28%,而后突增至 46%(2016 年、2017 年),后回落至 38%(图 3-29c,图 3-30c)。相反,燕麦和荞麦的种植面积呈逐年增加的趋势,分别从 2007 年的 94 千公顷和 234 千公顷增加至 2019 年的 328 千公顷和 388 千公顷,且全国占比分别稳定在 60%和 76%(图 3-29d-e,图 3-30d-e)。

黄河流域杂豆的种植面积呈先增加(1988—2002)后降低(2002—2019)的趋势,但其面积占比均呈降低趋势,从 1988 年的 55%降低至 2019 年的 37%(图 3-37f,图 3-38f)。具体而言,在 2007—2019 年间,绿豆种植面积呈逐年降低趋势,从 2007 年的 414 千公顷降低至 2019 年的 256 千公顷,降幅达 38%,其全国占比在 2007—2016 年段呈减少趋势,而近 3 年回升至 60%;而小豆种植面积则表现为 2007—2015 年较为稳定(170 千公顷),后出现略微波动的趋势,其全国占比则表现为先缓慢增加(2007—2014)后急剧降低(2014—2017)的趋势,至 2019 年达 28%(图 3-29g-h,图 3-30g-h)。

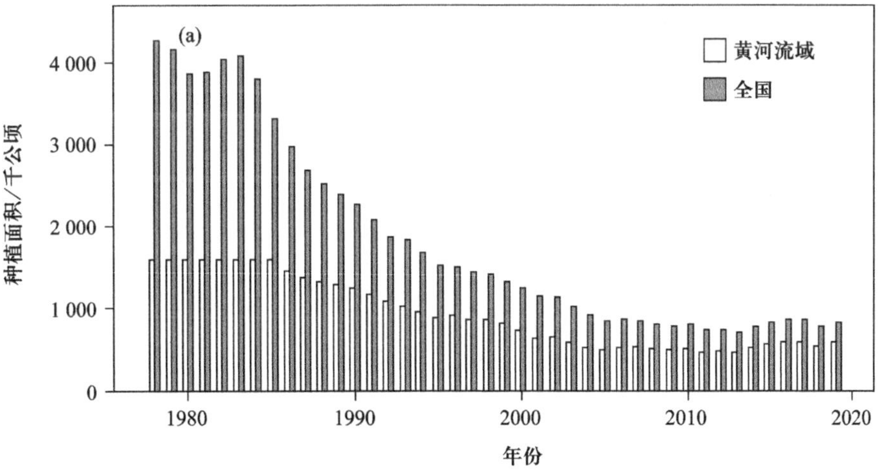

图 3-29　全国与黄河流域主要杂粮作物谷子(a)、高粱(b)、大麦(c)、燕麦(d)、荞麦(e)、杂豆(f)、绿豆(g)和小豆(h)种植面积历年变化趋势

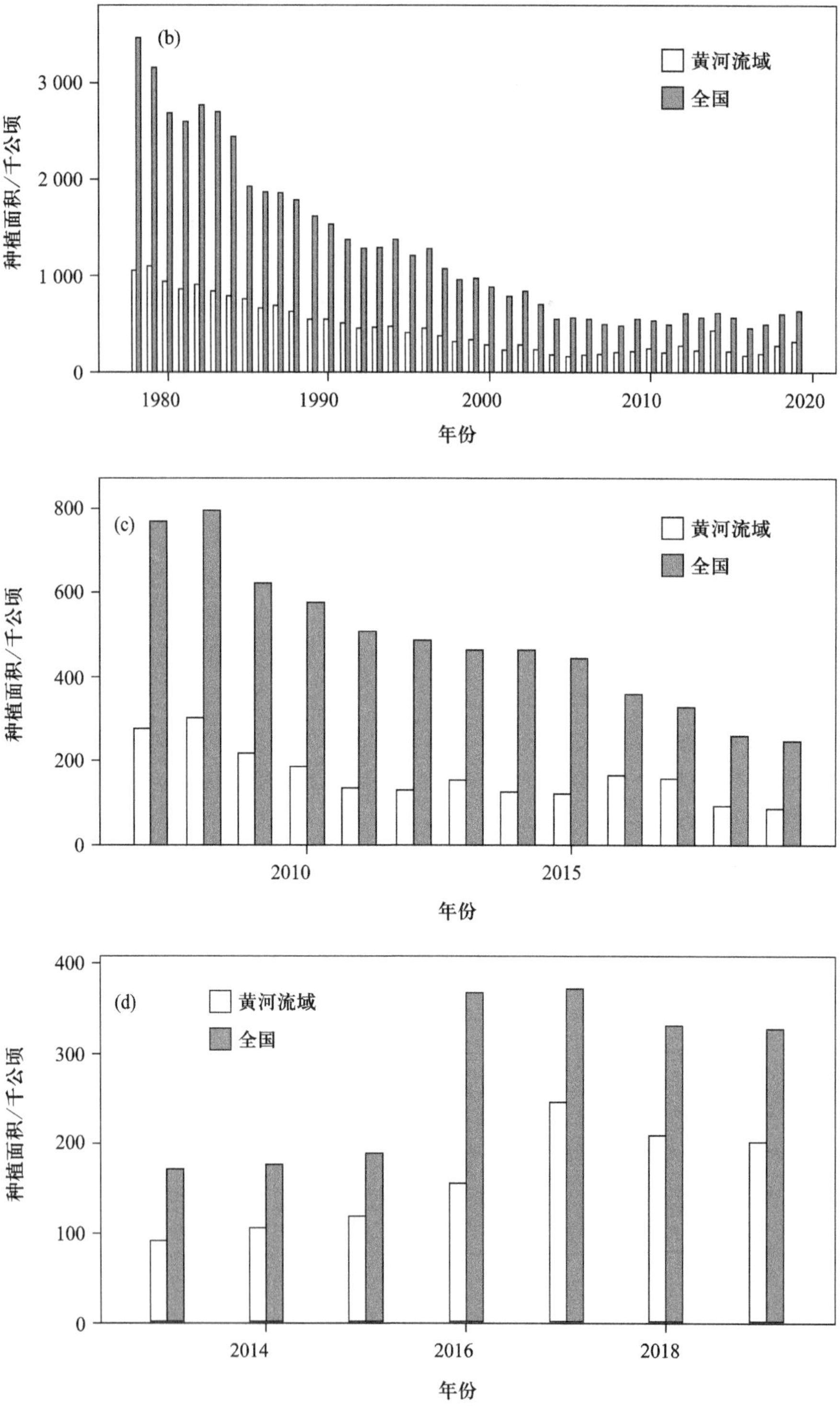
(b)
黄河流域
全国
种植面积/千公顷
3 000
2 000
1 000
0
1980
1990
2000
2010
2020
年份
(c)
黄河流域
全国
种植面积/千公顷
800
600
400
200
0
2010
2015
年份
(d)
黄河流域
全国
种植面积/千公顷
400
300
200
100
0
2014
2016
2018
年份

续图 3-29

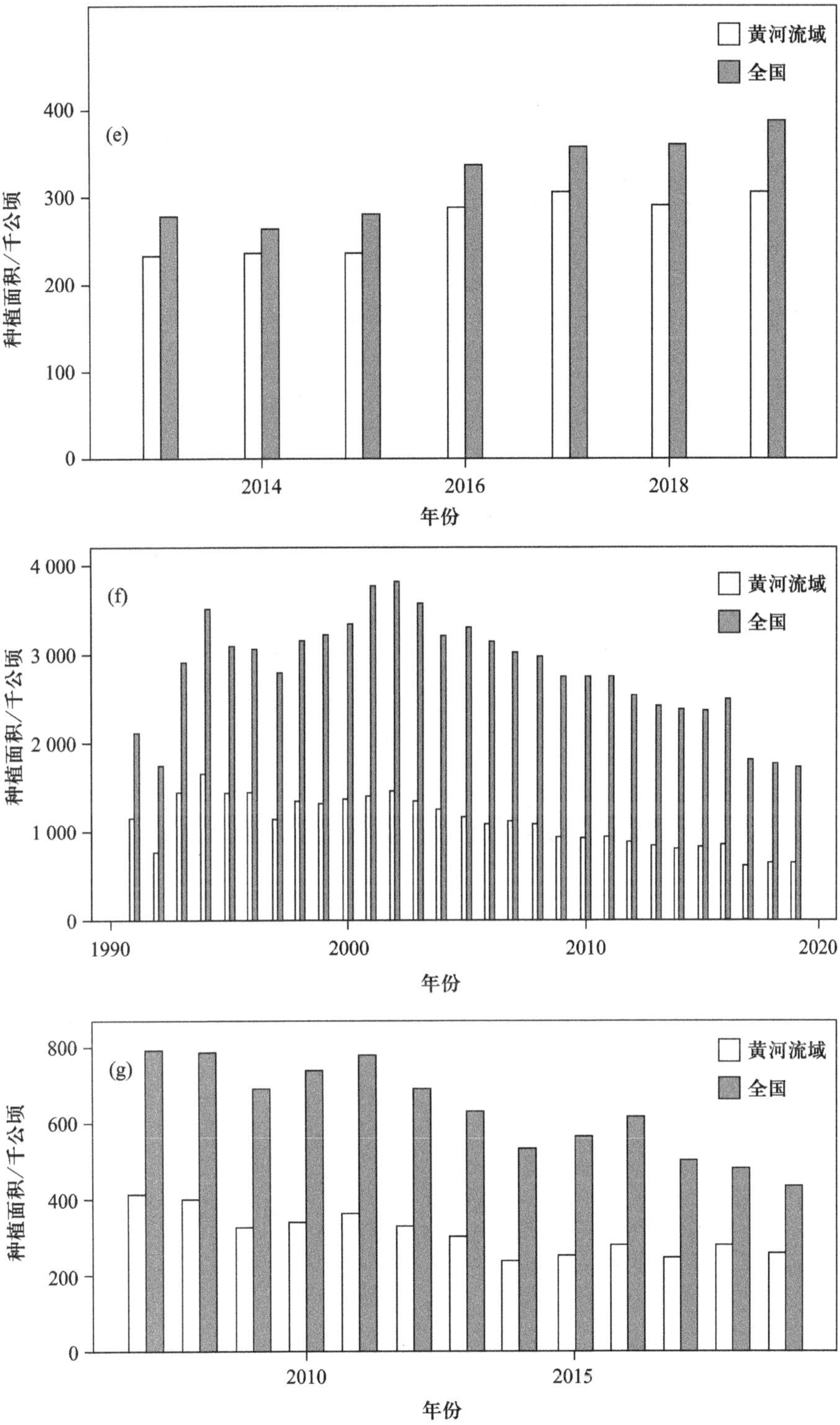
黄河流域
全国
(e)
种植面积/千公顷
0
100
200
300
400
2014
2016
2018
年份
黄河流域
全国
(f)
种植面积/千公顷
0
1 000
2 000
3 000
4 000
1990
2000
2010
2020
年份
黄河流域
全国
(g)
种植面积/千公顷
0
200
400
600
800
2010
2015
年份

续图 3-29

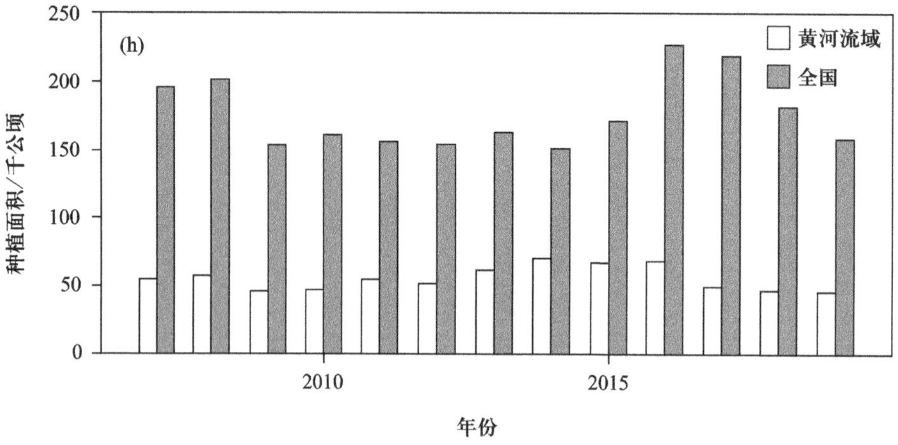

续图 3-29

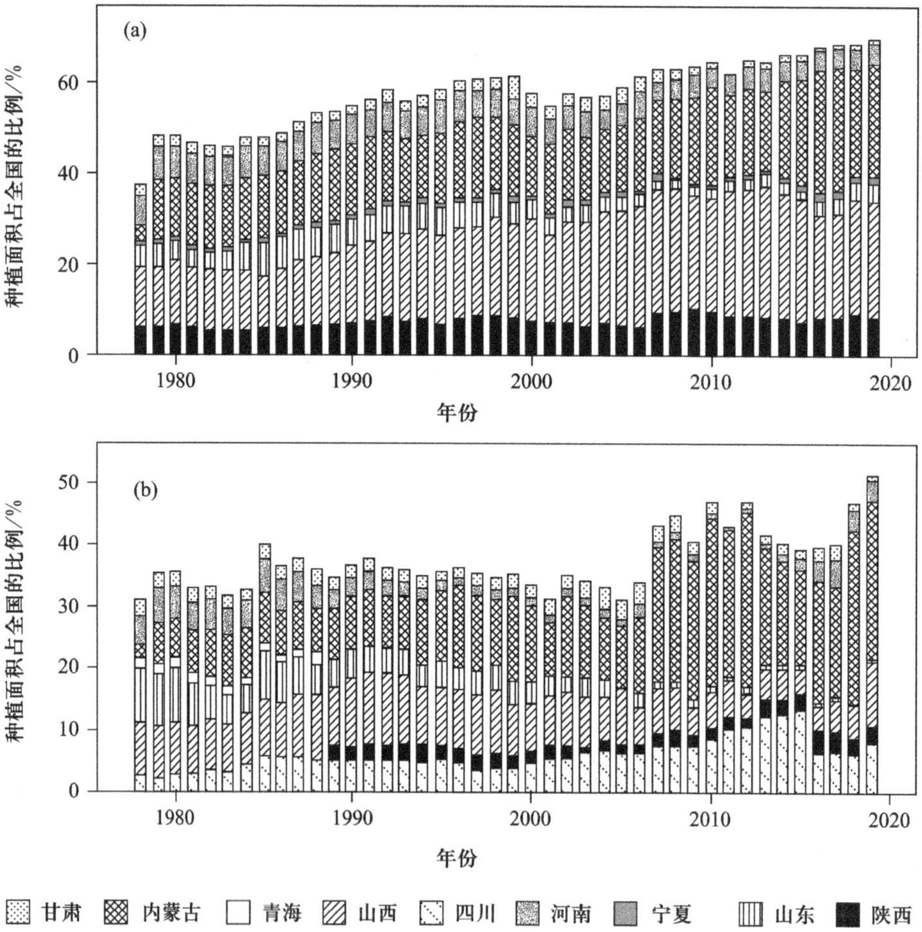

图 3-30　全国与黄河流域主要杂粮作物谷子(a)、高粱(b)、大麦(c)、燕麦(d)、荞麦(e)、杂豆(f)、绿豆(g)和小豆(h)种植面积占全国的比例历年变化趋势

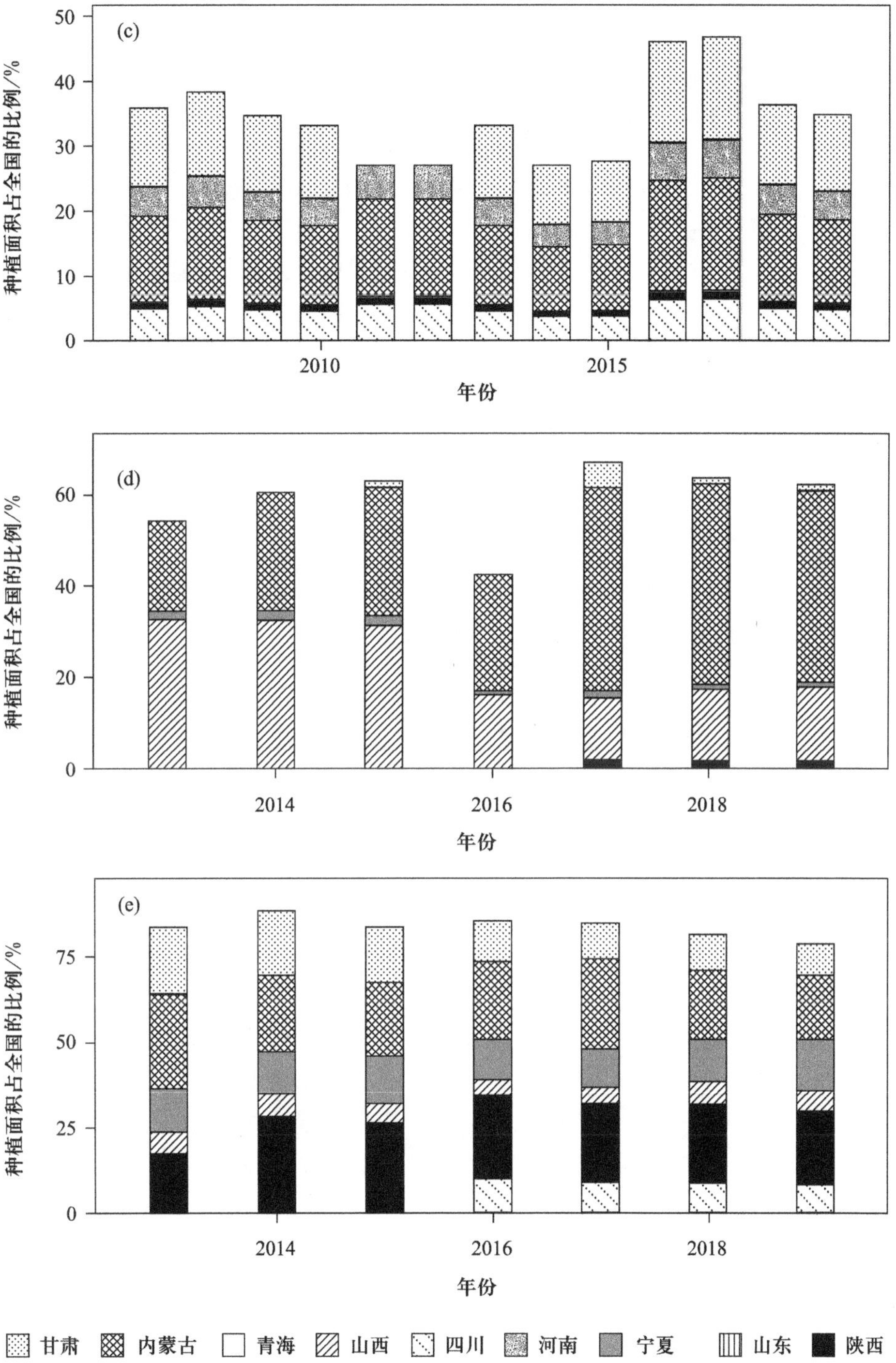

续图 3-30

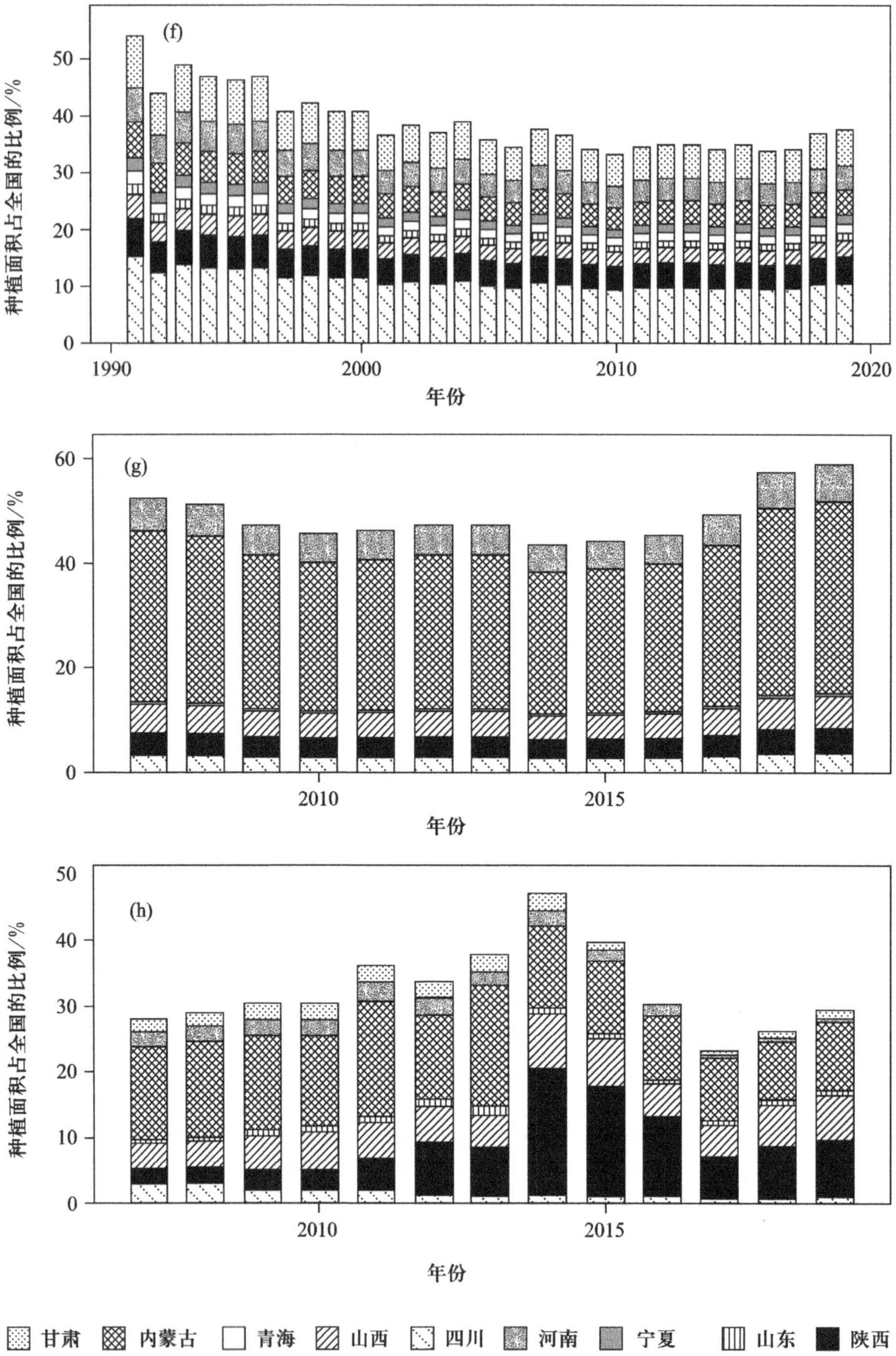
(f)
种植面积占全国的比例/%
0
10
20
30
40
50
1990
2000
2010
2020
年份
(g)
种植面积占全国的比例/%
0
20
40
60
2010
2015
年份
(h)
种植面积占全国的比例/%
0
10
20
30
40
50
2010
2015
年份
甘肃
内蒙古
青海
山西
四川
河南
宁夏
山东
陕西

续图 3-30

(二)总产历年变化趋势

从产量来看,1978—2003 年间,谷子总产量从 230 万吨降低至 67 万吨左右,后慢慢增加至 2019 年的 254 万吨左右,占全国总产的比重也从 38%增加至 2019 年的 67%(图 3-31a,图 3-32a)。高粱总产呈先降低后缓慢增加的趋势,其拐点出现在 2009 年;总产占比从 38%增加至 2019 年的 70%(图 3-31b,图 3-32b)。

大麦总产呈降低趋势,而燕麦和荞麦呈增加趋势;大麦总产占比达 38%左右,而燕麦和荞麦的占比分别达 53%和 78%(图 3-31c-e,图 3-32c-e)。黄河流域杂豆的总产均呈先增加(1988—2002 年)后降低(2002—2019 年)的趋势,但其总产的占比呈降低趋势,分别从 1988 年的 55%降低至 2019 年的 35%(图 3-31f,图 3-32f)。绿豆和小豆的总产及全国占比与种植面积的变化趋势相一致,至 2019 年,黄河流域绿豆和小豆的总产分别达 32 万吨和 7 万吨,全国占比分别为 55%和 28%(图 3-31g-h,图 3-32g-h)。

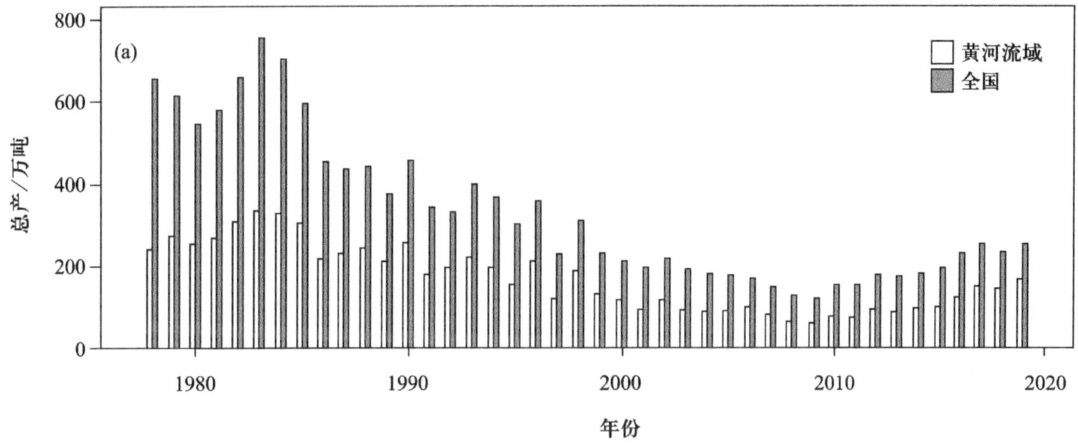

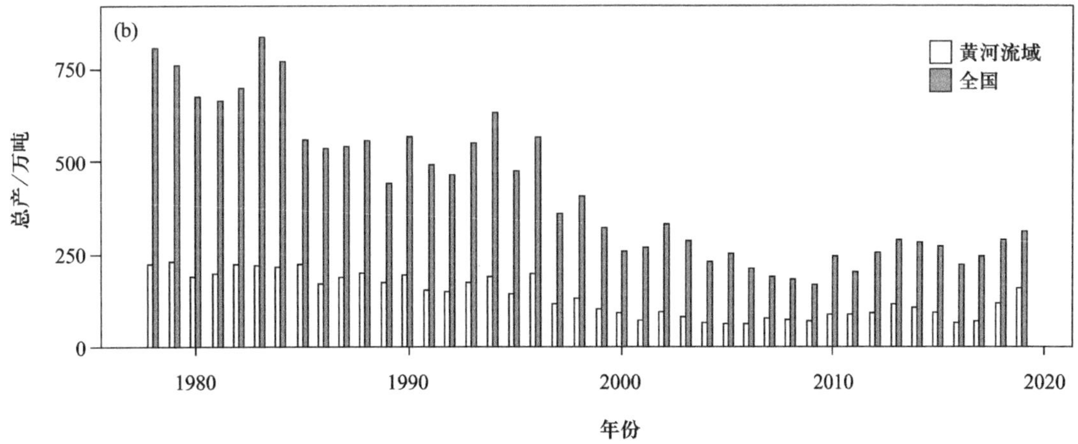

图 3-31 全国与黄河流域主要杂粮作物谷子(a)、高粱(b)、大麦(c)、燕麦(d)、荞麦(e)、杂豆(f)、绿豆(g)和小豆(h)总产历年变化趋势

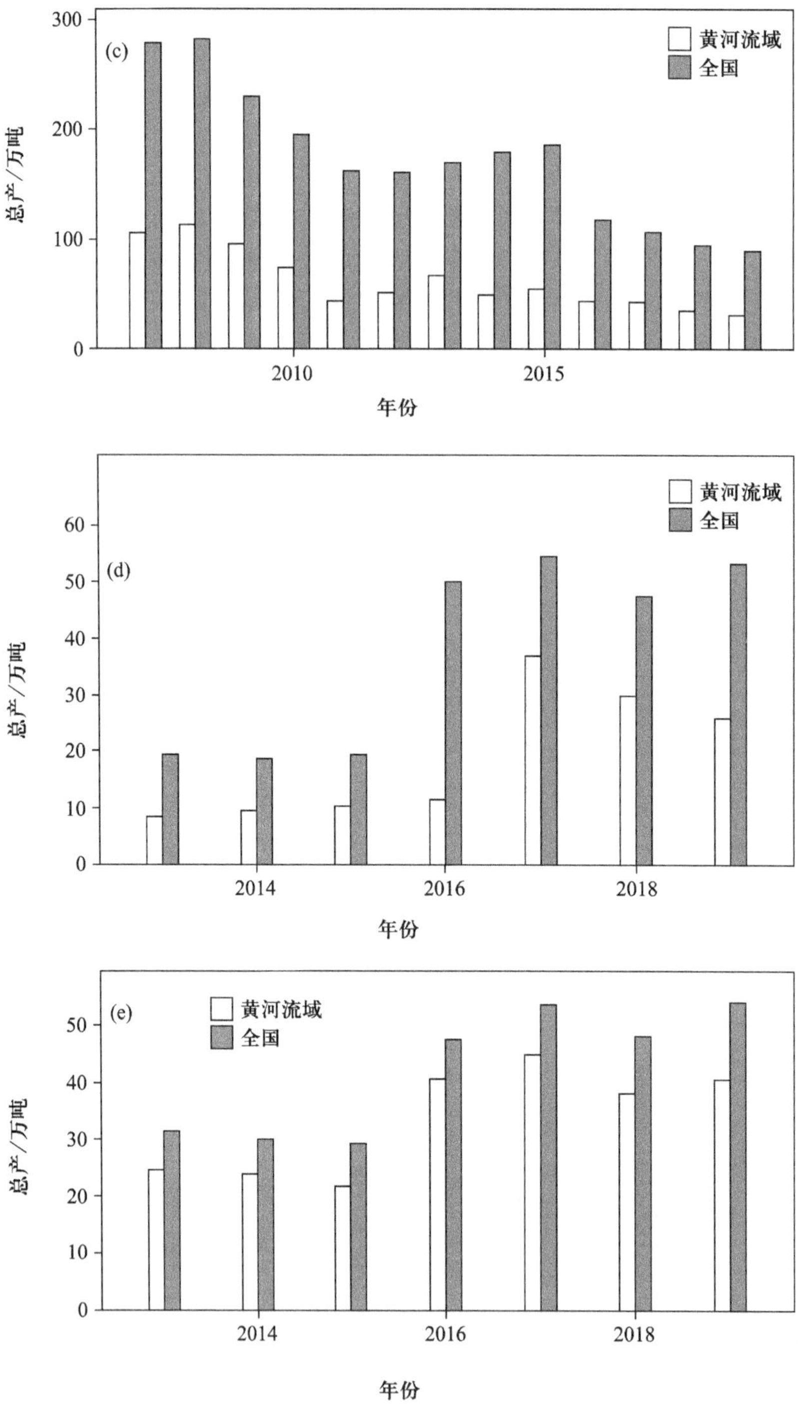
(c)
黄河流域
全国
总产/万吨
300
200
100
0
2010
2015
年份
(d)
黄河流域
全国
总产/万吨
60
50
40
30
20
10
0
2014
2016
2018
年份
(e)
黄河流域
全国
总产/万吨
50
40
30
20
10
0
2014
2016
2018
年份

续图 3-31

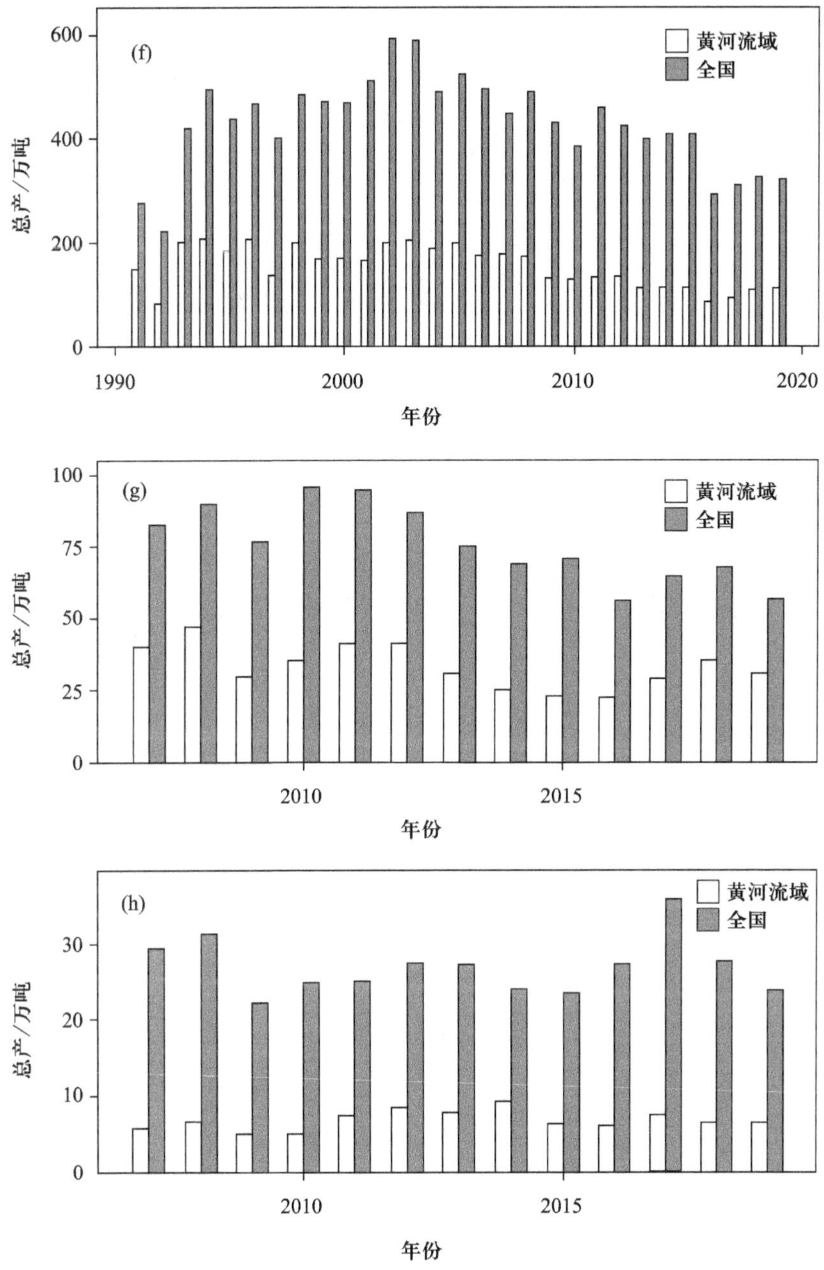
(f)
黄河流域
全国
总产/万吨
0
200
400
600
1990
2000
2010
2020
年份
(g)
黄河流域
全国
总产/万吨
0
25
50
75
100
2010
2015
年份
(h)
黄河流域
全国
总产/万吨
0
10
20
30
2010
2015
年份

续图 3-31

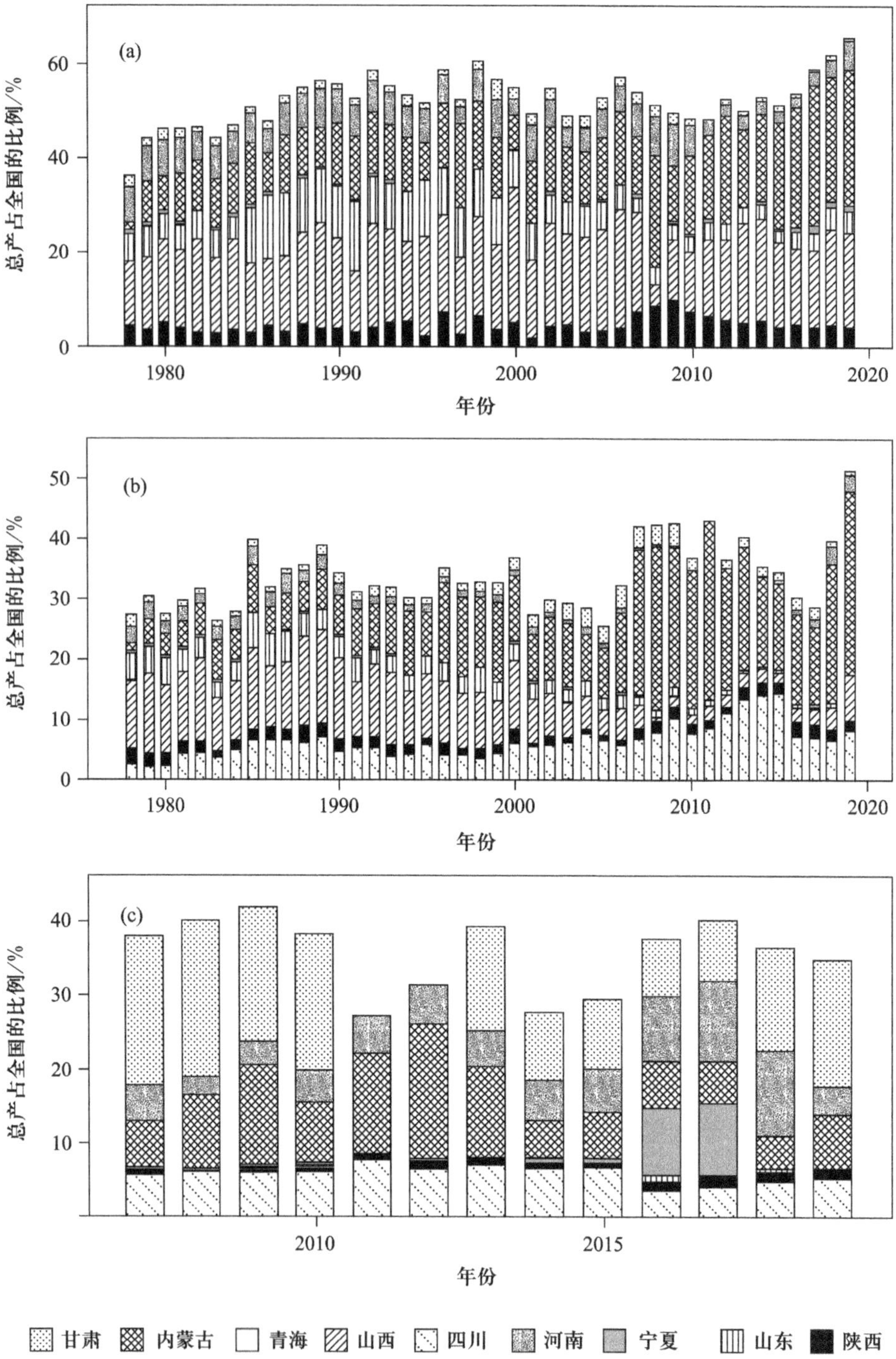

图 3-32　全国与黄河流域主要杂粮作物谷子(a)、高粱(b)、大麦(c)、燕麦(d)、荞麦(e)、杂豆(f)、绿豆(g)和小豆(h)总产占全国的比例历年变化趋势

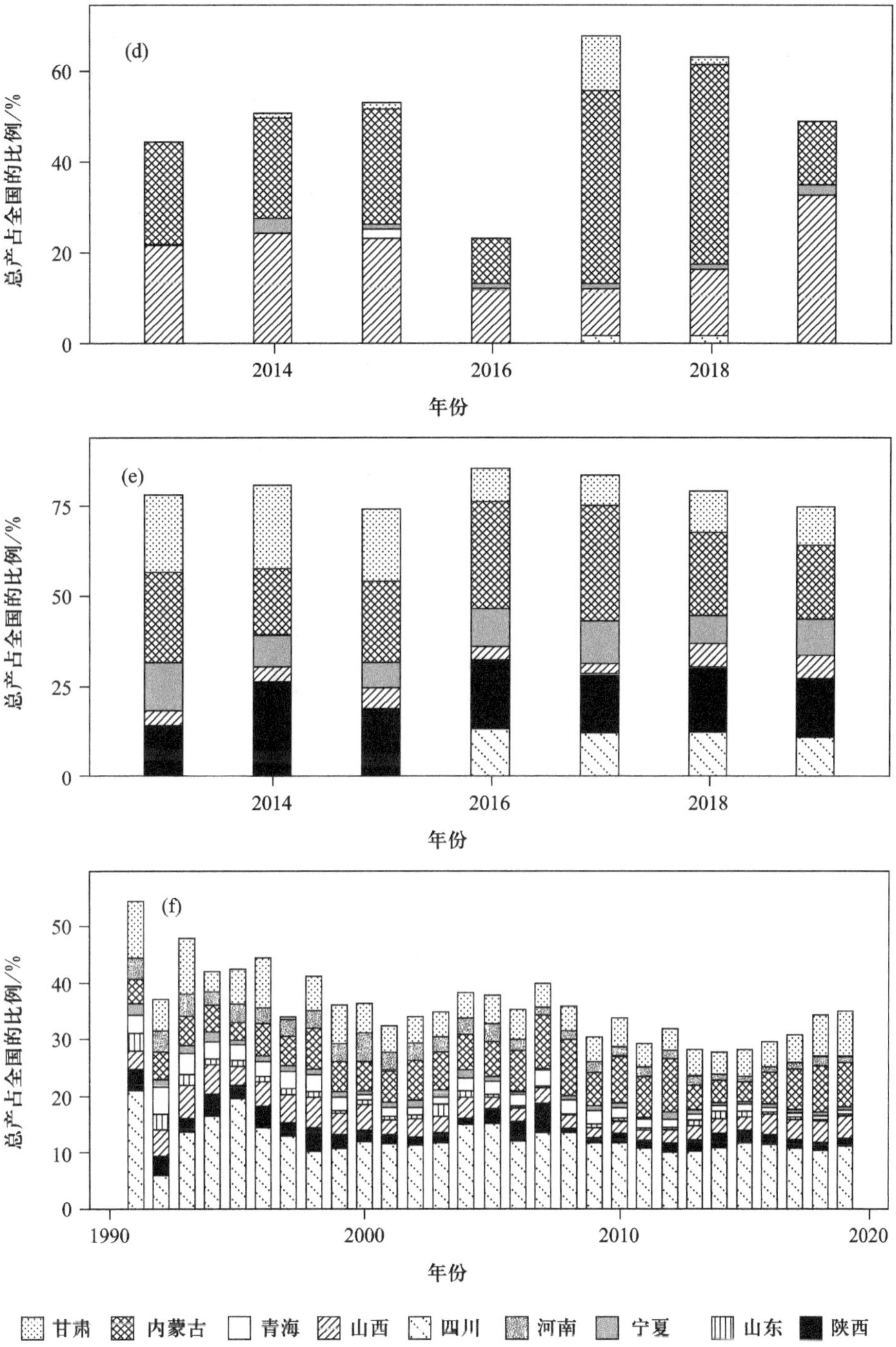
(d)
60
40
20
0
总产占全国的比例/%
2014
2016
2018
年份
(e)
75
50
25
0
总产占全国的比例/%
2014
2016
2018
年份
(f)
50
40
30
20
10
0
总产占全国的比例/%
1990
2000
2010
2020
年份
甘肃
内蒙古
青海
山西
四川
河南
宁夏
山东
陕西

续图 3-32

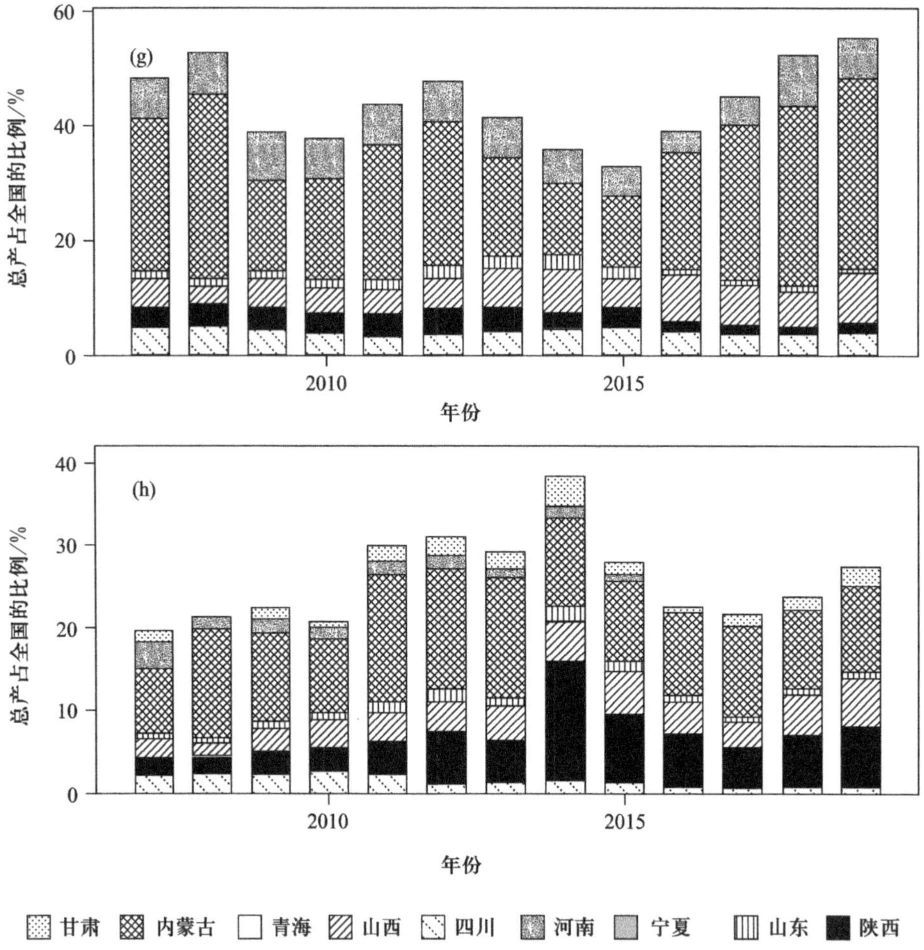

续图 3-32

(三)单位面积产量

从单产看,谷子的全国平均单产达 1 917 千克/公顷,山东和河南的单产分别达 3 151 千克/公顷和 1 963 千克/公顷,黄河流域各省份的谷子单产均低于全国平均水平,其中宁夏单产最低,仅有 669 千克/公顷(图 3-33a)。高粱的全国平均单产达 3 645 千克/公顷,宁夏的高粱单产水平最高,达 4 682 千克/公顷,其次是四川,为 3 911 千克/公顷,二者均高于全国平均单产(图 3-33b)。河南的高粱单产水平最低,为 1 738 千克/公顷,不到全国平均单产的一半。

大麦的全国平均单产为 3 491 千克/公顷,除河南和内蒙古外,黄河流域其他省份的平均单产均高于全国平均水平,其中,单产最高的省份是甘肃,达 5 717 千克/公顷,其次是宁夏,达 5 428 千克/公顷(图 3-33c)。杂豆的全国平均单产为 1 318 千克/公顷,黄河流域各省单产高于全国平均水平的有 4 个省份,分别是青海、山东、四川和甘肃,内蒙古、宁夏和陕西的杂豆单产水平较低,略高于 800 千克/公顷(图 3-33d)。

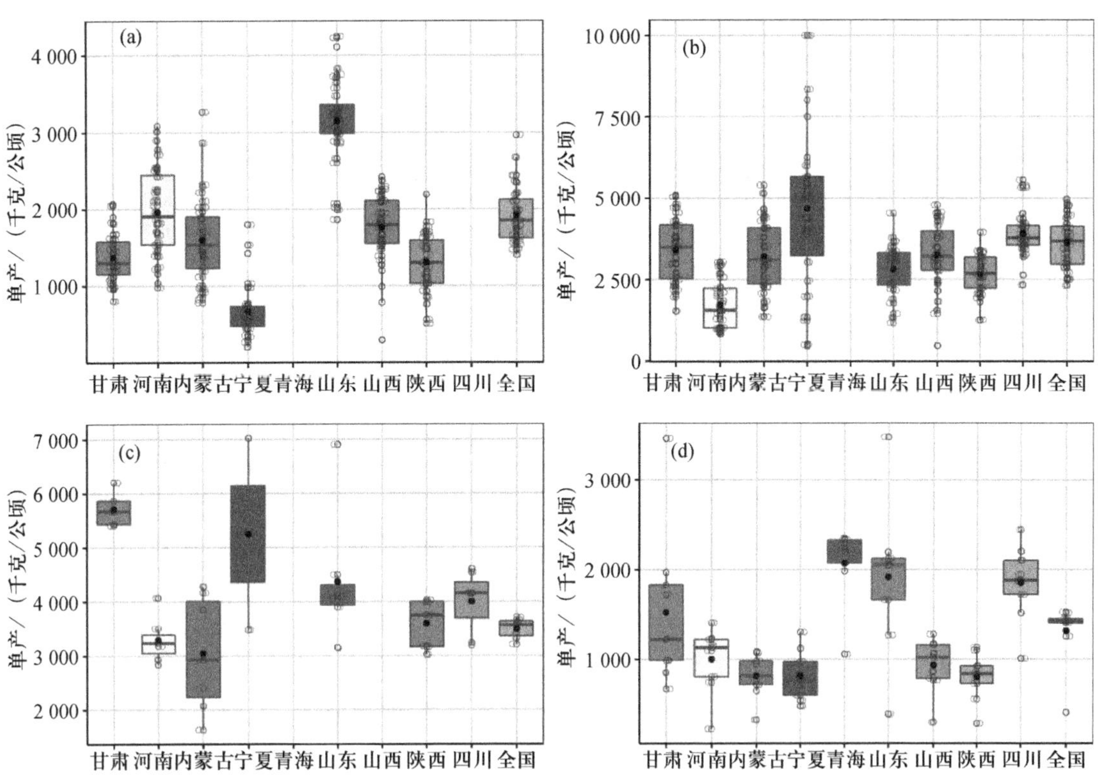

图 3-33　全国与黄河流域主要杂粮谷子(a)、高粱(b)、大麦(c)和杂豆(d)单位面积产量(实心点为均值)

三、黄河流域杂粮产业发展存在的问题

杂粮产业是黄河流域的优势特色产业，黄河流域的各个省份都形成了各具特色的杂粮品牌，如“沁州黄”小米、“赛宝”燕麦等系列杂粮产品，在全国都有重要的影响。但由于杂粮主要分布在黄河流域的干旱、半干旱地区，土壤瘠薄，生态环境条件恶劣，再加上受我国一直以来存在的“重大(大作物)轻小(杂粮作物)”观念的影响，杂粮作物科技投入较为薄弱，人才贮备不足，导致杂粮产业发展滞后，主要存在以下问题。

1. 杂粮产业整体水平落后，难以适应现代农业产业发展需求　与小麦、玉米、水稻等大作物相比，杂粮作物普遍存在品种选育手段落后，新品种培育周期长，产量低而不稳等问题。如荞麦主产区内蒙古赤峰，2013—2018 年单产为 825～1 711.50 千克/公顷(文辉，2019)；山西省小杂粮单产长期徘徊在 1 200 千克/公顷左右(杨春等，2004)；再加上优良品种推广覆盖率低，如山西省红芸豆优种覆盖率不到 20%，燕麦良种推广率不到 50%(谢秋霖，2018)；而且小杂粮产区主要集中在干旱半干旱地区，土壤瘠薄，耕作粗放，普遍存在广种薄收的现象。同时，小杂粮加工一直停留在初级产品加工上，产品加工突出区域的特色和风味，而对更大范围的国内外消费者的需求及其变化缺乏了解，有许多产品不能被众多消费者所接受

(张俊等,2009;罗丽等,2014)。再加上产品销售主要停留在产区,销售渠道相对单一,品牌建设滞后,难以适应现代产业发展需求。

2. 杂粮产业优势产区尚未规划,难以实现资源高效配置与利用 长期以来,黄河流域的杂粮主要种植在干旱缺水、高寒冷凉、经济落后的地区,杂粮的种植一直停留农民自发生产阶段,作物选择、品种种植、技术配置及产品标准仍然靠定性评价与主观认定。再加上杂粮主产区复杂的地形和多样的气候,产量低、效益差、品种杂、品质不稳定、产业化程度低等一直制约杂粮产业的发展。如何根据区域生态条件与资源禀赋,结合杂粮作物与品种的生长发育特性进行生态优势区区划成为进一步提升杂粮产业产能与效益的重要途径。

3. 杂粮产业小散低问题突出,难以支撑区域发展需要 近年来,各地都提出发展杂粮产业,如山西省提出振兴杂粮产业(李平社,2012),内蒙古自治区也在"十四五"规划纲要中明确提出发展杂粮产业,打造优势产业集群等。还有很多省份也都提出要将杂粮产业培育作为支撑区域乡村振兴的重要产业。但杂粮种植面积小、生产区域分散、品种杂等问题限制了产业优势;杂粮主要生产区丘陵山地的地理地貌制约了机械化规模生产;靠天吃饭的生产方式造成产量低、品质劣影响了产品的商品性开发;杂粮区农民的经济基础低,知识水平差,新品种、新技术推广应用缓慢加大了产业素质提升的难度。以上种种问题致使杂粮产业难以在区域发展中发挥作用。

4. 杂粮产业政策扶持力度小,难以促进产业可持续发展 长期以来,我国对杂粮生产的投入不足,特别是科技投入更少,历年的国家重大项目中基于杂粮的支持很少,杂粮主产区所在的省份本身财政就比较困难,支持杂粮的项目力度更显不足;由于杂粮产业的定位一直未能作为国家的战略需求,大宗作物的良种补贴、粮食直补、农机补贴等扶持政策也未能在杂粮上实施。再加上杂粮本身的比较效益低,农民种植杂粮的积极性不高,企业投资杂粮的力度不大,杂粮主食化程度不足,杂粮产品的宣传普及不够,都严重制约了产业的可持续发展。

四、黄河流域杂粮产业高质量发展的路径选择

1. 依托现代农业产业体系,打造高标准杂粮产业基地 自国家设立现代农业产业体系以来,主要杂粮作物全部纳入体系中,涉及杂粮作物的育种、栽培、土壤管理及产品的加工等。同时还在杂粮主产区设立试验站进行技术的示范推广。黄河流域的杂粮产业发展可以依托该体系,从品种培育、种植管理及产品加工等方面进行系统提升,并与当地企业和地方政府合作,建立高标准生产基地,培养新型职业农民,形成适应现代农业发展要求的生产体系、产业体系和经营体系,推进杂粮产业高质量发展。

2. 推进杂粮生产的生态优势区规划,进一步挖掘杂粮产能 杂粮产量和品质形成除了与品种有关外,还与气候、土壤、地形等自然环境以及播期、种植、收获等管理技术密切相关。因此,可根据地域特点与杂粮的生长特性划分不同杂粮生产的生态优势区。在此基础上从丰产增效、资源高效、用养结合、环境友好等多目标出发,探索资源优化配置与杂粮种植模式构建,因地制宜,扬长避短,实现杂粮作物丰产增效与资源高效利用协同提升。

3. 主动对接国家战略，提升杂粮产业服务国家需求的能力　长期以来，杂粮产业由于规模小、产业分散、比较效益低等原因，一直在服务国家战略中处于从属地位。随着经济发展及社会需求变化，杂粮以其地域性强、乡土特色明显、营养成分独特等优势，将会在国家重大战略中发挥更大的作用。可以对接乡村振兴战略，支撑乡村产业振兴；可以对接西部大开发战略，服务区域经济社会发展；可以纳入国家防灾减灾体系，提升农产品保障能力。在服务国家战略不断做大做强杂粮产业，提升产业整体水平。

4. 纳入国家农业政策扶持体系，增强杂粮产业的可持续发展能力　杂粮产业的健康发展离不开国家政策的扶持，应该像重视水稻、小麦、玉米三大主粮那样重视杂粮。既要制定支持调动农户种植杂粮积极性的政策，又要有鼓励企业参与杂粮产业的政策。因此，应将杂粮种植列为农业结构调整的重要内容加以扶持，纳入粮食生产总体布局和商品粮基地建设中，推行杂粮最低收购价与杂粮出口扶持政策。在国家重点研发科技项目中设立杂粮专项，增强杂粮产业的可持续发展能力。

五、结语

我国是杂粮的主要生产国和出口国，杂粮生产在保障国家粮食安全和出口创汇方面发挥了重要作用。杂粮种植主体区域是经济落后和少数民族聚居区，是当地农牧民的重要经济来源与生计保障。杂粮还在农业结构调整中发挥重要作用，是我国种植业“调结构”“转方式”的重要替代作物。杂粮兼具营养丰富、药食同源、安全卫生等特点也符合广大消费者的健康需要，杂粮的国内外市场需求将会不断增加。因此，立足国内市场，又着眼国际市场，因地制宜地开发各种各样方便、营养、保健于一体的优质小杂粮系列食品，提高小杂粮产业的经济效益和社会效益，充分挖掘小杂粮产品的附加值，杂粮产业必将迎来新的发展契机。

附录一

2021 年度国家有关农业农村科技战略与政策文件摘编

一、习近平总书记重要指示

2021 年 2 月 3—5 日 · 贵州考察时指出： 中华民族是个大家庭，五十六个民族五十六朵花。全面建成小康社会，一个民族不能落下；全面建设社会主义现代化，一个民族也不能落下。脱贫之后，要接续推进乡村振兴，加快推进农业农村现代化。把乡村产业发展得更好，把乡村建设得更美。要发展壮大扶贫产业，拓展销售渠道，加强对易地搬迁群众的后续扶持。要推动城乡融合发展，推动乡村产业、人才、文化、生态、组织等全面振兴。

2021 年 2 月 25 日 · 全国脱贫攻坚总结表彰大会上指出： 乡村振兴是实现中华民族伟大复兴的一项重大任务。要围绕立足新发展阶段、贯彻新发展理念、构建新发展格局带来的新形势、提出的新要求，坚持把解决好"三农"问题作为全党工作重中之重，坚持农业农村优先发展，走中国特色社会主义乡村振兴道路，持续缩小城乡区域发展差距，让低收入人口和欠发达地区共享发展成果，在现代化进程中不掉队、赶上来。全面实施乡村振兴战略的深度、广度、难度都不亚于脱贫攻坚，要完善政策体系、工作体系、制度体系，以更有力的举措、汇聚更强大的力量，加快农业农村现代化步伐，促进农业高质高效、乡村宜居宜业、农民富裕富足。

2021 年 3 月 15 日 · 中央财经委员会第九次会议上指出： 实现碳达峰、碳中和是一场广泛而深刻的经济社会系统性变革，要把碳达峰、碳中和纳入生态文明建设整体布局，拿出抓铁有痕的劲头，如期实现 2030 年前碳达峰、2060 年前碳中和的目标。

2021 年 3 月 22—25 日 · 福建考察时指出： 要统筹做好茶文化、茶产业、茶科技这篇大文章，坚持绿色发展方向，强化品牌意识，优化营销流通环境，打牢乡村振兴的产业基础。要深入推进科技特派员制度，让广大科技特派员把论文写在田野大地上。要加快推进乡村振兴，立足农业资源多样性和气候适宜优势，培育特色优势产业。要以实施乡村建设行动为抓手，改善农村人居环境，建设宜居宜业美丽乡村。

2021 年 4 月 25—27 日 · 广西考察时指出： 全面推进乡村振兴，要立足特色资源，坚持科技兴农，因地制宜发展乡村旅游、休闲农业等新产业新业态，贯通产加销，融合农文旅，推动乡村产业发展壮大，让农民更多分享产业增值收益。让人民生活幸福是"国之大者"。全面推进乡村振兴的深度、广度、难度都不亚于脱贫攻坚，决不能有任何喘口气、歇歇脚的想法，要在新起点上接续奋斗，推动全体人民共同富裕取得更为明显的实质性进展。

2021 年 5 月 12—14 日 · 河南考察时指出：要继续做好移民安置后续帮扶工作，全面推进乡村振兴，种田务农、外出务工、发展新业态一起抓，多措并举畅通增收渠道，确保搬迁群众稳得住、能发展、可致富。5 月 13 日，听取南阳月季产业发展和带动群众增收情况介绍后，习近平总书记说道，地方特色产业发展潜力巨大，要善于挖掘和利用本地优势资源，加强地方优质品种保护，推进产学研有机结合，统筹做好产业、科技、文化这篇大文章。

2021 年 6 月 7—9 日 · 青海考察时强调：生态是我们的宝贵资源和财富。要落实好国家生态战略，守护好自然生态，保育好自然资源，维护好生物多样性。要积极推进黄河流域生态保护和高质量发展，综合整治水土流失，稳固提升水源涵养能力，促进水资源节约集约高效利用。要加快完善企业创新服务体系，鼓励企业加大科技创新投入，促进传统工艺和现代技术有机结合，增强企业核心竞争力。要把产业培育、企业发展同群众就业、乡村振兴、民族团结更好统筹起来，相互促进、相得益彰。要推动巩固拓展脱贫攻坚成果同乡村振兴有效衔接，加强农畜产品标准化、绿色化生产，做大做强有机特色产业，实施乡村建设行动，改善农村人居环境，提升农牧民素质，繁荣农牧区文化。

2021 年 7 月 21—23 日 · 西藏考察时指出：要落实好党中央支持西藏发展政策，全面推进乡村振兴。要坚持以人民为中心的发展思想，推动巩固拓展脱贫攻坚成果同全面推进乡村振兴有效衔接，更加聚焦群众普遍关注的民生问题，办好就业、教育、社保、医疗、养老、托幼、住房等民生实事，一件一件抓落实，让各族群众的获得感成色更足、幸福感更可持续、安全感更有保障。

2021 年 10 月 21 日 · 东营市黄河三角洲农业高新技术产业示范区考察时强调：要管理好，不能让湿地受到污染。要把保护黄河口湿地作为一项崇高事业，让生态文明理念在实现第二个百年奋斗目标新征程上发扬光大，为实现社会主义现代化增光增色。像发展旱作农业，不是治理旱地，而是要推广适宜的耐旱植物品种。18 亿亩耕地红线要守住，5 亿亩盐碱地也要充分开发利用。如果耐盐碱作物发展起来，对保障中国粮仓、中国饭碗将起到重要作用。

2021 年 10 月 22 日 · 深入推动黄河流域生态保护和高质量发展座谈上指出：党中央把黄河流域生态保护和高质量发展上升为国家战略以来，我们围绕解决黄河流域存在的矛盾和问题，开展了大量工作，搭建黄河保护治理“四梁八柱”，整治生态环境问题，推进生态保护修复，完善治理体系，高质量发展取得新进步。同时也要看到，在黄河流域生态保护和高质量发展上还存在一些突出矛盾和问题，要坚持问题导向，再接再厉，坚定不移做好各项工作。要科学分析当前黄河流域生态保护和高质量发展形势，把握好推动黄河流域生态保护和高质量发展的重大问题，咬定目标、脚踏实地，埋头苦干、久久为功，确保“十四五”时期黄河流域生态保护和高质量发展取得明显成效，为黄河永远造福中华民族而不懈奋斗。

二、国家有关重大政策

1. 2021 年中央一号文件（2 月 21 日） 到 2025 年，农业农村现代化取得重要进展，农业基础设施现代化迈上新台阶，农村生活设施便利化初步实现，城乡基本公共服务均等化水平明显提高。农业基础更加稳固，粮食和重要农产品供应保障更加有力，农业生产结构和区域布局明显优化，农业质量效益和竞争力明显提升，现代乡村产业体系基本形成，有条件的地区率先基本实现农业现代化。脱贫攻坚成果巩固拓展，城乡居民收入差距持续缩小。农村生产生活方式绿色转型取得积极进展，化肥农药使用量持续减少，农村生态环境得到明显改善。乡村建设行动取得明显成效，乡村面貌发生显著变化，乡村发展活力充分激发，乡村文明程度得到新提升，农村发展安全保障更加有力，农民获得感、幸福感、安全感明显提高。并从打好种业翻身仗、加强耕地保护利用科技创新、保障食物安全与营养健康、提升现代农业装备技术水平、完善绿色农业技术体系、科技助力乡村全面振兴、创新驱动县域高质量发展、构建现代乡村产业体系等方面部署农业科技重点任务。(来源：中国政府网)

2. 国务院发布《加快建立健全绿色低碳循环发展经济体系的指导意见》(2 月 22 日) 《意见》坚持系统观念，用全生命周期理念理清了绿色低碳循环发展经济体系建设过程，提出要坚定不移贯彻新发展理念，全方位全过程推行绿色规划、绿色设计、绿色投资、绿色建设、绿色生产、绿色流通、绿色生活、绿色消费，明确了经济全链条绿色发展要求，推动绿色成为发展的底色，使发展建立在高效利用资源、严格保护生态环境、有效控制温室气体排放的基础上，统筹推进高质量发展和高水平保护，确保实现碳达峰、碳中和目标，推动我国绿色发展迈上新台阶。(来源：中国政府网)

3. 中共中央、国务院办公厅印发《关于加快推进乡村人才振兴的意见》(以下简称《意见》，2 月 23 日) 《意见》明确了加快推进乡村人才振兴的指导思想、目标任务和工作原则。《意见》强调，坚持把乡村人力资本开发放在首要位置，大力培养本土人才，引导城市人才下乡，推动专业人才服务乡村，吸引各类人才在乡村振兴中建功立业，健全乡村人才工作体制机制，强化人才振兴保障措施，培养造就一支懂农业、爱农村、爱农民的“三农”工作队伍。《意见》还提出了到 2025 年的目标任务，即乡村人才振兴制度框架和政策体系基本形成，乡村振兴各领域人才规模不断壮大、素质稳步提升、结构持续优化，各类人才支持服务乡村格局基本形成，乡村人才初步满足实施乡村振兴战略基本需要。(来源：中国政府网)

4. 中共中央、国务院办公厅印发《关于实现巩固拓展脱贫攻坚成果同乡村振兴有效衔接的意见》(3 月 22 日) 《意见》提出到 2025 年，脱贫攻坚成果巩固拓展，乡村振兴全面推进，脱贫地区经济活力和发展后劲明显增强，乡村产业质量效益和竞争力进一步提高，脱贫地区农民收入增速高于全国农民平均水平。(来源：中国政府网)

5. 国务院办公厅印发《关于加强草原保护修复的若干意见》(3 月 30 日) 《意见》提出以完善草原保护修复制度、推进草原治理体系和治理能力现代化为主线，加强草原保护管理，推进草原生态修复，促进草原合理利用。到 2025 年，草原保护修复制度体系基本建立，草原退化趋势得到根本遏制。到 2035 年，基本实现草畜平衡，退化草原得到有效治理和修复，草原综合植被盖度稳定在 60%左右。(来源：中国政府网)

6. 中共中央、国务院印发《黄河流域生态保护和高质量发展规划纲要》(10 月 8 日) 《纲要》中明确规划范围为黄河干支流流经的青海、四川、甘肃、宁夏、内蒙古、山西、陕西、河南、山东 9 省区相关县级行政区，国土面积约 130 万平方千米，战略定位为大江大河治理的重要标杆、国家生态安全的重要屏障、高质量发展的重要实验区、中华文化保护传承弘扬的重要承载区。《纲要》中提出，要因地制宜，从各地实际出发，宜粮则粮、宜农则农、宜工则工、宜商则商，做强粮食和能源基地，因地施策促进特色产业发展，培育经济增长极，打造开放通道枢纽，带动全流域高质量发展。要通过提升科技创新支撑能力、进一步做优做强农牧业等方面建设特色优势现代产业体系。（来源：中国政府网）

7. 中共中央办公厅、国务院办公厅印发《关于进一步加强生物多样性保护的意见》（10月19日） 《意见》从9个方面提出明确要求，包括加快完善生物多样性保护政策法规，持续优化生物多样性保护空间格局，构建完备的生物多样性保护监测体系，着力提升生物安全管理水平，创新生物多样性可持续利用机制，加大执法和监督检查力度，深化国际合作与交流，全面推动生物多样性保护公众参与，完善生物多样性保护保障措施。（来源：中国政府网）

8. 中共中央 国务院印发《关于完整准确全面贯彻新发展理念做好碳达峰、碳中和工作的意见》（10月24日） 《意见》提出了构建绿色低碳循环发展经济体系、提升能源利用效率、提高非化石能源消费比重、降低二氧化碳排放水平、提升生态系统碳汇能力等5个方面主要目标，围绕10方面31项重点任务，明确了碳达峰、碳中和工作的路线图、施工图。《意见》中提到，要强化基础研究和前沿技术布局；制定科技支撑碳达峰、碳中和行动方案，编制碳中和技术发展路线图；采用"揭榜挂帅"机制，开展低碳零碳负碳和储能新材料、新技术、新装备攻关；培育一批节能降碳和新能源技术产品研发国家重点实验室、国家技术创新中心、重大科技创新平台；建设碳达峰、碳中和人才体系，鼓励高等学校增设碳达峰、碳中和相关学科专业。（来源：中国政府网）

9. 国务院印发《2030年前碳达峰行动方案》《2030年前碳达峰行动方案》（10月26日） 为贯彻落实党中央、国务院决策部署，落实《中共中央 国务院关于完整准确全面贯彻新发展理念做好碳达峰、碳中和工作的意见》要求，国家发展改革委会同有关部门研究制定了方案，经党中央审议通过，(以下简称《方案》)。《方案》将碳达峰贯穿于经济社会发展全过程和各方面，重点实施能源绿色低碳转型行动、节能降碳增效行动、工业领域碳达峰行动、城乡建设碳达峰行动、交通运输绿色低碳行动、循环经济助力降碳行动、绿色低碳科技创新行动、碳汇能力巩固提升行动、绿色低碳全民行动、各地区梯次有序碳达峰行动等"碳达峰十大行动"。（来源：中国政府网）

10. 中共中央办公厅、国务院办公厅印发《粮食节约行动方案》（10月31日） 《方案》重点强化全链条、行动感和科技创新3个方面的创新性措施，重点围绕粮食生产、储存、运输、加工、消费等环节存在的损失浪费问题，提出了针对性举措。在生产环节，一方面要推进农业节约用种，集成推广水稻工厂化集中育秧、玉米单粒精播、小麦精量半精量播种等关键技术；另一方面要推进粮食精细收获，减少田间地头收获损耗。在储存环节，一要改善粮食产后烘干条件，将粮食烘干成套设施装备纳入农机新产品补贴试点范围；二要支持引导农户科学储粮，加强农户科学储粮技术培训和服务；三要推进仓储设施节约减损，鼓励开展绿色仓储提升行动和绿色储粮标准化试点。（来源：中国政府网）

11. 中央全面深化改革委员会第二十二次会议审议通过了《科技体制改革三年攻坚方案（2021—2023年）》 11月24日，中共中央总书记、国家主席、中央军委主席、中央全面深化改革委员会主任习近平主持召开中央全面深化改革委员会第二十二次会议。会上审议通过了《科技体制改革三年攻坚方案（2021—2023年）》（以下简称《方案》）。《方案》对未来体系化能力的短板与缺环进行布局,强调了发挥党和国家作为重大科技创新领导者、组织者的作用,构建关键核心技术攻关的高效组织体系,改革创新重大科技项目立项和组织管理方式。《方案》中还强调要优化科技力量结构,发挥企业在科技创新中的主体作用,推动形成科技、产业、金融良性循环,加速推进科技成果转化应用。(来源:新华社)

12 农业农村部发布《关于加快发展农业社会化服务的指导意见》(7 月 7 日) 《意见》中提到,要充分发挥农业社会化服务在集成推广应用绿色优质新品种、先进适用技术和现代物质装备中的重要作用,促进服务与科技深度融合,着力解决农业科技落地的"最后一公里"问题。鼓励服务主体充分利用互联网、大数据、云计算、区块链、人工智能等信息技术和手段,推广应用遥感、航拍、定位系统、视频监控等成熟的智能化设备和数据平台,对农牧业生产过程、生产环境、服务质量等进行精准监测,提升农业的信息化、智能化水平。鼓励服务主体与高等院校、职业学校、科研院所等加强合作,开展服务行业重大关键技术和装备研发,解决服务主体普遍面临的技术、装备、人才等难题。(来源:农业农村部)

13. 农业农村部印发《全国高标准农田建设规划(2021—2030 年)》(9 月 6 日) 农业农村部副部长张桃林在国务院政策例行吹风会上指出,高标准农田建设是科技含量比较高的一项工程。要在高标准农田建设的全过程各个环节,包括建设、管理和后期的运营维护方面,加强技术创新,尤其要加大对农田防灾减灾抗灾能力提升、土壤退化特别是盐碱化、酸化等治理,以及整个耕地质量提升、农田信息化管理等关键技术问题的攻关,推进科技成果的转化以及科技示范工作,大力引进和推广先进适用工程技术和装备。(来源:中国政府网)

14. 农业农村部发布《2021 全国县域数字农业农村电子商务发展报告》(9 月 9 日) 农业农村部信息中心联合中国国际电子商务中心在北京线上发布《2021 全国县域数字农业农村电子商务发展报告》,报告对全国县域电商发展环境、发展现状、发展特点、发展趋势等进行深入分析,旨在以县域农业农村电商为突破口,加强信息引导,促进现代信息技术与农业农村经济社会发展深度融合,弥合城乡数字鸿沟,助力全面推进乡村振兴、加快农业农村现代化。(来源:农业农村部)

15. 科学技术部发布《关于加强科技创新促进新时代西部大开发形成新格局的实施意见》(2 月 25 日) 《意见》中强调,要实施西部地区现代农业与民生保障科技创新行动。聚焦乡村振兴战略和扶贫攻坚重大任务,重点支持西藏、青海等地区开展高寒地区农牧业及生态旅游等关键核心技术攻关与示范推广,支持四川、贵州、广西等地区开展山地特色高效农业技术攻关与示范推广,支持甘肃、陕西、宁夏、内蒙古、新疆等地区开展干旱半干旱农业技术攻关与示范推广。完善西部地区农业科技园区布局,加快推动国家农业科技园区建设,鼓励加强省级农业科技园区建设。支持有条件的地区培育建设国家农业高新技术产业示范区,进一步提升杨凌示范区建设水平。(来源:科学技术部)

16. 科学技术部、中国农业银行印发《关于加强现代农业科技金融服务创新支撑乡村振兴战略实施的意见》(4 月 29 日) 《意见》中强调,将通过提供不同的金融方案,整体上加大对现代农业科技信贷支持力度、大力支持国家科技计划项目实施和成果转化、重点支持种业科技创新和种业企业高质量发展、助力国家农业科技园区建设、加快推动县域创新驱动发展、扶持新型研发机构和科技企业加快成长等。(来源:科学技术部)

附录二

智库联盟大事记

一、2020年12月13日：智库联盟成立大会暨首届战略智库高峰论坛召开

2020年12月13日，国家农业科技发展战略智库联盟（以下简称“智库联盟”）成立大会暨首届农业科技发展战略智库高峰论坛在京隆重召开。

九三学社中央主席、中国科学院院士、中国农业大学武维华教授出席大会。大会由中国农业大学校长孙其信主持。科技部原副部长、中国软科学研究会会长张来武，中国农业大学党委书记姜沛民，西北农林科技大学校长吴普特，中国农业科学院副院长、中国工程院院士吴孔明，科技部农村科技司副司长、一级巡视员蒋丹平，农业农村部科技教育司二级巡视员张文共同为“智库联盟”揭牌。来自国家科学技术部、农业农村部、水利部、林草局、中国科学院、中国工程院等国家部委领导以及40多家联盟理事会成员单位的代表、专家共150余人出席成立大会。

成立大会后，国家科学技术部原副部长、复旦大学张来武教授，中国农业科学院副院长万建民院士，江南大学校长陈卫院士，中国农业大学讲席教授樊胜根和华为中国政企解决方案CTO董伟嗣做了专题报告。

二、2021年3月24—27日：赴云南开展农业科技调研咨询活动

3月24—27日，应云南省科技厅邀请，国家农业科技发展战略智库联盟执行理事长高旺盛教授带队前往云南开展云南高原特色农业与乡村振兴科技创新专题调研，为云南省“十四五”科技创新规划、云南高原特色农业发展、科技支撑乡村振兴战略实施等提供咨询服务，云南省科技厅党组书记、厅长王学勤亲自组织并全程参加活动。这是智库联盟成立

以来第一次走出去主动服务地方的活动,调研活动内容丰富,获得圆满成功,得到当地高度认可。

调研专家组成员还有:国家农业科技发展战略智库联盟高层咨询委员会北京航空航天大学医学院陈传宏研究员,中国食品学会传统酿造分会理事长王喆研究员,国家科技图书文献中心副主任郭志伟研究员,中国科学院沈阳应用生态研究所武志杰研究员,天津科技大学王硕教授,中国农业大学科研院常务副院长、智库联盟秘书长杨富裕教授及科研院平台基地处处长郝智慧教授,农学院区域农业发展研究中心陈源泉教授、臧华栋副教授。

智库联盟高层咨询委员陈传宏、王喆、郭志伟、高旺盛、武志杰、王硕受聘为云南省首批6位云南省科技创新驱动发展咨询专家。

三、2021年4月7—13日:赴海南开展热带农业科技创新调研咨询

在海南省科技厅协调安排下,4月7—13日,国家农业科技发展战略智库联盟执行理事长高旺盛教授带队前往海南开展海南热带农业发展与科技创新专题调研,为加快推进海南国际热带农业科学中心建设和加强热带农业科技创新发展等提供咨询服务。

参加调研专家组成员有:国家农业科技发展战略智库联盟高层咨询委员会北京航空航天大学医学院陈传宏研究员、国家科技图书文献中心副主任郭志伟研究员、中国林业科学院副院长储富祥研究员、中国农科院农业环境与可持续发展研究所曾希柏研究员、国家农业信息化工程技术中心主任杨信廷研究员,以及海南大学副校长傅国华教授、韦开蕾教授、杨然兵教授,中国农业大学农学院陈源泉教授、臧华栋副教授,三亚中国农业大学研究院朱万斌副院长、图书馆李红军副馆员。

四、2021年5月10—17日:赴山西和内蒙古开展有机旱作农业高质量发展调研

国家农业科技发展战略智库联盟执行理事长高旺盛教授带队赴山西和内蒙古开展有机旱作农业高质量发展专题调研,并与有关政府单位负责人、专家学者、企业家就如何高质量促进我国有机旱作农业发展的战略定位、产业重点、未来创新方向等方面进行了深入座谈与交流。为加快推进山西和内蒙古有机旱作农业科技创新、晋中国家农高区(山西农谷)建设、巴彦淖尔现代农牧业发展等提供咨询服务,并与山西农业大学、内蒙古农业大学等高校达成科技战略合作意向。

五、2021 年 5 月 27 至 6 月 2 日：应邀参加九三学社黄土高原水土保持农业考察

国家农业科技发展战略智库联盟执行理事长高旺盛教授应邀陪同九三学社中央考察组，先后考察陕西省、甘肃省多个项目，集中了解了黄河中游固沟保塬、坝系建设与除险加固、淤地坝坝地开发利用、坡耕地改造、退耕还林、植树造林等水土保持工作情况，深入考察了黄河中游农牧交错带在统筹推进水土保持与乡村产业发展融合方面的情况。与当地领导、企业、合作社等进行了广泛交流与研讨。

六、2021 年 7—8 月：承担国家重大专项评估

2021 年 7 月，由中国工程院承接，国家农业科技发展战略智库联盟秘书处中国农业大学国家农业科技战略研究院具体组织实施的国家科技重大专项（民口）08 专项的评估工作启动，战略院组建了以康绍忠院士为组长，王汉中、赵春江、张守攻、陈温福等院士为成员的评估专家组，以李春喜为组长，陈源泉、杨世琦等专家为组员的评估起草组。评估工作历时 1 个多月，形成了 3 万余字的评估报告。

此次评估工作是智库联盟首次承担国家重大专项评估工作，是以第三方评估机构参与科技评估的一次有益探索，是为党和政府科学决策服务的一次积极实践。

七、2021 年 7 月 14 日：组织召开“碳达峰、碳中和”战略与农业发展对策专家座谈会

为贯彻落实党中央关于“碳达峰、碳中和”战略部署，研究探讨在实施“碳达峰、碳中和”的“双碳”战略背景下，农林业领域面临的挑战、机遇以及农业战略对策，7 月 14 日，国家农业科技发展战略智库联盟组织召开了“碳达峰、碳中和”战略与农业发展对策专家座谈会。邀请来自中国农业大学、中国农业科学院、中国林业科学院、内蒙古农业大学、中国科学院地理资源所、国家农业信息化工程技术研究中心等的 14 位专家参加会议。会议由智库联盟执行理事长高旺盛教授主持。

八、2021 年 7 月 22—25 日：赴青海考察黄河流域上游生态畜牧业

为贯彻落实习近平总书记关于黄河流域生态保护与高质量发展的重要指示精神，谋划黄河流域生态畜牧业重大科技战略，国家农业科技发展战略智库联盟执行理事长高旺盛教授带队赴青海开展黄河流域上游生态畜牧业科技创新专题调研考察活动，并与青海大学、青海省畜牧科学研究院等涉农科研单位达成科技战略合作意向。

参加调研专家组成员有：国家科技图书文献中心副主任、研究员，科技部基础司原巡视员郭志伟，中国林业科学研究院副院长、研究员储富祥，中国农业大学科学技术发展研究院常务副院长、教授杨富裕，中国农业科学院农业环境与可持续发展研究所研究员曾希柏，青海大学畜牧兽医科学院副院长、草原所所长董全民研究员，中国农业大学农学院教授陈源泉，中国农业大学科学技术发展研究院成果管理处处长牛爽以及中国农业大学国家农业科技战略研究院胡一民。

九、2021 年 10 月：承担杨凌示范区评估

为全面系统评估杨凌示范区 24 年在履行支撑和引领干旱半干旱地区现代农业发展国家使命中所取得的成绩，总结成功经验，理清示范区下一步履行国家使命的工作思路和重点任务，2021 年 9 月，中国工程院战略咨询中心承担了杨凌示范区 24 年建设发展成效总结评估工作，国家农业科技发展战略智库联盟执行理事长高旺盛教授组队参与组织实施了以康绍忠院士为组长的评估工作，组建了以高旺盛院长为组长的评估起草组，主力承担评估报告了起草工作。

十、2021 年 11 月 2 日：组织召开“盐碱地治理科技创新座谈会”

为学习贯彻习近平总书记 10 月 20 日在山东东营考察时的重要讲话精神，国家农业科技发展战略智库联盟执行理事长高旺盛教授于 11 月 2 日组织中国农业大学相关学院的专家，重点就习近平总书记视察黄河三角洲农业高新技术产业示范区时提出的盐碱地治理与抗盐碱作物发展相关论述进行了学习分享，对盐碱地农业科技创新与利用策略进行深入研讨。

十一、2021 年 11 月 21 日，策划成立“云南高原特色农业与乡村振兴研究院”

2021 年 11 月 21 日，中国农业大学、云南省科学技术厅、云南省农业科学院在昆明签订共建“云南高原特色农业与乡村振兴研究院”合作协议，研究院同日揭牌成立。研究院属于校地联合共建，通过组建创新联合体形成柔性合作平台，共同承担项目形式开展合作。

十二、2021 年 11 月 26 日：智库联盟华北农业科技战略研究中心成立

为服务华北区域粮食安全保障与乡村振兴战略实施，根据《国家农业科技发展战略智库联盟章程》规定，2021 年 11 月 26 日，智库联盟在山东省农业科学院举行“国家农业科技发展战略智库联盟华北农业科技战略研究中心”成立挂牌仪式。中心将围绕华北区域重大战略问题和农业科技发展的重大需求开展战略研究与咨询服务。智库联盟执行理事长高旺盛教授与智库联盟华北中心主任、山东省农业科学院院长万书波研究员共同为中心成立揭牌。

附录三

国家农业科技发展战略智库联盟简介

国家农业科技发展战略智库联盟(以下简称“智库联盟”)是以服务全面实施乡村振兴战略和推进农业农村现代化为宗旨,以研究农业科技自立自强战略为主题,由国内外高校、研究机构、企业等相关农业科技战略研究机构共同发起组建的非法人学术组织。智库联盟以习近平新时代中国特色社会主义思想为指导,全面贯彻落实习近平总书记关于“三农”工作及科技创新重要论述,面向世界科技前沿、面向经济主战场、面向国家重大需求、面向人民生命健康,开展涉农科技领域的趋势分析、技术预测、战略规划、政策研究、科技评估、技术服务、咨政建言等战略研究与决策咨询工作,打造国内一流、国际知名的专业化农业科技发展战略高端智库联合体。首届智库联盟理事会成员单位由 44 家产学研单位组成,理事长单位由中国农业大学担任,共同理事长单位由中国农业科学院、西北农林科技大学、中国林业科学研究院、中国农业机械化科学研究院、北京大北农科技集团股份有限公司担任,组成了由知名专家学者及企业家组成的智库联盟高层专家咨询委员会。

附录四

中国农业大学国家农业科技战略研究院简介

中国农业大学国家农业科技战略研究院(简称“战略院”),英文:National Institute for Agriculture Science and Technology Strategy of CAU (缩写:NASTS)。属于中国农业大学正式批准设立的校级咨询研究机构,不定行政级别,挂靠中国农业大学科学技术研究院。基本职责分别为:负责组织开展有关农业科技战略研究任务与咨询项目;负责国家农业科技发展战略智库联盟秘书处日常管理服务工作;协助学校开展有关重大科技项目前期战略策划、项目咨询工作;参与学校“双一流”学科建设、社会服务等战略研究、咨询、督导工作;落实完成学校交办的其他事项。

参考文献

安振，张梦坤，秦基皓，等，2019. 小麦玉米与苜蓿间作模式对盐碱地土壤含盐量及周年产量的影响[J]. 山东农业科学，51(6)：69-74.

柴岩，冯佰利，2001. 小杂粮生产现状及对策[J]. 中国农业科技导报，3(5)：57-61.

常帅，刘嘉，叶静，等，2019. 新发展理念视阈下的我国畜禽疫病防控[J]. 中国科学院院刊，34(02)：145-151.

陈琛，郭甲嘉，沈大军，2021. 黄河流域水量分配和再分配[J]. 资源科学，43(4)：799-812.

陈伏生，曾德慧，王桂荣，2004. 泥炭和风化煤对盐碱土的改良效应[J]. 辽宁工程技术大学学报，23(6)：861-864.

陈丽佳，周海涛，翁锦玉，2008. 地区农业科技竞争力指标评价体系构建研究[J]. 科技管理研究，7：144-146.

崔永正，刘涛，2021. 黄河流域农业用水效率测度及其节水潜力分析[J]. 节水灌溉，(1)：100-103.

党玉国，2012. 湖北省农业科技竞争力研究[D]. 荆州：长江大学.

丁华，2006. 提升县域农业科技竞争力带动农民增收的对策研究[J]. 商业研究，16：102-105.

董红云，朱振林，李新华，等，2017. 山东省盐碱地分布、改良利用现状与治理成效潜力分析[J]. 山东农业科学，49(5)：134-139.

董晓霞，王学君，刘兆辉，等，2011. 滨海盐荒地不同高度台田地下水动态变化与脱盐效果[J]. 中国生态农业学报，19(6)：1354-1358.

冯辽，2017. 山西省盐碱地改良研究[D]. 晋中：山西农业大学.

傅向东，刘倩，李振声，等，2018. 小麦基因组研究现状与展望[J]. 中国科学院院刊，33：25-30.

高旺盛，2007. 论新时期现代农业的内涵、特征及科技对策[J]. 中国农学通报. 23(10)：1-4.

高旺盛，2021-3-15. 双轮驱动走出中国农业自立自强之路[N]. 科技日报.

高长远，2001. 明沟排水与竖井排灌[J]. 地下水，(4)：194，197.

郭洪海，2004. 黄河三角洲区域农业的特点与发展方向[J]. 中国农业资源与区划，01：54-58.

郭伦，2019. 劳动力成本上升对我国农产品国际竞争力的影响研究[D]. 武汉：华中农业大学.

韩广轩,杨红生,邹涛,等,2019-12-26. 黄河三角洲湿地急需保护与修复[N]. 中国海洋报.

何东昌,2003. 进一步认识建设世界一流大学的战略重要性[J]. 清华大学教育研究,3:42-44.

何洁,范少锋,周锋,等,2013. 我国科研组织模式发展建议[J]. 中国高校科技,7:16-18.

胡一,韩霁昌,杜宜春,等,2015. 陕西盐碱地分布成因与开发造田模式分析[J]. 安徽农业科学,43(11):301-303.

黄祖辉,林坚,张冬平,2003. 农业现代化[M]. 北京:中国农业出版社.

金莹,2016. 甘肃省农业科技竞争力综合评价研究[D]. 兰州:甘肃农业大学.

柯炳生,2000. 对推进我国基本实现农业现代化的几点认识[J]. 中国农村经济,9:4-8.

李桂霞,王凤成,邬大江,2009. 我国杂粮的营养与加工[J]. 粮食与食品工业,16(5):12-14.

李宏广,何文寿,段晓红,等,2009. 宁夏前进农场碱化土壤改良及水稻合理施肥技术研究[J]. 西北农业学报,18(5):217-222.

李平社,2012. 用现代农业的理念振兴山西杂粮产业[J]. 农业技术与装备,6:4-7.

李文华,成升魁,梅旭荣,等.2016. 中国农业资源与环境可持续发展战略研究[J]. 中国工程科学,018:56-64

李响,周鹰,李丽华,等,2012. 江苏与发达国家农业现代化水平的差距[J]. 江苏农业科学,40(12):385-387.

林汝法,2002. 山西省小杂粮产业化的思考[J]. 山西食品工业,(2):2-9.

刘昌明,2019. 对黄河流域生态保护和高质量发展的几点认识[J]. 人民黄河,41(10):158.

刘盛林,孙泽强,董晓霞,等,2020. 黄河三角洲盐渍化农田不同轮作方式对土壤理化性质和小麦产量的影响[J]. 山东农业科学,52(11):60-64.

刘巽浩,1994.21世纪的中国农业现代化[J]. 农业现代化研究,15(04):193-196.

刘莹,2013. 农业科技竞争力指标体系的构建及动态回归研究[J]. 山东社会科学,11:157-160.

刘祖香,陈效民,李孝良,等,2012. 不同改良剂与石膏配施对滨海盐渍土离子组成的影响[J]. 南京农业大学学报,35(3):83-88.

陆大道,孙东琪,2019. 黄河流域的综合治理与可持续发展[J]. 地理学报,74(12):2431-2436.

罗代雄,马云瑞,何尚仁,等,1995. 银北河西灌区水盐平衡状况与盐渍土改良关键技术措施[J]. 宁夏农林科技,1:39-43.

罗丽,刘芳,何忠伟,2014. 从山西杂粮的发展看养生农业[J]. 农学学报,4(5):115-119.

罗锡文,2019. 对我国农机化科技创新的思考[J]. 山东农机化,1:10-13.

马敏娜,2006. 城市科技竞争力评价指标体系及应用研究[J]. 税务与经济(长春税务学院学报),2:8-71.

梅方权,1999. 中国农业现代化的发展阶段和战略选择[J]. 调研世界,11:3-15.

倪坤晓,何安华,2021. 中国粮食供需形势分析[J]. 世界农业,2:10-18.

欧阳竹,王竑晟,来剑斌,等,2020. 黄河三角洲农业高质量发展新模式[J]. 中国科学院院刊, 35(2):145-153.

逄焕成,李玉义,王靖,等,2014. 西北沿黄灌区盐碱地改良与利用[M]. 北京:科学出版社.

逄焕成,李玉义,严慧峻,等,2009. 微生物菌剂对盐碱土理化和生物性状影响的研究[J]. 农业环境科学学报,28(5):951-955.

彭建华,喻春莲,何希德,等,2016. 四川省农业科技创新团队建设实践与思考——以四川省农业科学院为例[J]. 农业科技管理,35(06):89-92.

秦基皓,安振,张梦坤,等,2019. 黄河三角洲盐碱地不同复种模式产量和效益比较[J]. 山东农业科学,51(8):34-37,45.

秦军,陈实,2019. 高校科技创新团队建设策略研究[J]. 科学与管理,9(04):69-72,95.

山东省黄河三角洲农业高新技术产业示范区管委会,2020. 推进黄河三角洲农业高新技术产业示范区高质量发展的思考[J]. 中国科学院院刊,35(2):183-188

邵玉翠,任顺荣,廉晓娟,等,2009. 有机—无机土壤改良剂对滨海盐渍土降盐防碱的效果[J]. 生态环境学报,18(4):1527-1532.

史立本,徐桂楠,王明杰,1982. 农盐结合综合改良利用滨海盐碱土的研究初报[J]. 山东农业科学,(3):1-5.

佀小伟,解建仓,黄茹,2009. 陕西卤泊滩盐碱地综合治理措施及效益分析[J]. 水土保持通报,(6):177-181.

宋家清,郑秀社,张庆国,等,2010. 活性微生物菌肥对滨海盐碱土改良的影响[J]. 北方园艺,(18):53-55.

宋经纬,2021. 我国木材市场供给现状分析与未来发展建议[J]. 中华纸业,5:43-47.

苏胜男,赵杰,赵超,等,2021. 黄河流域山东段农田灌溉水环境质量评价[J]. 绿色科技,23(10):95-97.

孙强,严永峰,沈海波,2013. 国内外种业科技创新浅析[J]. 中国种业,9:4-6.

孙泽强,董晓霞,王学君,等,2014. 鲁北平原咸水滴灌对土壤水盐分布和棉花产量的影响[J]. 干旱地区农业研究,32(5):12-17.

田魁祥,毕绪岱,王智平,1998. 对实现我国农业现代化的思路与途径的认识[J]. 农业现代化研究,19(05):321-327.

田志喜,刘宝辉,杨艳萍,等,2018. 我国大豆分子设计育种成果与展望[J]. 中国科学院院刊,033:915-22

童洁,2019. 高校科研团队建设的现状、问题及对策[J]. 教育观察,8(31):34-36.

汪林,甘泓,于福亮,等,2001. 西北地区盐渍土及其开发利用中存在问题的对策[J]. 水利学报,(6):90-95.

王飞,2010. 河南沿黄盐碱地池塘健康养殖技术集成示范[D]. 南京:南京农业大学.

王华,2021. 关于全省黄河流域生态保护和高质量发展情况的调研与思考[J]. 山东人大工作,(2):8-12.

王嘉蔚,卢赟凯,韦娴婧,等,2015. 浅谈高校科技创新团队的建设和管理[J]. 科技管理研究,35(10):198-204,208.

王睿彤,陆兆华,孙景宽,等,2012. 土壤改良剂对黄河三角洲滨海盐碱土的改良效应[J].

水土保持学报，26(4)：239-244.

王学君，董晓霞，董亮，等，2016. 盐碱土壤改良剂对盐碱地理化性状的影响[J]. 山东农业科学，48(7)：103-105.

王亚华，臧良震，苏毅清，2020. 2035年中国农业现代化前景展望[J]. 农业现代化研究，41(01)：16-23.

王志刚，2019. 新时代建设科技强国的战略路径[J]. 中国科学院院刊，34(10)：1112-1116.

王志平，2005. 重度盐碱地的糠醛渣改良与植物修复初步研究[D]. 吉林：东北师范大学.

王遵亲，祝寿泉，俞仁培，等，1993. 中国盐渍土[M]. 北京：科学出版社.

文辉，2019. 赤峰市荞麦种植效益分析及产业发展对策[J]. 北方农业学报，47(3)：124-128.

习近平，2019. 在黄河流域生态保护和高质量发展座谈会上的讲话[J]. 求是，(20)：1-5.

肖金成，沈体雁，梁盛平，2021. 黄河流域生态保护和高质量发展专题研讨会综述[J]. 区域经济评论，(4)：145-151.

谢玲红，吕开宇，2020. "十四五"时期农村劳动力转移就业的五大问题[J]. 经济学家，10：56-64.

谢秋霖，2018. 山西省杂粮绿色发展措施及建议[J]. 农业技术与装备，342(6)：58-62.

信军，郑末，李娟，2019. 农业科技成果转化与推广探究[J]. 农学学报，9(07)：87-90.

玄兆辉，曹琴，孙云杰，2018. 世界科技强国内涵与评价指标体系[J]. 中国科技论坛，12：28-34.

闫湘，金继运，梁鸣早，2017. 我国主要粮食作物化肥增产效应与肥料利用效率[J]. 土壤，49(06)：1067-1077.

严慧峻，逄焕成，李玉义，等，2008. 微生物复混肥对盐碱土及白菜品质改良的影响[J]. 中国农学通报，24(12)：270-273.

杨春，田志芳，李秀莲，2004. 山西优质小杂粮产业化条件比较分析[J]. 中国农业资源与区划，25(2)：54-57.

杨大成，2008. 中国中西部地区科技竞争力评价与分析[J]. 统计与信息论坛，23(06)：46-50.

杨杰，2018. 黄河三角洲地区台田景观化应用研究[D]. 济南：山东建筑大学.

杨劲松，姚荣江，2015. 我国盐碱地的治理与农业高效利用[J]. 中国科学院院刊，30(Z1)：162-170.

杨劲松，姚荣江，刘广明，等，2006. 黄河三角洲地区土壤盐分的空间变异性及其CoKriging估值[J]. 干旱区研究，23(3)：439-445.

杨全刚，范利荣，冯文杰，等，2021. 黄河三角洲盐碱地林木衰退原因及对策[J]. 世界林业研究，34(2)：80-84.

杨思存，车宗贤，王成宝，等，2014. 甘肃沿黄灌区土壤盐渍化特征及其成因[J]. 干旱区研究，31(1)：57-64.

杨阳，2018. "上膜下秸"技术：生态改良进行时——访中国农业科学院农业资源与区划研究所逄焕成研究员[J]. 中国农村科技，282(11)：19-23.

tions,15(1):303-312.

Jansson C,Vogel J,Hazen S,et al,2018. Climate-smart crops with enhanced photosynthesis[J]. J Exp Bot,69:3801-3809.

Ji X, Wang D, Gao C, 2019. CRISPR editing-mediated antiviral immunity: a versatile source of resistance to combat plant virus infections[J]. Sci China Life Sci,62:1246-1249.

Jiao Y,Wang Y,Xue D,et al,2010. Regulation of OsSPL14 by OsmiR156 defines ideal plant architecture in rice[J]. Nat Genet,42:541-544.

Kalkuhl M,Braun J V,Torero M,2016. Food price volatility and its implications for food security and policy[M]. Berlin:Springer.

Khoury C K,Bjorkman A D,Dempewolf H,et al,2014. Increasing homogeneity in global food supplies and the implications for food security[J]. Proc Natl Acad Sci USA, 111: 4001-4006.

Klingenberg C P,Badyaev A V,Sowry S M,et al,2001. Inferring developmental modularity from morphological integration:analysis of individual variation and asymmetry in bumblebee wings[J]. Am Nat,157:11-23.

Kumar A,Pathak R K,Gupta S M,et al,2015. Systems biology for smart crops and agricultural innovation: filling the gaps between genotype and phenotype for complex traits linked with robust agricultural productivity and sustainability[J]. OMICS,19:581-601.

Li M,Gong L,Cheng F,et al,2021. Toxin-antitoxin RNA pairs safeguard CRISPR-Cas systems[J]. Science,372:eabe5601.

Li S,Tian Y H,Wu K,et al,2018. Modulating plant growth-metabolism coordination for sustainable agriculture[J]. Nature,560:595-600.

Li T D,Yang X P,Yu Y,et al,2018. Domestication of wild tomato is accelerated by genome editing[J]. Nat Biotechnol,36:1160-1163.

Ling H Q,Ma B,Shi X,et al,2018. Genome sequence of the progenitor of wheat A subgenome Triticum urartu[J]. Nature,557:424-428.

Ling H Q,Zhao S,Liu D,et al,2013. Draft genome of the wheat A-genome progenitor Triticum urartu[J]. Nature,496:87-90.

Liu Q,Wang C,Jiao X Z,et al,2019. Hi-TOM:a platform for high-throughput tracking of mutations induced by CRISPR/Cas systems[J]. Sci China Life Sci,62:1-7.

Liu Y,Du H,Li P,et al,2020. Pan-genome of wild and cultivated soybeans[J]. Cell,182: 162-176 e13.

Liu Y,Wang H,Jiang Z,et al,2021. Genomic basis of geographical adaptation to soil nitrogen in rice[J]. Nature,590:600-605.

Luo M C,Gu Y Q,Puiu D,et al,2017. Genome sequence of the progenitor of the wheat D genome Aegilops tauschii[J]. Nature,551:498-502.

Ma Y,Dai X,Xu Y,et al,2015. COLD1 confers chilling tolerance in rice[J]. Cell,160: 1209-1221.

Mckell C M,1983. Genetic resources of unexploited native plants[J]. Plant Molecular Biology Reporter,1:89-94.

Meyer R S,Purugganan M D,2013. Evolution of crop species:genetics of domestication and diversification[J]. Nat Rev Genet,14:840-852.

Nair M K, Augustine L F, Konapur A, 2016. Food-based interventions to modify diet quality and diversity to address multiple micronutrient deficiency[J]. Front Public Health,3:277.

Nasierowski W,Arcelus F J,1999. Interrelationships among the elements of national innovation systems:A statistical evaluation[J]. European Journal of Operational Research. 119(2):235-253.

National Academies of Sciences,Engineering,and Medicine,2018. Science breakthroughs to advance food and agricultural research by 2030[R]. Washington D C:The National Academies Press.

National Council CHN,2017. National population development plan(2016—2030).

National Council U. S. ,2011. Advancing the science of climate change[M]. Washington D C:The National Academies Press.

Peleman J D, van der Voort J R, 2003. Breeding by design[J]. Trends Plant Sci, 8:330-334.

Pingali P L,2012. Green revolution:impacts,limits,and the path ahead[J]. P Natl Acad Sci USA,109:12302-12308.

Qin P,Lu H,Du H,et al,2021. Pan-genome analysis of 33 genetically diverse rice accessions reveals hidden genomic variations[J]. Cell,184:3542-3558 e16.

Qin X,Suga M,Kuang T,et al,2015. Structural basis for energy transfer pathways in the plant PSI-LHCI supercomplex[J]. Science,348:989-995.

Ray D K,Mueller N D,West P C,et al,2013. Yield trends are insufficient to double global cropproduction by 2050[J]. PloS One,8:e66428.

Shan Q W,Wang Y P,Li J,et al,2013. Targeted genofolme modification of crop plants using a CRISPR-Cas system[J]. Nat Biotechnol,31:686-688.

Song X G,Lu Z F,Yu H,et al,2017. IPA1 functions as a downstream transcription factor repressed by D53 instrigolactone signaling in rice[J]. Cell Res,27:1128-1141.

Tian Z,Wang J W,Li J,et al,2021. Designing future crops:challenges and strategies for sustainable agriculture[J]. Plant J,105:1165-1178.

Tilman D,Fargione J,Wolff B,et al,2001. Forecasting agriculturally driven global environmental change. Science,292:281-284.

Wallace J G,Rodgers-Melnick E,Buckler E S,2018. On the road to breeding 4.0:unraveling the good,the bad,and the boring of crop quantitative genomics[J]. Annu Rev Genet,52:421-444.

Wan J M,2006. Perspectives of molecular design breeding in crops[J]. Acta Agronomica Sinica,32:455-462.

Wang J,Wan X,Crossa J,et al,2006. QTL mapping of grain length in rice(Oryza sativa

L.)using chromosome segment substitution lines[J]. Genetical Research, 88:93-104.

Wang Y, Cheng X, Shan Q, et al, 2014. Simultaneous editing of three homoeoalleles in hexaploid bread wheat confers heritable resistance to powdery mildew[J]. Nat Biotechnol, 32:947-951.

Wollenweber B, Porter J R, Lubberstedt T, 2005. Need for multidisciplinary research towards a second green revolution-Commentary[J]. Curr Opin Plant Biol, 8:337-341.

Wu K, Wang S S, Song W Z, et al, 2020. Enhanced sustainable green revolution yield via nitrogen-responsive chromatin modulation in rice[J]. Science, 367:eaaz2046.

Xing S, Chen K, Zhu H, et al, 2020. Fine-tuning sugar content in strawberry[J]. Genome biology, 21:230.

Xu Y, Lin Q, Li X, et al, 2021. Fine-tuning the amylose content of rice by precise base editing of the Wx gene[J]. Plant Biotechnol J, 19:11-13.

Yu H, Lin T, Meng X B, et al, 2021. A route to de novo domestication of wild allotetraploid rice[J]. Cell, 184:1156-1170.

Zhang C, Yang Z, Tang D, et al, 2021. Genome design of hybrid potato[J]. Cell, 184: 1-11.

Zhang H, Si X, Ji X, et al, 2018. Genome editing of upstream open reading frames enables translational control in plants[J]. Nat Biotechnol, 36:894-898.

Zhang J Y, Liu Y X, Zhang N, et al, 2019. NRT1. 1B is associated with root microbiota composition and nitrogen use in field-grown rice[J]. Nat Biotechnol, 37:676-684.

Zhao G, Zou C, Li K, et al, 2017. The Aegilops tauschii genome reveals multiple impacts of transposons[J]. Nat Plants, 3:946-955.

Zuo J R, Qi X Q, Lin R C, et al, 2020. Achievements and advance in chinese plant sciences in 2019[J]. Chinese Bulletin of Botany, 55:257-269.